前言

潍柴全称潍柴动力股份有限公司，其前身潍坊柴油机厂创建于1946年，是中国最早一批生产柴油机的厂家之一。潍柴是国内规模最大的汽车零部件企业和山东省最大的装备制造企业，也是国家重点支持的内燃机研发、制造、销售骨干企业，拥有商用车和工程机械两条完整的产业链。潍柴发动机由于其高质量、高性能、高技术、节能环保和一流的服务等诸多优势和特点，使其得到了广大柴油机用户的一致认可和喜爱。

由于潍柴电控柴油发动机的型号种类繁多，结构也相对复杂，安装和使用维修方法等不易被一线汽车维修技术工人所掌握。为了使广大潍柴发动机用户尽快掌握其结构特点和使用维修方法，更好地发挥其使用效能，在化学工业出版社的组织下，特编写了本书。

本书从实用角度出发，详细地介绍了潍柴电控柴油发动机的基本结构、工作原理及其诊断与维修操作方法和技术要领，涵盖潍柴蓝擎电控发动机、国Ⅳ（欧Ⅳ）电控发动机、燃气电控发动机等，重点讲解潍柴发动机的原理、结构、拆装和常见故障的诊断分析与排除，并结合一线车间典型的真实案例进行讲解。

本书图文并茂，内容系统，简明实用，可帮助汽车维修技术人员解决维修工作中遇到的各类实际问题，可供柴油发动机用户、车辆管理人员及汽车维修技术人员使用，也可供大中专院校相关专业师生和培训机构阅读参考。

参加本书编写的人员有顾惠烽、蔡勇、罗永志、彭川、陈浩、李金胜、丘会英、周迪培、顾森荣、冼锦贤、冼绕泉、黄木带、陈志雄、冼志华、黄俊飞。在本书编写过程中，参考了相关的技术资料，在此对相关作者一并表示感谢。

由于编者水平所限，书中不足之处在所难免，恳请广大读者批评指正。

编　者

目录

第1章 潍柴电控柴油机简介 /1

1.1 柴油机基本概念 …………………………………… 1
1.2 柴油机主要性能指标 ……………………………… 2
1.3 柴油机基本工作原理 ……………………………… 3
1.4 柴油机分类 ………………………………………… 4
1.5 柴油机基本组成 …………………………………… 4
1.6 柴油机基本特性 …………………………………… 5
1.7 柴油机匹配 ………………………………………… 6
1.8 柴油机型号含义 …………………………………… 7

第2章 潍柴蓝擎电控发动机 /8

2.1 概述 ………………………………………………… 8
2.2 冷却系统 …………………………………………… 12
2.3 暖风系统 …………………………………………… 20
2.4 进气系统 …………………………………………… 21
2.5 增压中冷系统 ……………………………………… 25
2.6 排气系统 …………………………………………… 27
2.7 燃油系统 …………………………………………… 29
2.8 润滑系统 …………………………………………… 31
2.9 动力输出 …………………………………………… 31
2.10 噪声 ……………………………………………… 35
2.11 故障诊断原则与方法 …………………………… 36

潍柴发动机

结构·原理·拆装·诊断·维修

顾惠烽　主编

化学工业出版社

·北京·

内 容 简 介

《潍柴发动机 结构·原理·拆装·诊断·维修》系统介绍了潍柴电控柴油发动机的基本结构、工作原理及其诊断与维修操作方法和技术要领。全书内容主要涉及潍柴电控柴油发动机的各类电控系统、燃油系统和共轨系统的基本原理、构造与维修，重点讲解潍柴发动机的原理、结构、拆装和常见故障的诊断分析与排除，并结合一线车间典型的真实案例。

本书图文并茂，内容系统，简明实用，有利于帮助汽车维修技术人员解决维修工作中遇到的各类实际问题。

图书在版编目（CIP）数据

潍柴发动机：结构·原理·拆装·诊断·维修/顾惠烽主编．—北京：化学工业出版社，2021.4（2023.5重印）
ISBN 978-7-122-38535-2

Ⅰ.①潍… Ⅱ.①顾… Ⅲ.①汽车-柴油机-基本知识 Ⅳ.①U464.172

中国版本图书馆CIP数据核字（2021）第028286号

责任编辑：黄 滢	文字编辑：张燕文
责任校对：杜杏然	装帧设计：王晓宇

出版发行：化学工业出版社（北京市东城区青年湖南街13号　邮政编码100011）
印　　装：北京印刷集团有限责任公司
787mm×1092mm　1/16　印张14¼　字数382千字　2023年5月北京第1版第6次印刷

购书咨询：010-64518888　　　　　　　　　　　售后服务：010-64518899
网　　址：http://www.cip.com.cn
凡购买本书，如有缺损质量问题，本社销售中心负责调换。

定　　价：99.00元　　　　　　　　　　　　　　　　　版权所有　违者必究

2.12 闪码读取与分析 …………………………………… 38
2.13 部件故障分析 ……………………………………… 43
2.14 ECU 针脚定义与常规测量 ………………………… 52
2.15 典型维修案例 ……………………………………… 56

第3章 潍柴国Ⅲ（欧Ⅲ）电控发动机维修 /62

3.1 概述 ………………………………………………… 62
3.2 共轨系统 …………………………………………… 66
3.3 电控系统维修 ……………………………………… 77
3.4 燃油系统装配 ……………………………………… 93
3.5 故障诊断 …………………………………………… 95
3.6 典型维修案例 ……………………………………… 99

第4章 潍柴国Ⅳ（欧Ⅳ）电控发动机维修 /120

4.1 概述 ………………………………………………… 120
4.2 电控系统 …………………………………………… 122
4.3 启动电路 …………………………………………… 137
4.4 SCR 后处理系统 …………………………………… 139
4.5 安装要点 …………………………………………… 146
4.6 故障诊断 …………………………………………… 148
4.7 典型维修案例 ……………………………………… 152

第5章 潍柴燃气电控发动机维修 /162

5.1 概述 ………………………………………………… 162
5.2 维护保养与使用规范 ……………………………… 164

5.3 工作原理与技术特点 …………………………………… 180
5.4 电控系统 ………………………………………………… 181
5.5 故障诊断 ………………………………………………… 190
5.6 典型维修案例 …………………………………………… 202

第6章 其他潍柴发动机技术 /218

6.1 排气门制动（WEVB）技术 …………………………… 218
6.2 OH2.0系统 ……………………………………………… 220

第1章 潍柴电控柴油机简介

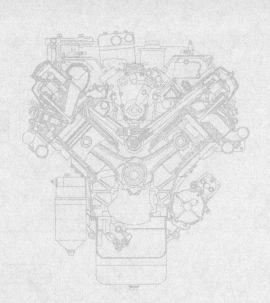

1.1 柴油机基本概念

（1）什么是柴油机？

柴油机是内燃机的一种，如图 1-1-1 所示。

柴油机的能量转换过程如图 1-1-2 所示，柴油机是以柴油为燃料的将化学能转换为机械能的动力装置。

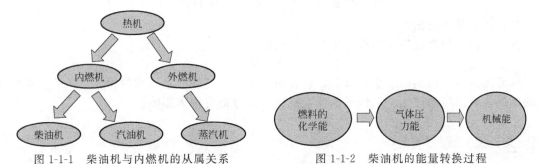

图 1-1-1　柴油机与内燃机的从属关系　　　　图 1-1-2　柴油机的能量转换过程

（2）什么是活塞的止点（死点）？什么是上止点和下止点？什么是活塞的冲程（行程）？

曲轴回转时，活塞所能到达的两个极限位置称为活塞的止点；距离曲轴回转中心最远的称为活塞的上止点；距离曲轴回转中心最近的称为活塞的下止点；上、下止点之间的距离称为活塞的冲程（行程）（图 1-1-3）。

（3）什么是汽缸压缩容积、工作容积、总容积？什么是柴油机的排量？

活塞位于上止点时其顶部与汽缸盖底部之间的汽缸容积称为压缩容积；活塞从上止点移到下止点所扫过的容积称为工作容积；活塞位于下止点时其顶部与汽缸盖底部之间的汽缸容积称为气缸总容积；所有汽缸的工作容积之和称为柴油机的排量（图 1-1-4）。

汽缸压缩容积、工作容积、总容积和排量之间的关系为

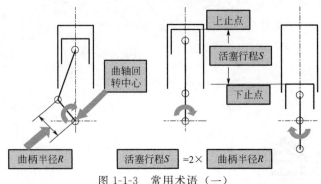

图 1-1-3　常用术语（一）

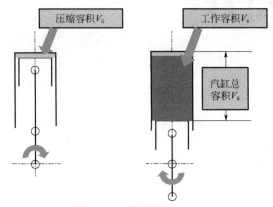

图 1-1-4　常用术语（二）

$$汽缸总容积 V_a = 压缩容积 V_c + 工作容积 V_s$$

$$柴油机排量 = 汽缸数 \times 工作容积 V_s$$

（4）什么是压缩比？

汽缸总容积与汽缸压缩容积之比称为压缩比。

$$\varepsilon = V_a / V_c$$

压缩比是柴油机的一个重要参数，它表明汽缸内空气被活塞压缩的程度。压缩比对柴油机的燃烧效率、启动性能、工作平稳性及机械负荷等都有很大影响。

1.2
柴油机主要性能指标

柴油机的主要性能如图 1-2-1 所示。

动力性能指标是用来表征做功能力大小的指标，应满足用户的配套需求，主要包括功率、转速、转矩（图 1-2-2）。功率是在单位时间内柴油机对外输出的有效功，单位为 kW。转速是柴油机曲轴每分钟所转动的圈数，单位为 r/min。转矩是柴油机对外输出的有效转动力矩，单位为 N·m。

$$P_e = M_e n / 9550 (kW)$$

经济性能指标是指柴油机的工作使用成本，主要包括有效热效率、燃油消耗率、机油消耗率（图 1-2-3）。有效热效率是燃料燃烧所产生的热量转换成有效功的百分数。燃油消耗率

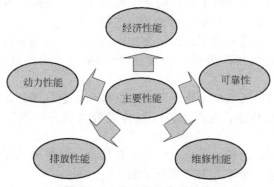

图 1-2-1　柴油机的主要性能

是柴油机单位时间、单位功率所消耗的燃油量,单位为 g/(kW·h)。机油消耗率是柴油机单位时间、单位功率所消耗的机油量,单位为 g/(kW·h)。

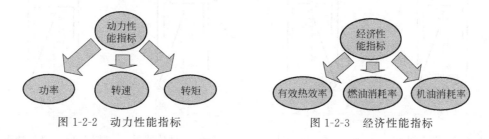

图 1-2-2　动力性能指标　　　　　　　图 1-2-3　经济性能指标

1.3 柴油机基本工作原理

柴油机一个工作循环由四个工作冲程组成,即吸气冲程、压缩冲程、做功冲程、排气冲程。柴油机的连续运转是由无限个工作循环构成的。

在柴油机四个工作冲程中,只有燃烧做功冲程对外做功,其他三个冲程均消耗能量(图 1-3-1)。

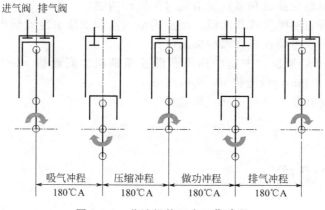

图 1-3-1　柴油机的四个工作冲程

进气冲程（图 1-3-2）：活塞由上止点向下止点移动，进气阀打开，排气阀关闭。在柴油机进气冲程中，纯净空气被吸入汽缸，为柴油燃烧提供氧气。

压缩冲程（图 1-3-3）：活塞由下止点向上止点移动，进气阀和排气阀全部关闭。柴油机压缩比较大，压缩终点时汽缸内气体压力可达 3~5MPa，为汽缸内油气混合与着火做好准备。

做功冲程（图 1-3-4）：活塞由上止点向下止点移动，进气阀和排气阀同时关闭。压缩冲程结束时喷入燃烧室内的柴油，与高温高压气体混合并燃烧。燃气受热膨胀，推动活塞下移，对外做功。

排气冲程（图 1-3-5）：活塞由下止点向上止点移动，进气阀关闭，排气阀打开。通过活塞将废气排出汽缸，为下一个工作循环做好准备。

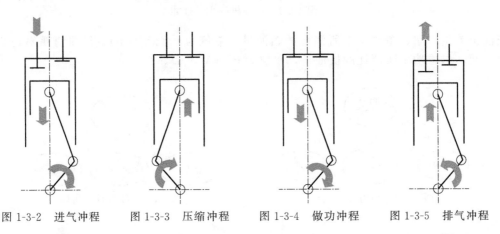

图 1-3-2　进气冲程　　图 1-3-3　压缩冲程　　图 1-3-4　做功冲程　　图 1-3-5　排气冲程

1.4 柴油机分类

按冲程数分有四冲程柴油机和二冲程柴油机。四冲程柴油机曲轴旋转两周完成一个工作循环，二冲程柴油机曲轴旋转一周完成一个工作循环。

按汽缸排列方式分有直列式柴油机、V 形排列式柴油机、W 形排列式柴油机和星形排列式柴油机等。

按汽缸数分有单缸柴油机和多缸柴油机（两缸和两缸以上的）。

按进气方式分有自然吸气式柴油机、增压式柴油机和增压中冷式柴油机。

按冷却介质分有水冷柴油机和风冷柴油机。

按转速分有高速柴油机、中速柴油机和低速柴油机。高速机 $n>1000{\rm r/min}$；中速机 $600{\rm r/min}<n\leqslant 1000{\rm r/min}$；低速机 $n\leqslant 600{\rm r/min}$。

按用途分有固定式柴油机和移动式柴油机。

1.5 柴油机基本组成

柴油机基本组成框图如图 1-5-1 所示。

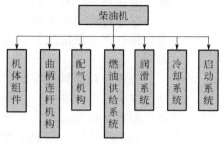

图 1-5-1 柴油机基本组成框图

1.6 柴油机基本特性

（1）柴油机工况的概念

柴油机工况就是指柴油机实际运行的工作状况。表征内燃机运行工况的参数可由式（1-6-1）给出。

$$P_e \propto T_{tq} n \tag{1-6-1}$$

式中，P_e 为有效功率；T_{tq} 为内燃机转矩；n 为内燃机的工作转速。

描述工况的三个参数只有两个是独立变量，即当其中任意两个参数固定后，第三个参数就可以通过式（1-6-1）求出。比较常用的是用 T_{tq} 与 n 或 P_e 与 n 两组参数来表征内燃机稳定运行的工况点。

转速 n 表示内燃机工作过程进行的速度快慢，而 T_{tq} 或 P_e 说明内燃机发出功率或承受负荷能力的大小。

（2）柴油机工况的分类

内燃机的工作区域取决于内燃机的用途。用途不同时，工作区域将有很大的差异。通常将内燃机工况分为以下三类。

第一类工况：特点是柴油机的功率变化时转速几乎保持不变。该工况又称为固定式柴油机工况，如发电用内燃机等。此工况属线工况。灌溉用内燃机，除启动和过渡工况外，在运行过程中负荷与转速基本均保持不变，称为点工况。

第二类工况：特点是内燃机的功率与转速接近于幂函数关系。当内燃机作为船用主机驱动螺旋桨时，内燃机所发出的功率必须与螺旋桨吸收的功率相等，而吸收功率又取决于螺旋桨转速的高低，且与转速成幂函数关系。这样内燃机功率就呈现一种十分有规律的变化。该工况常被称为螺旋桨工况或推进工况，也属于线工况。

第三类工况：特点是功率和转速都在较大范围内变化，它们之间没有特定的关系。汽车及其他陆地运输用内燃机，都属于这种工况。此时，内燃机的转速取决于行驶速度，可以从最低稳定转速一直变到最高转速；负荷取决于行驶阻力，在同一转速下，从零可以变到全负荷。内燃机可能的工作区域就是该种类型内燃机的实际工作区域，相应的工况区域称为面工况。

柴油机的有关特性讨论，均是针对柴油机的稳定工况而言。也就是说，只有在柴油机工况稳定时，功率、转速和转矩这些基本量才有确定关系，才能满足上面的关系式。

负荷特性是指转速不变时，内燃机的性能指标随负荷而变化的关系，用曲线的形式表示出来就称为负荷特性曲线。驱动发电机、压缩机、风机、水泵等动力装置的内燃机，都是按照负荷特性运行的（图1-6-1）。

速度特性是指柴油机在油量调节机构（油量调节齿条）保持不变的情况下，其主要性能指标随转速的变化关系。

当油量控制机构在标定位置时，测得的柴油机速度特性为全负荷速度特性，简称外特性；油量低于标定位置时的速度特性，称为部分负荷速度特性（图1-6-2）。

由于外特性上反映了柴油机能够达到的最高性能，确定了最大功率、最大转矩以及对应的转速，因而十分重要，所有的柴油机出厂时都必须提供外特性。

万有特性是柴油机几个主要特性参数之间相互关系的综合特性。根据万有特性，可以清晰地了解到内燃机在各种工况下的性能，很容易找出最经济的负荷和转速。在万有特性曲线上，最内层的等燃油消耗率相当于内燃机运转的最经济区域，等值曲线越向外，经济性越差（图1-6-3）。

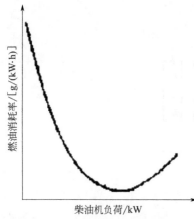

图1-6-1 柴油机负荷特性曲线

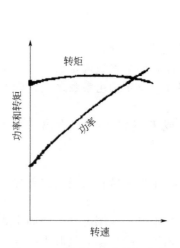

图1-6-2 柴油机速度特性曲线

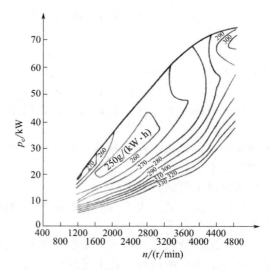

图1-6-3 万有特性曲线

1.7 柴油机匹配

除发电外，一般与柴油机联合工作的工作机械，理想驱动特性都是在运行速度较低时，驱动力或牵引力较大。而柴油机的速度特性表明，当转速下降时，其输出转矩变化并不大。因此一般不能直接驱动工作机械运行，而是必须通过传动系统来输出动力。因此就涉及发动机选择、传动系统的设计等柴油机与工作机械的匹配问题。

总体来说，柴油机与工作机械的匹配，一般从两个方面进行，即经济性匹配和动力性匹配。

1.8 柴油机型号含义

以 TBD226B-6G 为例：TB 代表增压中冷；D 代表自然吸气柴油机；

2 代表水冷；

26 代表柴油机序列号；

B 代表湿缸套；

6 代表柴油机缸数为 6 缸（还有 3 缸和 4 缸）；

G 代表工程机械用柴油机（还有 D、C 等）。

第 2 章 潍柴蓝擎电控发动机

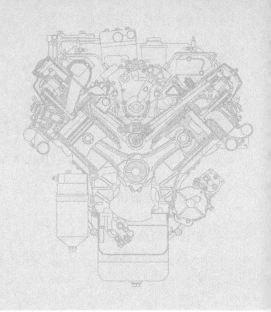

2.1 概述

蓝擎电控发动机包括WP4、WP5、WP6、WP7、WP10、WP12六大系列，均为电控高压共轨、增压中冷柴油机，是潍柴动力股份有限公司采用全新设计理念开发的满足国家排放法规的节能环保发动机，其油耗、排放、噪声、可靠性等技术指标具有当今世界先进水平。

蓝擎电控发动机型号含义如图2-1-1所示。

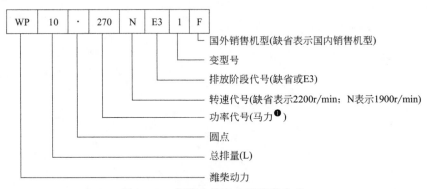

图 2-1-1　蓝擎电控发动机型号含义

2.1.1　发动机安装空间的作用

发动机在整车上的安装设计，应保证留有足够的空间，从而可以很方便地进行以下作业。

① 加注燃油、机油和冷却液。

② 检查机油液位和冷却液液位。

---

❶ 1马力≈0.735kW。

③ 排空机油和冷却液。
④ 更换燃油滤清器、机油滤清器和空气滤清器。
⑤ 调整气门间隙，拧紧摇臂罩螺栓。
⑥ 检查和调整供油提前角。
⑦ 张紧和更换皮带。
⑧ 更换喷油泵、涡轮增压器、起动机和发电机等易损件。
⑨ 检查与更换喷油器。
⑩ 使用手动泵排出燃油系统中的空气。
⑪ 清洗散热器和中冷器。
⑫ 目测检查和紧固胶管和螺栓接头。
⑬ 维护与保养附件（如空压机、液压泵等）。
⑭ 维护与更换蓄电池。

出于安全考虑，旋转部件和高温部件必须安装具有防护功能的装置。在任何情况下，发动机及其附件与底盘等外围固定设备之间都要留有足够的运行空间，这样发动机在固有运动（例如启动过程或停机）时，就会避免与底盘干涉，同时也会极大地方便发动机的检修工作。

2.1.2 发动机的布置与机舱通风

在机舱中布置发动机时，应保证机舱通风，便于运行检查和服务维修。

发动机运转时，表面会产生一定热量，机舱应充分通风，以散发出这些热量。无论是采用吸式风扇，还是吹式风扇，都应能使冷却空气流动畅通，防止热风回流和热量聚集的发生。为保护热敏元件，发动机连续运转时机舱内的最高温度不允许超过80℃。

发动机运行时的检查是必需的。应能够安全容易地打开机舱检修口盖。另外，发动机一侧的喷油泵在发动机运转时应能安全地接近。

机舱的设计应考虑服务和维修的空间。如机油尺可以方便无阻地拔出和插回；燃油、润滑油和冷却液的加注口上方应留有足够的加注空间，放油塞下方有足够的空间放置容器；散热器和保护格栅要经常清理，格栅可以方便地拆装；在不拆卸发动机其他零件的情况下，可以方便地更换三滤；可以很容易地拆除摇臂罩，方便调整气门间隙；张紧装置、起动机和发电机可以方便地维修保养和拆装；喷油泵和喷油器可以方便地拆装。适当考虑与发动机连接的附属装置的维修空间。软管的卡箍应尽可能美观，且要远离运动件。

2.1.3 发动机的安装

（1）振动与减振

发动机的振动是汽车振动的最大来源。在往复式发动机中，燃烧压力作用在活塞上，并转换为曲轴的转动。但是，由于曲轴转动每隔一周工作压力才产生一次，这样就产生了转矩波动。在六缸发动机中，产生三次转矩波动。这些波动经离合器传至变速器，然后又传给驱动轴，使车辆产生振动。

发动机与整车的振动通过悬置软垫隔离，要求悬置软垫具有良好的隔振作用，既要降低来自发动机的振动与冲击，也要降低来自路面的振动与冲击，把发动机传递到支撑系统的振动减小到最低限度。能否成功地控制振动，主要取决于悬置系统的结构形式、几何位置及悬置软垫的结构、刚度和阻尼等特性。一般商用车采用橡胶悬置结构。

正确设计的发动机安装方式就是要使由发动机和支座弹性体所组成的振动系统的自振频率比发动机振动频率至少低40%，这就需要在支座上增加柔软的弹性元件，通过弹性元件降低由发动机传到车辆上的振动，起到减振和隔振的作用。但需注意弹性过大则容易使发动机处于倾斜位置，在受到冲击力时，可能会产生较大的位移。理想的支承设计应使车架的刚度大大高于弹性元件的刚度，否则，车架就要起附加弹簧的作用。

另外，对于弹性安装的发动机，为了消除和降低振动，所有通向发动机的连接管路也必须设计成弹性的或弹性连接的，这一点也同样适用于进、排气道的设计。

（2）刚性支承

任何刚性支承都必须具有足够的刚度和重量，以防止发动机和机座系统产生共振。当底盘（车架）对弯曲和扭转都不是绝对刚性时，采用刚性四点支承很可能会导致发动机的损坏。因此，对某些特殊情况下，若不可避免要采用刚性支承时，则支承点一定要准确、平行地对准机座或车架，将已装上刚性支承的发动机妥善地放到车架上，用塞尺在几个点上测出支座下的间隙，该间隙值在某一稳定的公差内时，将支座对准。

注意在紧固时，要遵守螺栓的拧紧力矩。如果无法保证四点接触，需配以垫铁。在采用刚性支承时，发动机的输出轴不能承受支承方面的任何限制。

（3）安装位置

通常可以把发动机重心和变速器重心的连线作为系统转动中心线，传动系统将围绕此轴线振荡，悬置点应尽量靠近转动中心，悬置应在围绕系统转动中心的运动方向上具有较小的弹性系数。WP12系列和WP10系列基本型产品的重心位置如图2-1-2、图2-1-3所示。

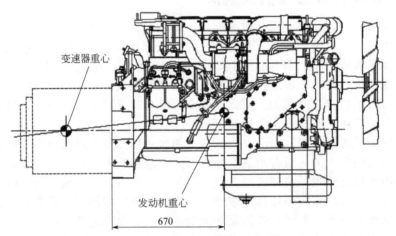

图 2-1-2 WP12 系列发动机重心位置示意图

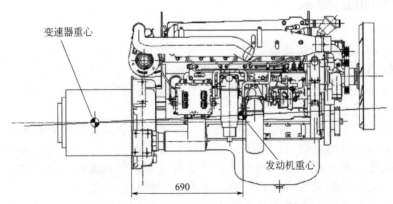

图 2-1-3 WP10 系列发动机重心位置示意图

(4) 安装形式

汽车发动机动力总成悬置系统的每个弹性支承无论其结构形状如何,都可视为一个由三个相互垂直的弹簧组成的结构(黏性阻尼结构),按照这三个弹簧的刚度轴线和参考坐标轴线间的相对位置关系,目前应用的悬置系统弹性支承的布置可以有以下两种不同方式。

① 平置式　这是一种最常见的、传统的布置方式,它布局简单,安装容易,易于控制,如图 2-1-4(a) 所示。在这种布置方式中,每个弹性支承的三个相互垂直的刚度轴各自对应地平行于所选取的参考坐标轴。由于通过发动机重心的各坐标轴方向平行于悬置的各弹簧作用线,故沿着某一轴方向的线位移在其余两弹簧中不产生恢复力;同样,绕某一轴回转的角位移在平行于此轴的弹簧中不产生恢复力。平置式布置方式消除耦合振动的主要方法,是使悬置对称布置,使其位置坐标的正、负数值之和为零,从而消除了完全耦合。

② 斜置式　在这种布置方式中,每个弹性支承的三个相互垂直的刚度轴相对于参考坐标轴的布置是,除了一根轴平行于参考坐标外,其他两根轴分别与参考坐标轴有一夹角。一般斜置式的弹性支承都是成对对称布置在垂向纵剖面的两侧,但每对之间的夹角可以不同,坐标位置也可以不同,主要根据车架的结构形式和隔振的需求来布置。这种布置方式的最大优点是既有较强的横向刚度,又有足够的侧倾柔度的。

斜置式的另一个特点是悬置的所有刚度几乎都是倾斜角的函数。因此必然存在着这样一种角度,使六个固有频率落在所期望的范围内,这个角度称为最佳倾斜角。在实际工作中,选取最佳倾斜角常比解耦更易实施,而同样能得到良好的隔振效果。

总之,斜置式的优点是既能有较强的刚度又能使耦合变得较少,因而在很多汽车上得到应用 [图 2-1-4(b)]。

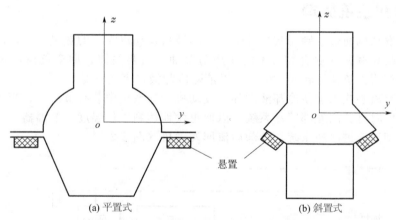

图 2-1-4　悬置平置式和斜置式布置方式

(5) 结构布置形式

发动机的位置有前置、中置和后置三种形式,布置形式有纵置和横置,发动机本身也有立式和卧式两种类型,因此发动机悬置的结构布置形式也多种多样。目前货车绝大多数采用立式发动机纵置前置的结构布置形式,较为典型的发动机悬置的结构布置形式主要有以下几种。

① 三点支承　具有结构简单、占用空间少、设计容易和不易产生定位干涉等优点。其缺点是稳定性较差,特别是对冷却系统由皮带驱动和装非独立式空调的大客车,发动机的定位不可靠,悬置系统容易损坏。

② 四点支承　是最为普遍的发动机悬置的结构布置形式,绝大多数发动机均为四点支承。四点支承具有发动机定位可靠、稳定性好的优点。其缺点是容易产生定位干涉,对有关零件设计和加工的尺寸精度要求较高。

③ 五点支承 是指在典型的四点支承的基础上，在变速器上加辅助支承。大量实践证明，对于城市和旅游大客车，如果没有装配液力或电涡流缓速器，一般没有必要采用五点支承。

2.1.4 发动机的转动惯量

蓝擎电控发动机的转动惯量见表 2-1-1。

表 2-1-1 蓝擎电控发动机的转动惯量   kg·m²

项目	WP4	WP5	WP6	WP7	WP10	WP12
I_{xx}	21	22.61	24.98	41.04	53.64	64.26
I_{yy}	42	49.48	78.38	107.95	154.33	184.8
I_{zz}	33.2	38.35	85.49	92.64	136.21	163.2
I_{xy}	−1.2	1.78	0.94	−0.75	0.65	0.44
I_{xz}	−4.8	2.351	−4.265	4.01	4.67	−10.51
I_{yz}	−2.2	−0.0245	−0.48	1.69	2.69	2.62

2.2 冷却系统

2.2.1 冷却系统原理

蓝擎电控发动机通过强制闭式循环带走冷却液从发动机吸收的热量。使用的冷却液应是洁净水和防腐防冻材料的混合物，不能使用防腐油。当要关掉长期全负荷运转后的发动机时，应在其关掉前无负荷运转 1~2min，以消除冷却液过多的热量。

发动机装有离心式水泵使冷却液循环。发动机冷却系统中装有节温器，当发动机水温低于正常工作温度时可关闭外部冷却系统，以便更快地达到工作温度。节温器在设定的温度开启，让热的冷却液流进冷却系统，冷却后流回发动机（图 2-2-1）。

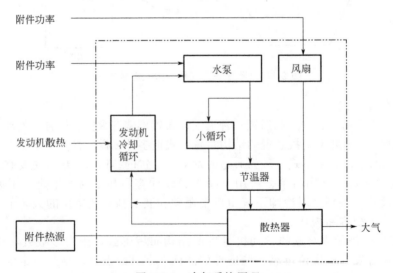

图 2-2-1 冷却系统原理

2.2.2 冷却系统总体布置

风扇通过刚性连接，以设定的冷却水温通过硅油或电磁离合器控制风扇转速。当风扇不运转时噪声降低，并降低了燃油消耗。

冷却系统应是一个闭式的有压力的系统，膨胀水箱可以达到此目的。

散热器安装应保证从发动机流向散热器的冷却水是上升的。

膨胀水箱的最低点应连接到发动机冷却液入口，通过内径为 20～30mm 的管子连接到水泵进水口处，保证水泵进水口有一定压力。同时，当系统不装压力盖时，在发动机任何运转工况下水泵进水口压力应大于大气压力。

冷却系统总体布置如图 2-2-2 所示。

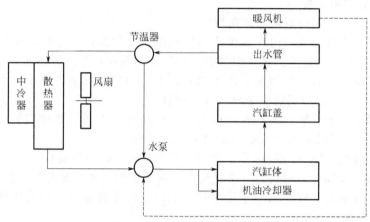

图 2-2-2 冷却系统总体布置

2.2.3 冷却系统设计要求

如果冷却系统中附加有需要用冷却液或冷却空气冷却的机构（如液力变矩器、缓速器、中冷器、空调冷凝器等），设计时必须考虑以下问题。

① 为保证水泵具有其额定性能，发动机以外的系统阻力不能太大。

② 系统应具有一定的储备水量，以防空气进入，且此水量应大于初次未加注水量。

③ 系统应预留适当的膨胀空间（至少6%）以适应冷却液随温度变化的膨胀和收缩。

④ 考虑到表面污染会造成散热器热交换能力下降，应至少预留5℃的冷却余量。

⑤ 散热器前的附件，如驾驶室罩、空调冷却器、中冷器等对风量的影响必须考虑。

⑥ 即使遇到可能的最高气温以及加上所有的附加热负荷，系统仍能正常工作，以使发动机得到足够的冷却。

⑦ 水泵的流量或水泵的特性曲线。

⑧ 发动机最大允许的冷却液温度为105℃，在节温器强制性大循环、风扇刚性连接进行热平衡试验时，发动机进、出水温差为 4～7℃。

⑨ 风扇的特性曲线。

⑩ 安装情况、环境温度、散热器脏污程度和冷却液的多少均会影响冷却能力。

⑪ 冷却系统中务必使用指定的冷却液。

⑫ 液气温差 Δt_e 是衡量冷却系统冷却能力的重要参数。

$$\Delta t_e = t_w - t_1$$

式中，t_w 为发动机出水口稳态温度；t_1 为冷却空气温度。

测量 t_1 时，如果安装吸式风扇，就在距离散热器空气进气面 1m 处测量；如果安装吹式风扇，就在距离发动机机舱进气面 1m 处测量。

⑬ 极限环境使用温度 t_{1max} 为

$$t_{1max} = t_{wmax} - \Delta t_e - 1/2 \Delta t$$

式中，t_{wmax} 为发动机最大可允许的冷却液工作温度；Δt 为进、出水温差。

进、出水温差为 4~7℃，避免了冷却系统内的污染物或内部堆积物对热量散失的影响，同时也能避免防冻剂的影响。冷却系统应采用至少 50kPa 的泄压阀进行保护，最大允许的发动机出口温度为 105℃。

(1) 冷却管路

① 冷却管路应尽可能缩短，同时也应尽可能按照给定的最小直径，中间不能有突然弯曲的部分，应使管路阻力最小。

② 发动机出水管在最高点应安装通气管。

③ 在冷却系统中冷却管路内径至少应与发动机出水管的内径一致，不能小于发动机出水管的内径。应留意通气管的内径，内部必须清洁，同时保持与外界畅通。

④ 正常的工业用钢管可以用来制作冷却管，不必用铜管或铜合金管。如果冷却系统连接轻合金热交换器，在冷却系统中必须用铁质材料。

⑤ 防油腐蚀的管子应软连接到发动机上，并按照有关说明压紧橡胶管。橡胶管应由两个软管卡带固定，连接的两管路末端相距约为管内径的 1.5 倍。

⑥ 所有水管按照 DIN 71550 标准，在末端应有凸起，出口应清理毛刺。

⑦ 当选择连接管和卡带材料时，不仅要参考有关说明，还要参考客户的意见。

⑧ 在冷却系统最低点应提供一个排水口。如果有几个排水口，应有相应的标记。当冷却液被排净后，确保没有残留。

(2) 膨胀水箱

由于发动机冷却液流量很高，系统中冷却液体积增加，冷却系统需要一个独立的膨胀水箱。膨胀水箱的设计和安装应按下列标准执行。

① 膨胀水箱安装时最底部至少应高出发动机水道顶部或散热器上水室顶部。

② 安装位置应确保可方便地加水和观察，也应确保发动机和散热器的通气管路是持续上升的。所有安装的通气管路的内径为 8~15mm。通气管的末端和膨胀水箱的液体之间必须有足够的空间或用隔板将它们分开。

③ 当车辆加速、转弯时，为避免液体剧烈晃动，在膨胀水箱里应加装隔板，同时也可为膨胀水箱增加强度。这种机械式的强度必须设计成能承受最大正常工作的压力和约 120℃ 时的温度，同时所有管子的连接必须与 DIN 71550 标准一致。

④ 必须选择合适的加注管，保证以大于 11 L/min 的速度加满冷却系统，加注管的内径为 20~30mm。

⑤ 冷却系统由一个阀门来维持压力，阀门的开启压力至少为 50kPa。膨胀水箱的容积必须保证在恶劣的情况下没有冷却液溢出，例如热停车时。此外，当发动机启动后，空气和冷却液的容积分配必须保证压力迅速升高到 40kPa。

⑥ 水和膨胀空间必须通过机械方式标记。如果需设置冷却液液位传感器，则冷态情况下当 5%~8% 膨胀水箱总注入量泄漏时，传感器应发出报警信号。

⑦ 膨胀水箱总容积应大于冷却系统总容积的 16%，即膨胀水箱应包含占冷却系统总容积 6% 的膨胀空间、占冷却系统总容积 10% 的储备空间及必备的残留空间。

⑧ 膨胀水箱（图 2-2-3）应设置最高液面和最低液面标志，最高液面上方应有不小于规定的膨胀空间，该容积内部不允许加注冷却液；最低液面与最高液面之间的容积应不小于规

定的储备空间。

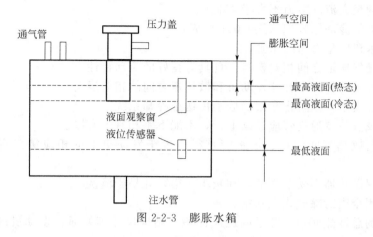

图 2-2-3 膨胀水箱

（3）压力盖与真空阀

冷却系统采用压力盖提高冷却液沸点，消除冷却系统中的气泡，提高散热器的性能。在无膨胀水箱的冷却系统中，压力盖装在散热器上水室的加注口上；在有膨胀水箱的冷却系统中，压力盖装在膨胀水箱的加注口上。推荐压力盖的开启压力为 50～90kPa，在高原地区使用时为 105kPa［图 2-2-4(a)］。

当水温升高节温器开启，膨胀水箱内压力超过一定限值时，压力盖打开并通过通气管进行放气。当系统冷却后，膨胀水箱内将形成一定的真空，将真空阀打开，空气进入膨胀空间，避免管路及相关部件的损坏［图 2-2-4(b)］。

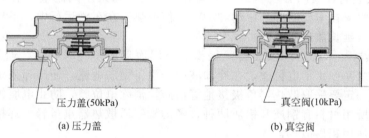

(a) 压力盖　　　　　　　　　　　(b) 真空阀

图 2-2-4 压力盖与真空阀

（4）水泵

① 水泵进口应能保持正压，设计时应尽可能提高散热器上水室的位置。发动机出水口与进水口之间的最大外部压力降不得超过 45kPa，否则将影响发动机的水泵进口压力和冷却液循环速度。

② 尽量不要将风扇装在水泵上，尽量不用水泵驱动空调压缩机，减少水泵承受的附加弯矩。

（5）散热器

散热器是冷却系统中的重要部件，其主要作用是对发动机进行强制冷却，以保证发动机能始终在最适宜的温度下工作，以获得最高的动力性、经济性和可靠性。对其有如下要求。

① 尽可能大的迎风面积。

② 尽可能薄的芯子；接近正方形；8～11 片/in❶。

---

❶ 1in＝25.4mm。

③ 两侧边之比：(1∶1)～(1∶1.3)。
④ 散热器的最大流动阻力不大于45kPa。
⑤ 尽可能大的冷却器容积（≥0.04L/kW）。
⑥ 进、出水口应呈对角线布置。
⑦ 进气和排气通道之间相对密封，且具有良好的流动特性。
⑧ 使用柔性胶管接头来补偿发动机和散热器之间的相对运动。
⑨ 安装弹性支承，以防止车架的振动传送至冷却系统。
⑩ 发动机及散热器通气管应连续上行，不能下垂和有下弯段。
⑪ 发动机与散热器间的进、出水管直径应大于发动机上的相应接口直径，以减小水阻力。
⑫ 必须确保散热器不受表面油污和灰尘污染，并易于清洗。
⑬ 推荐采用全密封除气式上水室。
⑭ 散热器的总散热面积、芯子的迎风面积、结构尺寸等要通过发动机冷却系统所需最大散热量来确定，并应通过试验评价来最终确定。
⑮ 散热器进风口的实际面积不得小于散热器芯子迎风面积的80%，以防止散热能力下降。
⑯ 后置发动机的商用车散热器进风通道要与发动机舱密封隔离。散热器周围要安装密封橡胶，以防止发动机舱的热风回流到进风通道，影响散热性能；进风通道的面积应不小于散热器芯子的迎风面积。
⑰ 在灰尘较多的环境下使用时，应选用直排或斜排冷却管，且管子间隔要大，以避免散热器芯子堵塞，影响散热效果。当散热器芯损坏时也会影响散热效果。
⑱ 散热器安装时，紧固必须牢靠，与车架的连接必须采用减振垫，采用减振垫的目的是为了隔离和吸收来自车架的部分振动和冲击，使散热器在车辆运行中，不致发生振裂、扭曲等非正常损坏，延长散热器寿命。
⑲ 因为散热器与车架之间安装有隔振橡胶，因而形成了绝缘状态，通过冷却液介质，在散热器与车架之间产生了电位差，在冷却液中产生了微弱电流，使冷却系统的零部件发生电腐蚀。因此，一定要采取散热器负极接地等措施，消除电位差，防止电腐蚀。

散热器芯体所用材料有铜质和铝质两种，考虑到铝质散热器重量轻，焊接强度高和散热效果好，应尽量使用铝质散热器。

(6) 冷却风扇

① 冷却风扇首先要满足冷却系统对风量和压头的需要；同时要消耗功率小、效率高，且有较宽的高效率区；噪声小、重量轻、成本低等。目前普遍采用的有金属风扇和塑料风扇两种，风扇叶片应具有足够的强度，以防车辆涉水时折断。在寒冷地区使用，推荐选用带硅油离合器的风扇。

② 确定风扇直径与转速时，要注意风扇叶尖的圆周速度不大于91m/s，后置发动机的商用车不大于100m/s，否则对风扇噪声和强度都不利。风扇直径尽可能与散热器芯子迎风尺寸基本相同，以便风扇扫过的面积尽可能大地覆盖散热器芯子的迎风面积，使气流全面地通过散热器。风扇外径扫过的环形面积一般不小于散热器芯子迎风面积的55%。

③ 考虑冷却系统的整体阻力，通过散热器芯部的压差应不大于所选风扇特性曲线中最大工作压力的70%；风扇的风压、风速等设计应按发动机在标定工况下和在最大转矩工况下冷却水所需最大散热量来计算确定，并经整车冷却系统的试验评价来最终确定。

④ 为充分利用车辆行驶时的迎风速度，车用发动机风扇都采用吸风式；风扇前端面至散热器芯子的距离应大于50mm且小于150mm，有利于气流均匀通过散热器芯部整个面积，

尤其是散热器的四角；冷却风扇后端面至发动机前端面的距离应大于100mm，至其他零部件的距离应大于20mm，以最大限度地降低风扇噪声及叶片振动，并改善发动机的气流状况，满足发动机的冷却需要。

⑤ 如果风扇装在水泵带轮上，一般不允许加装风扇垫块；如果风扇装在曲轴前端，风扇与连接法兰之间必须装有橡胶减振器，用于吸收曲轴的扭振，防止叶片扭振断裂，同时避免影响曲轴平衡。后置发动机的风扇一般由曲轴带轮通过惰轮驱动，风扇驱动皮带和风扇皮带必须分别设置皮带张力调整机构。曲轴带轮和惰轮、惰轮和风扇带轮的轮槽必须分别在一个平面上，皮带和带轮的交差角应控制在0.5°内，必须先调整好后再安装皮带，否则会损坏皮带、带轮或轴承，甚至会使皮带翻转或脱落。安装风扇时，不可使用弹簧垫圈，因为弹簧垫圈能使风扇托架产生预紧力，影响强度。

⑥ 风扇高速运转时，其后端的空气有向四周发散的趋势。试验发现，当风扇转速高于1400r/min时，风扇后端的空气开始向四周发散。建议将发动机零部件集中向中间布置，避免阻力过大，影响热空气的排出，同时要避免风扇后端的空气掀起地面的扬尘对发动机部件的破坏。

（7）风扇护风罩

风扇护风罩是为了提高风扇的冷却效率，使通过散热器芯部的气流均匀分布，并减少发动机舱内热空气回流而设计的。因此，设计风扇护风罩时应注意技术的合理性。

① 对于前置式发动机，风扇护风罩的设计分整体式和分开式两种；对于后置式发动机，一般都采用整体式。

② 护风罩与风扇叶尖的径向间隙应尽可能小，以保证风扇冷却效率。当采用分开式护风罩时，风扇与护风罩无相对运行，其径向间隙应不超过风扇直径的1.5%（或5～10mm）；当采用整体式护风罩时，风扇与护风罩有相对运动，其径向间隙不应超过风扇直径的2.5%（或15～20mm）。驾驶员应经常检查风扇与护风罩之间的径向间隙，以确保发动机风扇与散热器发生相对位移时，风扇与护风罩之间不产生碰触。

③ 应注意护风罩结构设计的合理性，不应有阻挡风扇气流的死角。风扇伸入护风罩的轴向位置，与进气效率有很大关系。对于吸式风扇，风扇叶片的投影宽度应伸入护风罩内2/3为宜（图2-2-5）；对于吹式风扇，风扇叶片的投影宽度应伸入护风罩内1/3为宜。

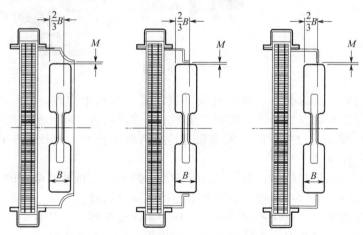

图2-2-5 吸式风扇与护风罩相对关系

（8）冷却液

由于冷却液不仅需要具有防冻的能力，还要防腐、除锈、防垢和防沸，所以冷却系统必须加注长效冷却液，乙二醇溶液可满足这一要求，其不同浓度下的冰点不同，可根据使用环境温度按图 2-2-6 所示浓度配制冷却液。

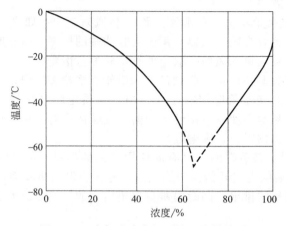

图 2-2-6　冷却液浓度与环境温度的关系

（9）节温器

柴油机出厂一般都带有节温器（图 2-2-7）。节温器协调冷却系统大、小循环的工作。当出水管温度低于 T_1（标称温度）时，冷却液全部走小循环，散热器不参与工作；当出水管温度高于 T_2（全开温度）时，冷却液全部走大循环。目前用的节温器大部分是蜡式节温器。

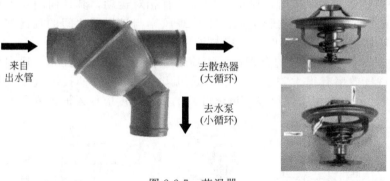

图 2-2-7　节温器

节温器发展趋势：高温化——以提升发动机温度，有利于排放、燃油经济性、暖风效果；大流量——以提升适应高温化、高功率所要求的散热能力；降低水温波动——有利于提高温度的同时防止发动机过热，防止发动机过冷，有利于排放、燃油经济性、提高暖风效果；提高可靠性；模块化。

对于有附加管路的冷却机构，允许用户在附加管路中安装机械或电控的节温器，但为了避免冷却液在流动时发生脉动，管路布置和节温器必须经认可。

采用低温节温器甚至完全堵死发动机小循环并不能改善整车冷却系统的热平衡状况。整车厂应合理选择风扇、散热器、中冷器，并进行优化匹配（图 2-2-8）。

（10）冷却液加热器

允许在冷却系统中使用冷却液加热器，但应采用热虹吸式安装，使其局部形成一条封闭环路。绝对禁止直接将加热器装入散热器。

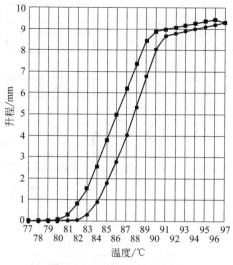

图 2-2-8 节温器特性曲线

2.2.4 冷却管路的检查与冷却液的加注

（1）冷却管路的检查

① 冷却管路可快速注满（11～19L/min）。

② 冷却管路中的冷却液可以自动地完全排空空气，为了在加注过程中和发动机运行期间完全分离空气，必要时可安装辅助排空管路。

③ 系统压力至少为50kPa。

④ 发动机热机熄火后不能有冷却液喷出。

⑤ 冷却液在发动机怠速运转时也应流过暖风管路。

⑥ 在空气进入注水管之前，膨胀水箱应有占冷却液总量10%的冷却液储备容积。

⑦ 如果发动机怠速运转1h且未开暖风，即使外界温度较低时冷却回路中的温度也不能低于75℃。

⑧ 冷却系统必须确保可以完全排空其中的冷却液。

（2）冷却液的加注

① 打开膨胀水箱盖。

② 注入冷却液，直至接近溢出。

③ 如果需要，打开循环水泵，并补充冷却液。

④ 第一次加注量应至少为最大加注量的90%。

⑤ 一旦冷却液中无气泡并且冷却液温度低于40℃时，应重新加满。

2.2.5 附加液力变矩器时冷却系统的设计

如果整车上有液力变矩器或其他附件需要通过发动机冷却系统冷却，推荐采用独立的冷却系统，即在散热器上增加与发动机冷却水完全隔离的冷却液室，这样可以保证发动机冷却系统不受影响。

如果不能采用独立式冷却系统，则一般采用图2-2-9所示的三种冷却线路。其中线路B的优点为冷却系统阻力影响小，缺点为整车冷却系统冷却液流量小，冷却能力受到限制。整车和底盘设计时根据需要的冷却量和液力变矩器的流体阻力（推荐小于15kPa）选择冷却线路。

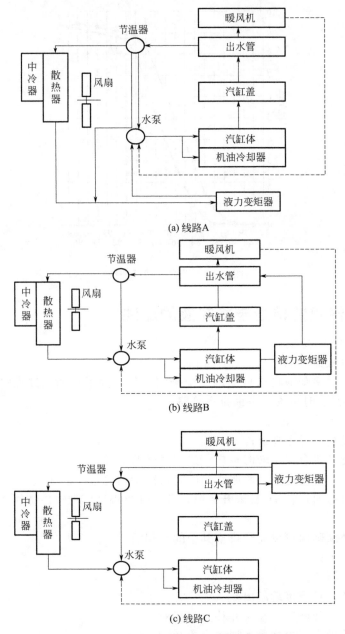

图 2-2-9 带液力变矩器的三种冷却线路

2.3 暖风系统

整车的暖风系统一般与发动机的冷却系统并联。应避免使用太大的暖风机热交换器,尽管它能使驾驶室快速升温,但却使发动机在低温环境下无法迅速达到许用的工作温度。为避免热量损耗,还需要隔绝加热管或通过空气循环装置改善加热效率。如有必要,应安装通向膨胀水箱的附加放气管。

当需要较高的热量时，建议在暖风系统中增加循环泵，循环泵的另一作用是使发动机在停车后仍能供应一段时间的暖风。

在发动机的暖风开关上，应设置节流孔，以合理地控制流入取暖器的压力和流量，防止冷却液压力超过取暖器的限制值；防止冷却液旁通过多，影响冷却系统正常工作。推荐的节流孔直径为6mm。

2.4 进气系统

2.4.1 进气系统的作用和设计要求

进气系统的作用是向发动机提供清洁、干燥、温度适当的空气进行燃烧，最大限度地降低发动机磨损并保持最佳的发动机性能。从根本上讲，发动机功率由进气流量决定，而进气流量又受空气温度、空气压力、进气阻力及中冷器阻力影响。进气负压、中冷器阻力、排气背压影响发动机进行气体交换，进而影响到功率、燃油消耗率、排气温度以及加速响应时发动机的排放。

进气系统的设计必须满足以下要求。

① 避免机舱内热空气吸入。
② 避免雨滴和雾气直接吸入。
③ 避免排气灰尘和废气吸入（吸气口不能与排气口在同一侧）。
④ 从空气滤清器至涡轮增压器入口之间的进气管必须由耐腐蚀材料制成。
⑤ 进气系统使用的分离式接头（如罩与空气滤清器外壳的接头）必须位于空气滤清器上部。
⑥ 进气系统必须能够进行定期维护，且进行维护时不需要打开空气滤清器和涡轮增压器之间进气系统的任何部件。
⑦ 应设置负压报警器，以进行负压报警。负压报警器的最佳安装位置为接近增压器进口处的直管部分，并应注意进行防振保护，以避免由于振动造成错误显示。如果负压报警器安装在空气滤清器上，在设置报警值时必须考虑空气滤清器到增压器之间的管道阻力。
⑧ 进气系统应具有尽可能低的系统阻力，以保证最大限度地利用发动机功率。
⑨ 进气系统部件之间的接头和其他接合处，如与空压机的接头，必须保持有效密封，避免灰尘或其他污物进入已过滤的空气中。

2.4.2 进气系统的组成

进气系统由进气导管、连接软管、空气滤清器等组成（图2-4-1）。

2.4.3 进气系统的许用阻力

推荐进气系统增压器前的最大沿程阻力应小于4kPa，当大于7.5kPa时应强制保养。进气系统的沿程阻力取决于结构和空气流量。

2.4.4 进气口设计

① 进气口应设置在少尘、防雨和防溅水、凉爽通风的地方。进气口之前不应有其他零部件阻挡，外露的进气口必须设置雨、雪过滤装置，位置要求尽可能高（图2-4-2）。

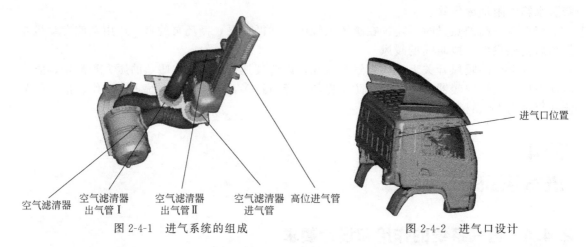

图 2-4-1 进气系统的组成　　　　图 2-4-2 进气口设计

② 进气口尺寸应设计得足够大，且没有锐弯和急剧的面积改变，为减小阻力，还应有平滑的导管与进气管相连。实践证明，进气口最小横截面积至少要比它到空气滤清器罩壳上的面积大 25% 才可以。计算面积时必须考虑减去进气口上的滤网或百叶窗所形成的截面积。

③ 前置发动机商用车，当空气滤清器在前轮之后时，进气系统的进气口必须通过管道引至汽车前面罩的上方或车身的上部低温处；当安装在车架前轮之前时，可不作改动。

④ 后置发动机商用车，进气系统的进气口务必通过管道引导并设置于能够吸入新鲜空气的地方，空气滤清器进口不允许作为进气口且进气口一般不能设置于车辆行驶时产生的负压区。建议布置在车厢后顶部位置（高地板车可布置在车身侧面的上部），且一定要注意防止吸入来自发动机舱的热空气，并注意排水。

2.4.5 进气管设计

① 管路布置应使在进行发动机日常维护保养时不必断开干净侧的管路。
② 管路连接应能承受发动机和车辆构件间的相对运动而不损坏、泄漏或塌瘪。
③ 长的管路应适当支撑，增压器进口的静弯矩不超过 6.8N·m。
④ 所用材料应能适应系统的工作温度和压力，防腐蚀，在卡箍紧固力和 68kPa 真空下不得变形或损坏。
⑤ 不能与设备上的其他部件磕碰。
⑥ 必须具有长久和可靠的密封能力。
⑦ 推荐安装高质量的阻力指示装置，它在空气滤清器被阻塞到进气阻力达到发动机规定的最大限值时发出警告，以便及时更换滤芯。阻力指示器的接口必须有滤芯以免灰尘意外地进入。为了避免吸进如雨水、喷洒水和路面飞溅水、盐溶液等，空气滤清器前应安装适当的除水装置。
⑧ 从空气滤清器后取气的空压机进气管路等必须具有与发动机进气系统相同的质量和可靠性。
⑨ 如果使用排气吸灰器来清除空气滤清器中的灰尘，必须安装单向阀以防怠速时气体倒流。
⑩ 选择位于空气滤清器至发动机进气口间的所有管路元件时必须格外小心。管子应能防腐蚀，应能承受进气完全受阻时的真空力而不变形和损坏。
⑪ 所有硬管间的连接必须是专用橡胶管，以便在很宽的温度范围内保持长久的无泄漏效果。

⑫ 卡箍必须具有360°密封作用但又不损坏橡胶管，并能在很宽的温度范围内提供恒定紧固力。图2-4-3所示为推荐的T-bolt型卡箍。

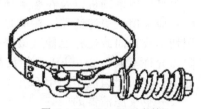

图2-4-3 T-bolt型卡箍

2.4.6 空气滤清器系统

(1) 空气滤清器系统的设计要求

空气滤清器分干式和湿式两种，原则上应选用带安全旋筒的干式空气滤清器。进气流中吸入的灰尘和其他颗粒物是发动机内部零件磨损的最主要因素。根据使用经验，发动机75%以上的早期磨损是因吸入尘粒造成的。为了能够更好地保证发动机的性能，延长其使用寿命，设计空气滤清器系统时应满足以下要求。

① 根据SAE J726标准进行试验时，空气滤清器必须有效除去进气中99.9%以上的悬浮灰尘颗粒。

② 在各种运行环境下，滤芯具有足够长的使用寿命。

③ 空气滤清器在保养时应方便拆装，更换滤芯时应避免尘土落入进气通道。

④ 空气滤清器滤芯的过滤效率通常由过滤介质的成分和设计决定。该效率在空气滤清器刚开始使用时最差，随着较大孔隙捕集污物后只留下较小的孔隙，过滤效率得以提高。

⑤ 空气滤清器系统的容量是指滤芯在其寿命期内捕集污物的数量。由于滤芯承载污物会使空气流动阻力增大，当增大到最大允许进气阻力限值时，则必须更换滤芯。

对于车用和工程机械用发动机，选用最佳空气滤清器系统时，应特别考虑以下三个因素：发动机进气空气流量和阻力限值；汽车运行环境中灰尘或污染水平；空气滤清器系统的维护间隔时间。

发动机进气空气流量和滤芯许用阻力限值决定了与发动机相匹配的空气滤清器的尺寸和类型。由于发动机进气阻力限值覆盖整个进气系统（包括所有管道、去湿系统和空气滤清器），当选择空气滤清器系统时，进气系统其他部件的限值也必须考虑在内。一定要在标定转速全负荷下，在增压器入口处测量进气负压。

了解机动车运行环境的灰尘及其他污染物水平是选择空气滤清器系统的主要依据。使用空气滤清器系统可保护发动机并最大限度地减少最终用户的费用。在多尘环境中运行的车辆（如矿山机械、街道清扫车），需要配备高容量（大滤芯）、底部带排尘阀的空气滤清器系统，并使用预清洁系统（如废气引射装置）使污物在到达滤芯之前将其分离。

空气滤清器维护间隔时间取决于滤芯的灰尘承载能力、初始阻力（干净滤芯）和最终阻力（脏滤芯），必须考虑以上因素来获得足够长的空气滤清器维护间隔时间。同时，也期望这种维护间隔时间尽可能长，一般情况下，选用较大的滤芯是延长空气滤清器维护间隔时间的行之有效的办法。

⑥ 为尽量缩短连接管路，空气滤清器离发动机越近越好。空气滤清器在保养时要易于拆装。

(2) 滤芯

根据国内道路状况，空气滤清器必须加装安全滤芯，并且应配装空气滤清器阻塞报警装置。轻型和中型车用发动机应采用带安全滤芯的双级空气滤清器；主滤芯和安全滤芯应选用干式纸质滤芯；在额定流量下，空气滤清器总成的原始阻力不大于2.45kPa，叶片环旋流粗滤器的粗滤效率不低于85%，总成原始滤清效率不低于99.5%，空气滤清器容灰能力应不小于6.4g/(L·s)。

重型车用发动机以及在恶劣环境下使用的中型车用发动机（如自卸车等工程车辆和运煤车等）应采用三级滤清器，在满足上述要求的双级滤清器的基础上，增加一级粗滤器，推荐采用切向或轴向旋流粗滤器（最好带有引射排尘管），在额定流量下，空气滤清器总成的原始阻力允许不大于2.95kPa，粗滤效率不低于93%，总成原始滤清效率不低于99.9%，空气滤清器容灰能力应不小于53g/(L·s)。

(3) 空气滤清器的安装

在空气滤清器到发动机之间必须使用一段胶管，以抵消发动机和底盘之间的相对位移，该软管应有足够的刚度，以防止负压造成吸扁、破损和局部狭小，或由于振动而变形；该软管还应能在-40～120℃下长期使用，有足够的耐老化能力。

从空气滤清器到发动机进口之间应采用金属成形管或硬塑料成形管；从空气滤清器出口管径到发动机进口管径要逐渐过渡，并尽量避免方向的急剧改变；管路应尽可能避免焊接，如果不得不焊接时，应防止假焊、脱焊出现缝隙，并应彻底清除焊渣；硬管与胶管连接位置不允许用钢板搭接焊接成管，应用无缝钢管制作并且管口部位有凸缘，保证胶管与硬管为过盈配合连接；管路内腔应光滑、清洁，不允许残留任何杂物；管路连接应密封可靠，不允许有短路现象；硬管管口应有凸缘，插入胶管的长度确保在50mm左右，并使用具有360°密封性能的T-bolt卡箍紧固胶管；此段管路的固定方式要十分可靠，不得因振动而导致各管接头松脱，使未经过滤的空气直接进入增压器和发动机，引起增压器的损坏和发动机的非正常磨损。

2.4.7 去湿系统

当水滴和水雾被吸入进气系统时，水分会使滤芯饱和，从而增加进气阻力、降低滤清效率。在寒冷天气，雪或冰可能会使空气滤清器堵塞，严重影响发动机的进气。

冬天的水雾中含有盐分，特别容易损坏进气系统。若腐蚀性的盐溶液被吸入空气滤清器，盐分将穿过过滤层进入发动机涡轮增压器的进气口，在此处盐分结晶将阻碍空气流动并损坏涡轮增压器。另外盐溶液还可能会聚集在进气系统的橡胶和金属部件间的缝隙中，腐蚀系统的部件，缩短其使用寿命并将金属氧化物带入进气系统。

因此，在整车设计时应考虑安装去湿系统，以改善发动机滤芯和进气管的性能并延长使用寿命。去湿系统应能去除80%的湿气，几种常见的去湿装置如图2-4-4所示。进气系统的去湿可分两步进行：首先减少进气口湿气的吸入，这是所有车辆都应保证的；然后用去湿系统除去进入的湿气，这对某些特殊用途车辆来讲比较重要。

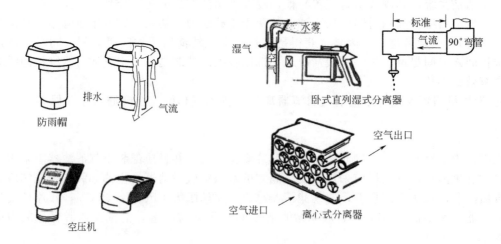

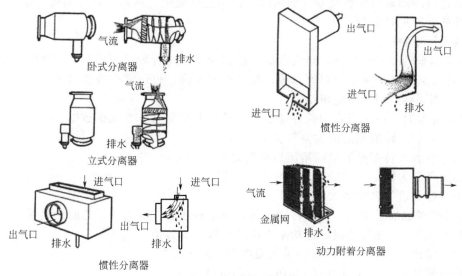

图 2-4-4 去湿装置示意图

2.5 增压中冷系统

2.5.1 增压空气管道的结构与设置

增压空气温度是达到排放限值和最佳燃油消耗率的重要条件，因此一定要按照限值表上以及认证过的发动机数据进行设计。

进气管道原则上应尽可能短并有利于空气流动，但必须消除作用到发动机上的应力，对增压发动机更要注意这一点。在多数情况下，应有足够的弹性连接段用以防止杂散应力的产生。同时，管道必须进行适当的固定。

补偿发动机的相对运动，发动机和中冷器要用相当耐压的软管连接，且还要给弹性管卡一个预紧力。增压空气管根据制造商的指导进行预紧，如可能，不要直接承受拉力。

如果进气管道从热的构件旁经过，为避免管道内的空气被加热，进气管道与热的构件之间必须加装隔热装置，这个原则也同样适用于空压机进气管。

增压器前的空气管道应尽量与压气机进气管轴线同轴布置，直段的长度应至少为压气机进气管直径的 2～3 倍。一般来说，增压空气管道布置时不要带弯曲和弧度。如果做不到，弯曲半径应为管径的 2.5～3 倍，同时要固定在适宜尺寸的支架上来吸收压缩空气的反作用力。

对于增压器前空气管道的尺寸，推荐使用的与发动机功率有关的管道面积标准值为 $50\sim65\mathrm{mm}^2/\mathrm{kW}$。

从较小直径到较大直径过渡的管路应设计成圆锥形（锥角 7°左右）。

2.5.2 中冷器的设计要求

进气温度高意味着进入发动机的空气密度下降，将导致排放恶化、功率下降、向冷却系统散热量增加、发动机排气温度升高。安装空-空中冷器后可实现以下功能。

① 通过再冷却来增加燃烧空气的密度,提高进气充量,从而提高发动机功率。
② 降低发动机热负荷。
③ 改善污染物的排放。

对于商用车辆和工程机械,最大负荷往往出现在低速行驶或静止时,因此应使冷却空气先冷却中冷器后冷却散热器(对客车等,如果空间允许,也可将中冷器与散热器并列布置),这一设计原则同样适用于发电机组。

设计中冷器时,一定要在知道环境温度的基础上获得以下发动机数据。
① 标定点和大转矩点的最大空气流量。
② 标定点和大转矩点的最高增压后空气温度。
③ 标定点和大转矩点的最高中冷后空气温度。
④ 中冷器加进气管的最大压力降。

设计时要考虑最恶劣的工况,特别是重视风扇转速较低的大转矩点时的情况。

配置中冷器时,在发动机额定功率点应满足以下参数值。
① 大气温度25℃时,中冷后的进气温度为(55±5)℃。
② 中冷器的最大允许阻力为12kPa(包括管路)。

2.5.3 中冷器的计算

中冷器的额定流量一般按发动机标定工况下进气量的1.1倍来确定。中冷器应有足够的散热面积和迎风面积,一般是根据发动机的有关技术参数先用理论计算公式初步确定中冷器的总散热面积,并在此基础上增加10%～15%的余量以保证发动机在标定工况下出口温度不高于规定值;在最终选定的风扇流量、冷风压降的情况下,车辆行驶的全负荷工况,中冷器的出口温度相对于环境温度的温升不应大于30℃;中冷器的冷却效率应不小于70%,设计完成后要经安装评审和试验验证。

(1) 对数平均温差

$$\Delta T_{ma} = [(T_{h1} - T_{c2}) - (T_{h2} - T_{c1})] / \ln[(T_{h1} - T_{c2}) / (T_{h2} - T_{c1})]$$

(2) 散热量

$$Q_a = 3600 G_k (T_{h1} - T_{c1}) c_{pa}$$

(3) 散热面积

$$F_a = k_a Q_a / (K_a \Delta T_{ma})$$

(4) 中冷效率

$$\eta = [(T_{h1} - T_{h2}) / (T_{h1} - T_{c1})] \times 100\%$$

式中,G_k为中冷器进口空气流量,kg/s;T_{h1}为热端进口温度,℃;T_{h2}为热端出口温度,℃;T_{c1}为冷端进口温度,℃;T_{c2}为冷端出口温度,℃;K_a为中冷器传热系数,$K_a = 47.43\text{kcal}/(\text{m}^2 \cdot \text{h} \cdot \text{℃})$;$c_{pa}$为空气比热容,$c_{pa} = 0.24\text{kcal}/(\text{kg} \cdot \text{℃})$;$k_a$为储备系数,$k_a = 1.1 \sim 1.15$。

2.5.4 中冷器的安装

中冷器通常都与散热器组合在一起,并安装在车架上。中冷器气室与散热器水室不能互相遮挡彼此的芯部,以免影响冷却效果。考虑到制造精度和两个部件的受热膨胀等差异,应尽量使中冷器与散热器的安装采用弹性连接方式。

中冷系统的管路布置应简洁,固定牢靠,并尽量减少方向的改变,方向改变处应使用金属管,不得使用橡胶管;中冷系统管路安装应不会因其自重或相应的运动使进气歧管和增压器承受各种应力;中冷系统的管路应采用金属管连接,对管件的要求同进气管路;管口之间的连接必须采用耐热耐压橡胶管，应能耐高温250℃和高压400kPa以上，推荐采用夹布硅胶或硅胶编织管，外带增强保护钢丝；刚性管口之间的间隙推荐从20mm至1/2管径；金属管插入橡胶管的长度确保在50mm以上，并使用具有360°密封性能的T-bolt卡箍紧固胶管；绝对不允许管路中存在任何漏气现象，否则发动机无法发出正常功率，加速性和最高车速都达不到设计要求。

金属管应使用渗铝钢管或不锈钢管，并对管路内、外壁进行防腐处理。橡胶管应能适应高温、高压的工作状态。推荐使用Nomex纤维增强硅胶管，外带增强保护钢丝。

中冷器进、出气钢管零件的焊接处必须清除焊渣，并进行高压或超声波清洗，保证每个零件杂质含量不大于10mg，中冷器和连接管路的清洁度对柴油机至关重要，整个中冷系统所有零部件所含杂质的总量不得超过90mg，且杂质颗粒最大不得超过$1.6\mu m$。另外，在运输和安装过程中应采用密封包装，以避免污染。

总之，中冷系统的各管路走向应尽量缩短长度和避免出现小于90°的急弯，圆弧半径应不小于管子直径。内表面保证圆滑，以减小进气阻力。整个系统管路内截面尺寸应均匀，如要使用变径，则必须采用渐进式圆滑过渡方式。

2.6 排气系统

2.6.1 排气系统的作用

排气系统是整车的重要组成部分之一，主要由排气管、消声器以及排气辅助制动装置组成。排气系统的主要作用是保证发动机最佳性能的同时，把发动机在工作时产生的废气经过排气管和排气消声器的降噪处理后排放到大气中。

排气系统对发动机的功率、油耗、排放、热负荷和噪声都有着一定的影响。出于安全需要，应采取相应的措施来防止排气系统的热辐射损坏相邻部件。

2.6.2 排气系统的许用阻力

进行排气系统设计时应注意：在发动机额定功率时，WP10涡轮后约50mm处的排气背压应不大于10kPa（其余机型参照各机型数据单），具体测量位置应布置在排气管有弯的位置。

2.6.3 排气系统的结构

在排气系统的发动机连接件和车架连接件之间必须有弹性补偿机构（一般为波纹形膨胀管），这样既可避免发动机把振动传递到排气装置，又可平衡排气管由于温度变化而引起的线膨胀。通过弹性补偿还可防止给废气涡轮增压器附加过大的应力。弹性补偿机构应安装在发动机和消声器之间，并尽可能靠近发动机。同时应注意，弹性补偿机构的轴线应在发动机振动截面上，即振动和膨胀不在同一方向上。

为使排气背压尽可能低，排气管应选用表面光整的材料制造，且管路无急弯和直角弯。

当排气管倾斜度较小且使用时间较长时，应设置一个带排水阀的冷凝水收集器，以防止冷凝水或雨水通过排气系统进入发动机。

通常在排气出口上做个弯曲。如果使用此方法排除湿气，那么这个弯度要满90°，而且排气出口引向发动机后部。目的是：防止排出的废气再次被发动机吸入；防止雨水或溅起的水进入排气管；可以安装标准的废气排出装置。

2.6.4 排气系统的主要部件

(1) 排气消声器

排气消声器是排气系统的主要部件，主要起到降噪作用，并使高温废气安全有效地排出。作为排气管路的一部分，它既要满足车辆噪声的要求，又要满足排气阻力的要求，还要满足消耗功率尽可能少的要求。常见的消声器有反射式、吸收式和复合式三种，这三种形式的消声器既可以单独使用，也可以组合使用，但要注意消声器的阻力过大会影响整车性能。此外，消声器的消声效果受其总容积的影响：消声效果随着容积的增加而提高。

由于发动机与排气管之间有相对位移，消声器与排气管件要用浮动式支架固定，即消声器通过橡胶悬置固定到车架上（图 2-6-1），以减少车架与发动机之间的相对位移造成对增压器排气口的附加弯矩。

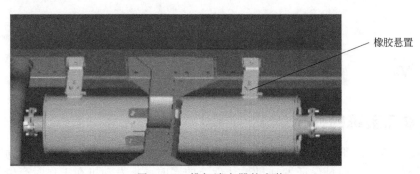

图 2-6-1 排气消声器的安装

消声器生产用材料应采取抗腐蚀措施，根据不同要求可采用加涂耐高温银粉漆或内、外表面镀铝的钢板以及不锈钢材料。考虑到发动机排气噪声中高频程（250~400Hz）上的噪声最高，所以对于吸声消声器的吸声材料应选用超细玻璃纤维或其他代用材料。

(2) 排气管路

① 排气口 保证雨、雪或洗车时飞溅的水不能进入排气管和消声器，必要时应采用罩帽等进行遮挡。

排气方向应避开燃油箱、散热器、中冷器、空气滤清器进气口及驾驶室等，这一点对后置发动机客车尤为重要。

排气方向应尽量避免朝向行人。

② 排气管 由于重型车用发动机最高排气温度可达 600℃，因此在整个排气系统中，在与周围怕热零件，如进气管路、橡胶件、塑料件和油箱等相距较近时，必须在中间增加隔热板，并尽可能将距离加大。

为了能尽量减少排气阻力，所选用排气管内径应不小于发动机排气口内径，排气管路应尽可能直，总体布置需要管路弯曲时，管路的弯曲半径应尽可能加大，并不允许采用带尖角的焊接方式。

因消声器与发动机在行驶中存在相对运动，要保证排气系统能长期有效工作，应在消声器与发动机间安装弹性接管，并保证各固定支架等的可靠性（图 2-6-2）。

为了提高排气系统抗腐蚀能力，对采用钢管制成的排气管，外表面应涂耐高温（大于500℃）的银粉漆，或者使用成本较高的内、外表面镀铝的钢管或不锈钢材料。

为了达到国家整车自由加速车外噪声的相关要求，除了要保证消声器本身的性能外，还应保证排气系统各接口的加工精度，以确保整个系统各接口密封完好，不漏气。

尾气管的出口方向应避开怕高温的零件，如轮胎、容器等。涡轮增压器出口建议设计为直管件，圆锥形扩压角最大为10°，以得到最好的性能。

（3）排气制动装置

排气制动装置选型时应注意，当其阀门打开时，不得增加额外的排气阻力；当其工作时，不得施加超过发动机所能承受的背压。

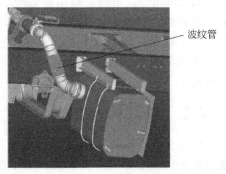

图 2-6-2　波纹管连接

排气制动器的正确安装应避免向增压器施加附加应力。气动控制的排气制动阀建议安装在涡轮排气口和消声器之间，距离排气口1.5m的直管段上。

对机械泵柴油机排气制动器的控制，应与发动机的停油装置联动。绝不允许单独用排气制动器来制动或减速。

2.7 燃油系统

2.7.1 燃油系统原理

为保证发动机启动良好及运转平稳，必须有充足的燃油源源不断地供给喷油泵，供油系统能够实现这一功能。潍柴发动机安装有一套完整的供油系统。蓝擎电控发动机采用电控燃油系统，EDC7系统原理如图2-7-1所示。

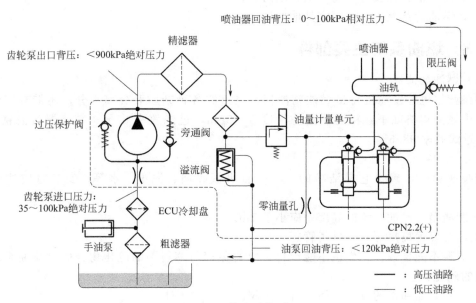

图 2-7-1　燃油系统原理

温度在0℃以下时，使用低温时具有低黏度的冬季燃油（见产品服务手册）。如果提供不了这种油，可以通过加入最多50%石油或煤油来改善燃油的流动性，一定不能加入汽油来改善流动性。

注意柴油在可燃液体危险等级中属于AⅢ类，因此燃油的品质一定要满足产品服务手册中的规定。

2.7.2 柴油管路布置

燃油温度应不高于70℃，以防止功率损失，在极端状态下燃油蒸气气泡的形成会使发动机熄火。如果需要，汽车制造商可以安装燃油冷却器。

燃油管路要求内径不小于12mm，长度不大于10m，应确保这种尺寸也应用于管路接头。

管路系统中，齿轮泵前端压力为35～100kPa（绝对压力），回油阻力小于120kPa（绝对压力）。

在装配前，应清除所有燃油管路和螺栓接头中的残渣。吸油管路和回油管路都必须安装到油箱的底部，并相互保持一定的距离（≥300mm），且管路必须保证畅通。整个低压回路必须尽可能地保持清洁。确保进油管接头拧紧，不会有空气进入燃油系统。杜绝油泵系统的干运行。安装过程中应严格避免进、回油管弯曲半径过小而导致油路不畅或阻塞。

由于存在燃烧危险，应注意以下事项。

① 发动机附近的燃油管路应尽可能采用钢管。
② 通过使用柔性燃油管路，使发动机和车架之间可以产生相对运动。
③ 禁止将燃油管路用线束紧箍带捆在一起。
④ 确保管路敷设时无张力、无扭折、无磨损。
⑤ 如果不可避免地需在热区敷设管路时（涡轮增压器、排气系统、电涡流缓速器等），在燃油管路和较热部件之间应安装防护板。
⑥ 应使用带有橡胶衬垫的卡箍，以防磨损。
⑦ 在燃油管路上不允许固定其他部件。

2.7.3 燃油系统主要部件

（1）燃油滤清器

潍柴蓝擎电控发动机自带燃油精滤器，以过滤各种杂质和分离水分，还带有燃油粗滤器，其中滤网规格如下：粗滤器过滤精度3～5μm，过滤效率67%；精滤器过滤精度3～5μm，过滤效率98.6%。

（2）燃油箱

安装油箱时，确保它是洁净的，不含有机械碎屑、泥土、水等。安装时应注意以下事项。

① 燃油箱与输油系统的高度差应小于1m。
② 位置要远离热源（如排气管）。
③ 材料不能含锌，表面也不能镀锌，以避免锌与燃料中的硫化物合成对喷油系统有腐蚀作用的硫化锌。
④ 必须有油和水的沉淀空间，有排渣阀。
⑤ 必须有5%的膨胀空间，以防燃油膨胀后溢流。

⑥ 有通气功能，以防油箱内部压力过高，通气孔应防尘防水。
⑦ 油箱应有良好的通风和通风空间。

2.8 润滑系统

润滑系统的功能是减摩、冲洗、冷却和防锈。蓝擎电控发动机为闭式压力循环润滑，发动机安装时一般不考虑外置连接。特殊情况下如需加装专用部件，例如旁通润滑油滤清器、自动添加润滑油装置、润滑油加热器等，都必须与厂家协商，以免影响润滑系统工作时的循环油量或压力。此外，还应注意以下事项。

① 整车设计时，应注意更换润滑油和检查油面的方便性。
② 交付时一般未加注润滑油，车辆发动前，应加注润滑油。
③ 蓝擎电控发动机规定使用 CF-4 或 CH-4 级润滑油。
④ 按环境温度选择润滑油的黏度等级（图 2-8-1），只能使用多级润滑油。
⑤ 推荐使用潍柴发动机专用润滑油。
⑥ 当发动机静止不动且车辆处于水平地面上时，油面必须处于油尺最大和最小标记之间。
⑦ 油底壳的倾斜角度不允许超过规定值。
⑧ 燃油硫含量超标将导致换油周期缩短（详见发动机使用说明书）。

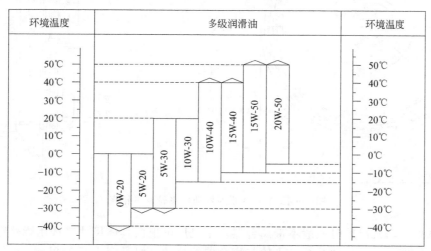

图 2-8-1 润滑油牌号选择

注意蓝擎电控发动机均不允许使用 CE、CC、CB、CA 级润滑油。

2.9 动力输出

发动机发出的有效功率主要通过以下几种方式输出：大部分为后端输出，即通过飞轮、离合器传递到传动系统上，驱动整车运动；一部分通过发电机转化为电能储存到蓄电池中；

一部分通过空压机转变成空气势能进入储气罐，作为制动、气弹簧或开关车门之用；还可能有一部分直接带动空调等附件运转，一部分通过分动箱输出功率。对于船机而言，还可能通过曲轴前端输出，来带动螺旋桨转动或实现拖网作业。

2.9.1 发动机动力输出方式

（1）后端输出

WP12 系列发动机齿轮室布置在发动机后端，能起到很好的减振降噪作用。WP10 系列发动机飞轮及飞轮壳如图 2-9-1 所示。

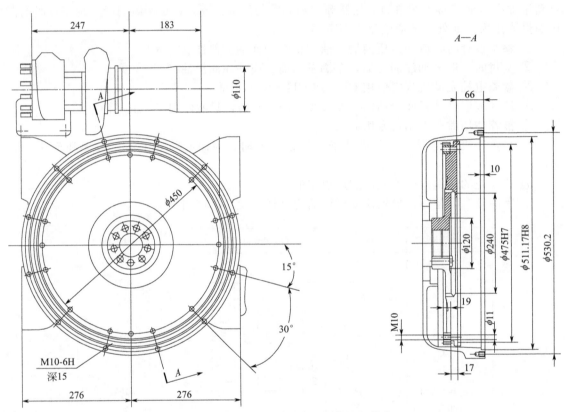

图 2-9-1 WP10 系列发动机飞轮及飞轮壳

蓝擎系列发动机出厂时一般不带离合器，主机厂可根据具体尺寸来选用弹簧摩擦片干式离合器，连接发动机和传动系统，飞轮与离合器的总转动惯量应小于 $1.9 \mathrm{kg \cdot m^2}$。

离合器或其他附件由于采用法兰连接，限制了轴向移动的附件相互位移，因此应保证在进行法兰连接前后，曲轴轴向间隙不变。可用磁性定子千分表测量曲轴的轴向间隙，如果两次测量的结果不一样，或曲轴回弹，应立即采取合适的补救措施。

为了保证发动机与变速器总成正常运行，应以曲轴中心线为基准，遵守下述公差：曲轴（变速器轴）导向轴承座孔的同轴度公差为 0.1mm；离合器壳的中心孔和飞轮壳上的离合器壳安装孔的同轴度公差为 0.2mm；与变速器相连的离合器端面的垂直度公差为 0.3mm。

发动机出厂时，飞轮摩擦片涂有防锈油，离合器安装前应使用溶剂清洗飞轮摩擦面。离合器摩擦片应有一定的轴向余量，以保证经过一段时间的磨损后，松开离合器踏板时两摩擦面仍能正常接合。

传动系统的正确设计、安装与地形和使用条件有关,它们会影响驾驶的舒适性、驱动性能、最大速度和油耗。在选择传动轴形式和安装位置时,不应有较大的附加力矩和冲击力作用在传动系统上,应保证有足够的轴向补偿量。

另外,必须保证变速器输出法兰和车桥驱动法兰平行(±0.5°)。如果不符合公差要求,在发动机或变速器相应位置必须垫上垫片,进行校正。传动轴角的极限值为3.5°,超过该数值时,会产生"嗡嗡"的噪声。

(2) 前端输出

WP12系列发动机前端布置如图2-9-2所示,WP10系列发动机前端布置如图2-9-3所示。

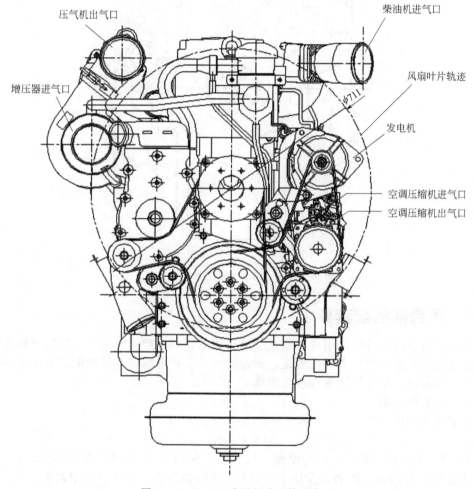

图2-9-2 WP12系列发动机前端布置

(3) 其他输出方式

如果其他装置也由发动机驱动,应事先咨询。附件同发动机连接时,应考虑扭振和强度对零部件的影响。此外,还应考虑为能够输出的最大功率,必须采用液压泵、离合器或类似的装置进行过载保护;减振器的必要性(弹性连接);在使用带传动时,曲轴上的最大允许弯曲力矩。

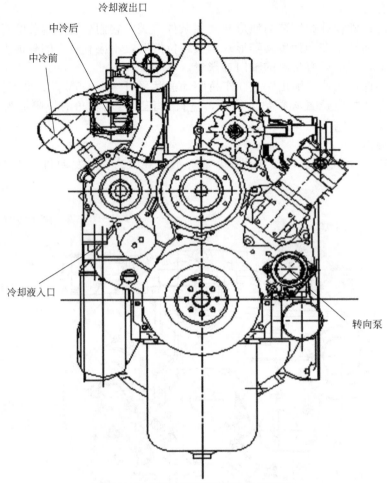

图 2-9-3 WP10 系列发动机前端布置

2.9.2 离合器的配套要求

离合器不仅是传递转矩的组件,也是一个扭转减振器,能吸收来自曲轴的扭振和突变的路况或紧急制动时传来的巨大惯性力矩,离合器扭振设计得越好,就越能降低传动系统的扭转刚度和自振频率,避免传动零件疲劳损坏。

(1)离合器的选用

离合器传递转矩计算:

$$M = F_1 \mu N R$$

式中,F_1 为卸载压紧力;μ 为摩擦系因数,石棉材料为 0.25,无石棉材料为 0.28 以上;N 为摩擦接触面数;R 为离合器作用半径,为摩擦片内、外半径的平均值。

对于公交车和自卸车推荐使用螺簧离合器,长途车可使用膜片离合器,对于不好判定的车型最好选大一挡规格的分泵或使用螺簧离合器。

(2)选用合适的离合器后备系数

常用的离合器后备系数(离合器最大转矩除以发动机最大转矩)如下:轻型货车 1.4~1.7;中、重型货车 1.6~2.1;半挂车、牵引车 2.0~2.8;自卸车 2.0~3.0;大型客车 1.6~2.0。

(3)动力输出系统对离合器的配套要求

① 在任何行驶条件下,能可靠地传递发动机的最大转矩。

② 接合时平顺柔和，保证汽车起步时没有抖动和冲击。
③ 分离时要迅速、彻底。
④ 从动部分转动惯量小，减轻换挡时变速器齿轮间的冲击。
⑤ 有良好的吸热能力和通风散热效果，保证离合器的使用寿命。
⑥ 避免传动系统产生扭转共振，具有吸收振动、缓和冲击的能力。
⑦ 操纵轻便、准确。
⑧ 作用在从动盘上的压力和摩擦材料的摩擦因数在使用过程中变化要尽可能小，保证有稳定的工作性能。
⑨ 有足够的强度和良好的动平衡。
⑩ 结构应简单、紧凑，制造工艺性好，维修、调整方便等。

（4）离合器操纵机构的要求
① 踏板力要小，轿车为 80~150N，货车为 150~200N。
② 踏板行程在一定的范围内，轿车为 80~150mm，货车小于 180mm。
③ 摩擦片磨损后，踏板行程应能调整复原。
④ 有对踏板行程进行限位的装置，防止操纵机构因受力过大而损坏。
⑤ 应具有足够的刚度。
⑥ 传动效率要高。
⑦ 发动机振动及车架和驾驶室的变形不会影响其正常工作。

2.10 噪声

由于允许噪声值一方面在法律上有规定，另一方面客户也有要求，一般需要采用汽车专用噪声消除措施。同时应注意，不能超过部件的允许温度，即发动机舱必须有良好的通风。汽车制造商负责噪声的消除。

具体噪声限值见表 2-10-1、表 2-10-2。

表 2-10-1　定置噪声限值

车辆类型		噪声限值/dB(A)
中型客车、货车、大型客车		101
重型货车	$P \leqslant 147$kW	99
	$P > 147$kW	103

注：P—发动机额定功率（kW）。

表 2-10-2　汽车加速行驶车外噪声限值

汽车分类		噪声限值/dB(A)
中型客车、大型客车	$P < 150$kW	80
	$P \geqslant 150$kW	83
重型货车	75kW $\leqslant P < 150$kW	83
	$P \geqslant 150$kW	84

注：P—发动机额定功率（kW）。

2.11 故障诊断原则与方法

2.11.1 故障诊断原则

① 柴油机出现故障时,采用先易后难的方法逐一排除。
② 在未查明故障前,不要轻易更换任何配件。
③ 在未弄清楚问题前,不要轻易清除闪码,注意记录闪码。

2.11.2 故障诊断方法

(1) 柴油机无法启动

① 根据闪码灯读取闪码,确定故障点,若无法确定转下一步。
② 检查挡位是否处于空挡、空挡开关是否正常,检查副熄火开关(车下熄火开关)是否正常,若仍无法启动转下一步。
③ 检查整车启动线路及蓄电池是否正常,若仍无法启动转下一步。
④ 判断起动机工作是否正常,如问题仍未解决,应进一步检查柴油机转动是否灵活、配气正时是否正确等,若仍无法启动转下一步。
⑤ 检查低压油路是否有气、漏气或堵塞,若仍无法启动转下一步。
⑥ 联系特约维修站维修人员,使用专业设备按以下步骤检测。
a. 使用故障诊断仪检查飞轮信号盘与油泵凸轮信号盘是否同步(数据流检测同步信号48),若仍无法启动转下一步。
b. 使用故障诊断仪进一步检查轨压是否正常,若不正常有可能是喷油器、共轨管、高压油泵、ECU引起的故障。

(2) 柴油机启动困难(能启动,但较困难)

① 是否是因高原、高寒原因引起。
② 读取闪码,确定故障点,若无闪码转下一步。
③ 检查起动机是否正常及蓄电池电量是否充足,若仍不能顺利启动转下一步。
④ 检查低压油路是否正常,若仍不能顺利启动转下一步。
⑤ 进一步检查柴油机转动是否灵活,配气正时是否正常,若仍不能顺利启动转下一步。
⑥ 检查曲轴位置传感器和凸轮轴位置传感器及插头是否损坏、牢固、清洁,若仍不能顺利启动转下一步。
⑦ 联系特约维修站维修人员,使用专业设备按以下步骤检测。
a. 使用故障诊断仪检查飞轮信号盘与油泵凸轮信号盘是否同步(数据流检测同步信号48),若仍不能顺利启动转下一步。
b. 使用故障诊断仪进一步检查轨压是否正常,如轨压不正常,有可能是喷油器、共轨管、高压油泵、ECU引起的故障。

(3) 柴油机自动熄火

① 读取闪码,确定故障点,若无法确定转下一步。
② 首先检查低压油路是否漏气、堵塞(包括回油管路),进、排气是否正常,若问题仍不能解决转下一步。
③ 检查线路、各传感器、插头是否损坏,若问题仍不能解决转下一步。

④ 联系特约维修站维修人员，使用专业设备按以下步骤检测。

a. 使用故障诊断仪检查飞轮信号盘与油泵凸轮信号盘是否同步（数据流检测同步信号48），若问题仍不能解决转下一步。

b. 使用故障诊断仪进一步检查轨压是否正常，如轨压不正常，有可能是喷油器、共轨管、高压油泵、ECU 引起的故障。

（4）柴油机冒黑烟

① 检查空气滤芯及进气和排气管路、气门间隙是否正常，若正常转下一步。

② 检查增压器是否工作正常，若正常转下一步。

③ 检查柴油质量是否正常，若正常转下一步。

④ 联系特约维修站维修人员，使用专业设备按以下步骤检测。

a. 使用故障诊断仪检查飞轮信号盘与油泵凸轮信号盘是否同步（数据流检测同步信号48），若仍冒黑烟转下一步。

b. 使用故障诊断仪进一步检查轨压是否正常，如轨压不正常，有可能是喷油器、共轨管、高压油泵、ECU 引起的故障。

（5）柴油机动力不足

① 配装多功率省油开关的车辆，检查开关挡位是否在正确位置。

② 读取闪码，若无闪码转下一步。

③ 检查低压油路与油质是否正常，若正常转下一步。

④ 检查空气滤芯、进气管路、增压器工作是否正常，若正常转下一步。

⑤ 检查气门间隙是否正常，若正常转下一步。

⑥ 检查各传感器插头、整车线束是否接触良好，若正常转下一步。

⑦ 联系特约维修站维修人员，使用专业设备按以下步骤检测。

a. 使用故障诊断仪检查飞轮信号盘与油泵凸轮信号盘是否同步（数据流检测同步信号48），若仍动力不足转下一步。

b. 使用故障诊断仪进一步检查轨压是否正常，如轨压不正常，有可能是喷油器、共轨管、高压油泵、ECU 引起的故障。

c. 配装多功率省油开关的车辆，检查开关挡位是否失效。

（6）柴油机跛行回家

① 读取闪码。

② 根据闪码确定故障并排除，若不能排除进入下一步。

③ 检查低压油路是否堵塞严重，油品是否符合环境温度要求，若不能排除进入下一步。

④ 联系特约维修站维修人员，使用专业设备按以下步骤检测。

a. 使用故障诊断仪检查飞轮信号盘与油泵凸轮信号盘是否同步（数据流检测同步信号48），若不能排除转下一步。

b. 使用故障诊断仪进一步检查轨压是否正常，如轨压不正常，有可能是喷油器、共轨管、高压油泵、ECU 引起的故障。

（7）柴油机怠速不稳

① 读取闪码，确定故障点，若无法确定转下一步。

② 检查低压油路是否正常，若不能排除转下一步。

③ 检查各类传感器插头、线束是否正常，若不能排除转下一步。

④ 联系特约维修站维修人员，使用专业设备按以下步骤检测。

a. 使用故障诊断仪检查车速传感器工作是否正常，若不能排除转下一步。

b. 使用故障诊断仪进一步检查轨压是否正常，如轨压不正常，有可能是喷油器、共轨管、高压油泵、ECU 引起的故障。

(8) 柴油机始终在高于怠速的某一低转速下运行

① 读取闪码，确定故障点。

② 根据闪码排除故障。

a. 检查加速踏板位置传感器插头是否松脱、接错或短路。

b. 检查加速踏板位置传感器是否失效。

(9) 其他故障

① 行车时油门时有时无（水温过高激活过热保护）。

② 柴油机怠速振动大（将怠速调整为 620r/min，问题解决）。

2.12 闪码读取与分析

蓝擎国Ⅲ柴油机具有自诊断功能：一旦检测出车辆异常，ECU 将产生对应的闪码，闪码灯亮，并自动进入保护模式。如闪码灯亮，车辆可能发生了较大异常，需及时排除。

驾驶员也可手动进行车辆检查：用手按下诊断开关后，如闪码灯闪烁提示，则可能为历史故障未清除的闪码，或当前不影响行车的车辆异常，这时如无车辆检修条件可正常驾驶，尽快检查车辆。

在 ECU 自动保护模式下，柴油机仍能保持以降低功率的方式（"跛行回家"）带故障运行，转速或转矩受到限制。少数较严重的故障发生时，柴油机将停止喷油、熄火。

2.12.1 闪码的读取

闪码的读取有两种途径：通过故障诊断仪读取；通过柴油机闪码灯读取。

诊断开关每给出一个脉冲信号，闪码灯报一个闪码；诊断开关一直导通时，闪码灯常亮。ECU 内存最多存储 10 个错误。

每个闪码由三位组成，位与位之间间隔 1s（图 2-12-1）。

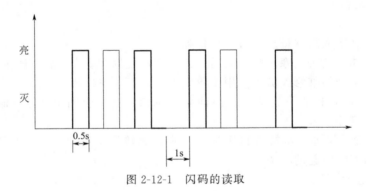

图 2-12-1 闪码的读取

2.12.2 手动清除闪码的方法

在 T15 导通前就按下（接通）故障诊断开关，接着打开钥匙开关（T15 接通），保持按下诊断开关 4～8s 后释放。若不能删除某个闪码，则为当前故障。需要先清除硬件故障，再清除 ECU 故障内存。如果无法排除闪码，尽快通知专业人员处理。

注意每次排除完故障后，用设备或手动将闪码清除。

2.12.3 闪码表

蓝擎国Ⅲ柴油机闪码表（通用于 WP 高压共轨系列柴油机）见表 2-12-1。

表 2-12-1 蓝擎国Ⅲ柴油机闪码表

闪码			相关部件/信号	导致问题	出错原因	解决方法	闪码灯亮
1	1	1	ECU 内部 AD 转换器	ECU 处理信号出错，柴油机不能正常工作，甚至不启动		断电重启 ECU，若问题仍存在则需要更换 ECU	√
1	1	2	同步信号	同步信号是喷油的正时依据。同步信号出错时不能正常喷油，可能启动困难、冒黑烟、柴油机异响等	曲轴位置传感器或凸轮轴位置传感器测到的信号出错	检查两个传感器的连接、高压油泵与曲轴齿轮的配对关系，曲轴位置传感器与飞轮的间隙是否在(1.0±0.5)mm 之内	√
1	1	3					
1	1	4					
1	1	5	ECU 内部时间处理单元	停机、不能启动		断电重启 ECU，若问题仍存在则需要更换 ECU	√
1	1	6		柴油机功率不足		断电重启 ECU，若问题仍存在则需要更换 ECU	√
1	2	1	启动继电器	柴油机不能顺利启动	线束损坏、启动继电器损坏	检查启动继电器及其接线	√
1	2	2	T15 开关			检查 T15 开关	√
1	2	3	T50 开关		开关持续闭合 120s 以上	检查 T50 开关	√
1	2	4	蓄电池	不能进行压缩测试	蓄电池电压太高（＞36V）或太低（＜6V）	检查蓄电池、柴油机和整车线束	
1	2	5	FMTC 非单调脉谱图		标定错误	更改标定	
1	3	1	ECU 内部传感器电源模块	柴油机功率不足，冒黑烟	ECU 内部错误或进气压力传感器电源(2.33)、机油压力传感器电源(2.32)是否与整车电源(24V)短路或接地	检查进气压力传感器、机油压力传感器(SSP1 的最大供电电流应为 90mA)	√
				柴油机功率不足	ECU 内部错误或加速踏板位置传感器 2 电源(1.84)、风扇转速传感器电源(1.68)是否与整车电源短路或接地	检查加速踏板位置传感器 2、风扇转速传感器(SSP2 的最大供电电流应为 90mA)	√
				柴油机功率不足	ECU 内部错误或加速踏板位置应为传感器 1 电源(1.84)、轨压传感器电源(2.13)是否与整车电源短路或接地	检查加速踏板位置传感器 1、轨压传感器(SSP3 的最大供电电流应为 50mA)	√

续表

闪码			相关部件/信号	导致问题	出错原因	解决方法	闪码灯亮
1	3	2	主继电器	共轨管限压阀打开，柴油机功率不足	流量计量单元接地或短路(3.09、3.10)	检查流量计量单元线束	√
					ECU电源输出接地或短路(1.04、2.03)	检查整车线束中2.03、1.04(注意必须采用ECU的电源输出，不能外接电源)	√
1	3	3	轨压传感器流量计量单元	共轨管限压阀打开，回油升温，柴油机功率不足	轨压传感器损坏或连接线束短路、断路	检查轨压传感器及其连接线束	√
1	3	4			油路问题，可能是轨压传感器、流量计量单元，也有可能是进、回油不畅导致轨压超调太多	检查油路和轨压传感器、流量计量单元	√
1	3	5			流量计量单元损坏或连接线束短路、断路	检查流量计量单元及其连接线束	√
1	3	6	共轨管限压阀	限压阀磨损，关闭不严，造成轨压异常波动	低压油路(包括进油与回油)不畅导致限压阀经常打开或打开时间太长	更换共轨管	√
1	4	1	1缸喷油器	柴油机功率不足，运转不稳甚至熄火	喷油器线束接触不良或由于磨损线束断路或与缸盖等断路	检查1缸喷油器	√
1	4	2	2缸喷油器			检查2缸喷油器	
1	4	3	3缸喷油器			检查3缸喷油器	
1	4	4	4缸喷油器			检查4缸喷油器	
1	4	5	5缸喷油器			检查5缸喷油器	
1	4	6	6缸喷油器			检查6缸喷油器	
1	5	1	电容1(控制1、2、3缸喷油器)		喷油器线束问题	检查1、2、3缸喷油器线束	√
1	5	2	电容2(控制4、5、6缸喷油器)			检查4、5、6缸喷油器线束	√
1	5	3	控制喷油器芯片CY33X		内部错误	熄火，断电重新启动柴油机	√
1	5	4	喷油器	柴油机停机	最少正常工作的喷油器数量未达到，有超过3个缸的线束短路或短路	检查各缸喷油器线束	
1	5	5		ECU内部对喷油的限制			
2	1	1		油中有水灯亮，水位报警	柴油粗滤器集水已满	保养柴油滤清器	√

续表

闪码			相关部件/信号	导致问题	出错原因	解决方法	闪码灯亮
2	2	1	加速踏板位置传感器1	柴油机加不上油,转速维持在1000r/min	线束连接或加速踏板位置传感器质量不可靠	检查线束连接,有条件时更换加速踏板位置传感器(注意型号,型号错误仍可能导致工作不正常)	√
			加速踏板位置传感器2				
2	2	2	离合器开关	不能实现巡航	开关不可靠或线束断路	检查开关、线束	√
			制动开关				√
2	2	3	单制动开关		未进行制动激活不允许实现巡航	在巡航前需要踩一次制动踏板	√
2	2	5		油门与制动可信检测	加速踏板与制动踏板同时踩下		
2	2	6		柴油机保护	柴油机超速(>2650r/min)		
2	2	7		柴油机保护,转矩拉不上	变速器输入转矩过大		
2	2	8		柴油机转矩超调,转矩拉不上			
2	2	9	远程加速踏板	远程加速踏板失效	加速踏板位置传感器出错或线束短路、断路	检查传感器线束,必要时更换远程加速踏板	
2	3	1	进气压力传感器	跛行回家	传感器出错或线束短路、断路	检查进气传感器线束,必要时更换传感器	√
2	3	2	大气压力传感器	跛行回家		该传感器集成在ECU上,查看是否被异物堵塞	√
2	3	3	进气温度传感器		传感器出错或线束短路、断路	检查进气温度传感器线束,必要时更换传感器	√
2	4	1	冷却水温度传感器	跛行回家,进气加热不能正常工作		检查水温传感器线束,必要时更换传感器	√
2	4	2		水温过高报警,水温超过105℃时柴油机限制功率运行	水温太高	检查柴油机冷却系统	√
2	4	3	机油压力传感器	机油压力传感器压力过高或过低报警,若仪表采用CAN总线,机油压力失真	机油压力传感器错误或机油压力过高、过低	检查传感器线束,必要时更换传感器;检查柴油机润滑系统	√
2	4	4	机油温度传感器	机油温度过高或过低报警	机油温度传感器错误或机油温度过高、过低		√

续表

闪码			相关部件/信号	导致问题	出错原因	解决方法	闪码灯亮
2	4	5		水温传感器测试			
2	5	1					
2	5	2					
2	5	3		启动困难；跛行回家；限压阀打开，大量高压油泄漏，回油温度升高	进油阻力太大或进油管有漏气的地方；回油阻力太大	检查柴油机的油路，必要时更换滤清器、油管等	√
2	5	4					
2	5	5					
2	5	6					
2	5	7					
2	6	1	ECU	限压阀打开，跛行回家	ECU内部错误	断电重启，若问题仍存在，需更换ECU	√
2	6	2		超速检测			√
2	6	3	芯片CJ940	柴油机熄火	通信错误；内部电压太高或太低	更换ECU	
2	6	4	ECU芯片与Watch-dog	柴油机熄火（断电重启后可再启动）	通信错误		√
2	6	5	EEPROM（电子可擦写式只读存储器）	里程信息等不能被记录		重新刷写ECU（保证20s的AfterRun时间）	
3	1	1	排气制动电磁阀	排气制动失效	排气制动电磁阀（2.06）与电源短路	检查排气制动电磁阀线束	√
					排气制动电磁阀（2.06）与地短路		
					排气制动电磁阀（2.05）未接		
3	1	2	风扇电磁阀（PWM）	风扇变刚性	线路短路或断路	检查风扇电磁阀接线，必要时更换	√
			风扇继电器	风扇不转			√
			风扇转速传感器	风扇变刚性		检查风扇转速传感器接线	
3	1	3	空调压缩机继电器	空调压缩机不工作	空调压缩机继电器接线错误	检查空调压缩机继电器及其接线	
3	2	1	进气加热继电器	进气加热不能正常工作等	继电器对地或电源短接等	检查进气加热继电器接线	
3	2	4	车速传感器	巡航不能实现，车下熄火按钮失效	超过最大车速或车速信号不可靠、电压不稳	检查车速传感器接线，必要时更换传感器	√
3	2	7	多态开关	转矩限制、转速限制等功能不能实现	线束或电阻错误	检查多态开关	

续表

闪码			相关部件/信号	导致问题	出错原因	解决方法	闪码灯亮
3	3	1	系统灯	相关灯泡的指示功能未实现	接线错误或未接	检查各灯泡的接线及灯泡是否已损坏	
3	3	2	冷启动灯				
3	3	4	油中有水灯				
3	4	1	巡航开关	不能实现巡航/PTO，或巡航/PTO退出	巡航开关出现组合错误	推荐采用自复位开关	√
3	4	2	排气制动开关				
3	4	3	车下启动开关	车下启动不能实现	开关被卡住	检查开关及接线	
5	1	1		柴油机失火检测，柴油机功率不足，运转不稳	1缺失火	检查对应的喷油器、缸盖密封、气门间隙等	
5	1	2			2缺失火		
5	1	3			3缺失火		
5	1	4			多缺失火		
5	3	1			4缺失火		
5	3	2			5缺失火		
5	3	3			6缺失火		
5	4	1		同步信号问题	飞轮加工不合格	更换飞轮	√

2.13 部件故障分析

共轨系统主要零部件如图2-13-1、图2-13-2所示。

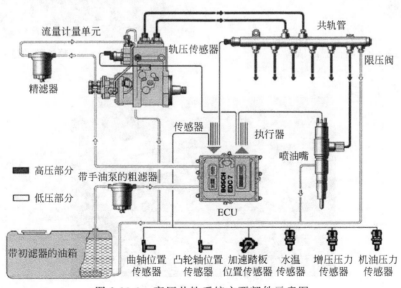

图2-13-1 高压共轨系统主要部件示意图

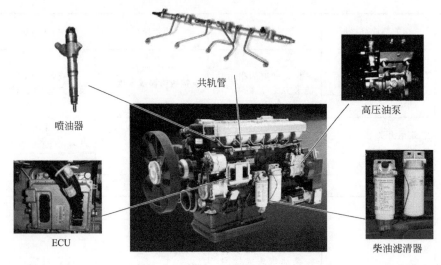

图 2-13-2 零件图

2.13.1 喷油器

喷油器故障易造成柴油机动力不足、冒黑烟、启动困难、跛行回家（图 2-13-3～图 2-13-5、表 2-13-1）。

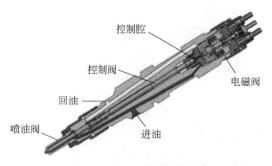

图 2-13-3 喷油器的结构

图 2-13-4 喷油器的位置

图 2-13-5 喷油器的安装

表 2-13-1 喷油器故障分析

故障现象	原因分析	处理方法	备注
喷油器雾化不良	油头处积炭严重	清理,如故障不能清除,更换喷油器	
喷油器不喷油	针阀卡死在关闭状态	更换喷油器	
喷油器滴油	针阀卡死在常开位置或喷油器针阀磨损造成密封不严	更换喷油器	
单个喷油器回油量大或与其他喷油器差别较大	回油柱塞锥面磨损密封不严	更换喷油器	
喷油器铜套或垫片变形损坏	安装时定位不准造成变形或拧紧时用力过大	更换铜套或垫片	安装时注意定位
接线柱螺母松动造成喷油器线束松动或磨破与缸盖短路	螺母、线束固定不牢	固定好螺母、线束	
喷油器电磁阀损坏	短路或其他原因形成大电流烧坏	更换喷油器	喷油器电阻一般为 0.9Ω

2.13.2 高压油泵

高压油泵故障易造成柴油机不能启动、启动困难、跛行回家（图 2-13-6、表 2-13-2）。

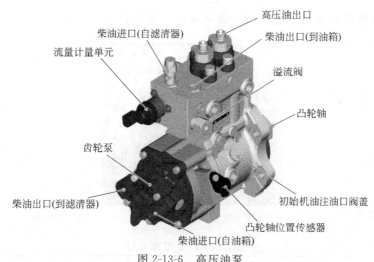

图 2-13-6 高压油泵

表 2-13-2 高压油泵故障分析

故障现象	原因分析	处理方法	备注
高压油泵出油管不出油	柱塞腔内有空气、齿轮泵内部有空气或柱塞磨损	排除空气或更换高压油泵	油泵有两种旋向,需注意不能混淆
流量计量单元常开	线束插头接触不好、流量计量单元损坏	重新拔插插头或更换流量计量单元	流量计量单元电阻为 2.6~3.15Ω
流量计量单元插头接触不良	插头松动	重新拔插	
高压油泵正时齿轮正时不正确	油泵安装时齿轮正时出错	重新按照工艺要求调整	

2.13.3 共轨管

轨压传感器、限压阀故障易造成启动困难、跛行回家（图 2-13-7、表 2-13-3）。

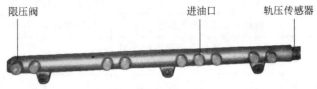

图 2-13-7 共轨管

表 2-13-3 共轨管故障分析

故障现象	原因分析	处理方法	备注
限压阀异常泄漏	限压阀密封不严或限压阀弹簧失效造成轨压不到160MPa就有燃油泄出	更换限压阀或共轨管	轨压不能正常建立
轨压不稳，无规律	插头接触不良、轨压传感器损坏	重新拔插插头或更换轨压传感器	怠速时轨压传感器信号电压为1V左右

2.13.4 ECU

ECU故障易造成柴油机不能启动、熄火故障（图 2-13-8、表 2-13-4）。

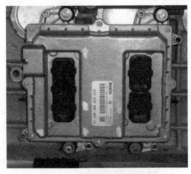

图 2-13-8 ECU

表 2-13-4 ECU 故障分析

故障现象	原因分析	处理方法	备注
诊断仪与ECU通信失败、钥匙上电闪码灯和冷启动灯不自检	ECU烧坏	更换ECU	
K线无电压	1.89针脚线路问题	检查1.89线路	一般为24V
ECU针脚弯曲或折断	拔插ECU插头时操作不规范	顺直针脚或更换ECU	
ECU被大电流击穿	线路短路或焊接时未将ECU插头拔掉	更换ECU	注意ECU线路的可靠性，进行焊接时注意防护ECU
ECU针脚短路	进入导电液体	清理液体或更换ECU	线束增加密封圈，注意防水

2.13.5 传感器、继电器、线束

传感器、线束故障分析见图 2-13-9 和表 2-13-5、表 2-13-6。

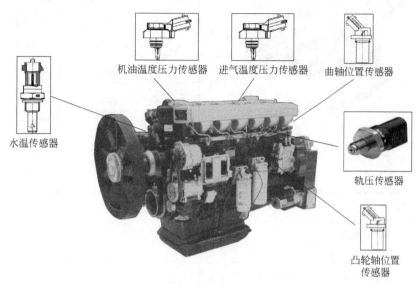

图 2-13-9 传感器

表 2-13-5 传感器、线束故障分析

故障现象	原因分析	处理方法
传感器硬件损坏	安装时造成插头损坏或传感器本体外形损坏	更换传感器
传感器电气特性不正确	传感器由于电路原因损坏	更换传感器
线束插接件接触不良或损坏	未插牢或操作时损坏插头	重新拔插或更换
线束断路、短路	线束胶皮磨损或线束断开	防护或更换

表 2-13-6 传感器功能与失效后系统响应

传感器	功能	失效后系统响应
轨压传感器	提供共轨管内压力,是共轨系统最关键的传感器之一	限压阀打开,回温升温,跛行回家
水温传感器	提供冷却液温度,关系到进气加热状态与热保护功能	跛行回家
机油温度压力传感器	提供机油温度与压力参数	机油压力报警
进气温度压力传感器	提供进气温度与压力参数	柴油机冒黑烟、白烟,跛行回家
曲轴位置传感器	提供曲轴位置信号、转速信号	启动困难,冒烟
凸轮轴位置传感器	提供判缸信号、转速信号	启动困难,跛行回家

(1) 加速踏板位置传感器

加速踏板位置传感器故障易造成柴油机、怠速高(图 2-13-10、表 2-13-7)。

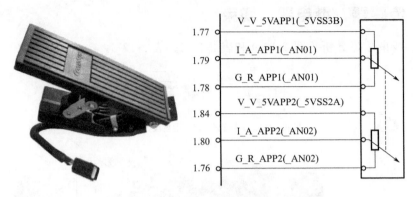

图 2-13-10　加速踏板（位置传感器）及其电路

表 2-13-7　加速踏板位置传感器故障分析

故障现象	原因分析	处理方法	备注
加速踏板位置传感器插接件接触不良	插接不牢	重新拔插	
加速踏板位置传感器接线短路、断路	接线胶皮磨损或线束断开	防护	
油门开度异常:不踩踏板时有开度,或踩到底不到100%	输出电压不符合ECU要求	更换加速踏板（位置传感器）	APP1:0.75~3.84V APP2:0.375~1.92V
加速踏板位置传感器信号两倍电压关系不成立	踏板不符合要求	排除线路原因后更换加速踏板（位置传感器）	信号1电压为信号2电压的两倍

（2）曲轴位置传感器

曲轴位置传感器检测见表 2-13-8。

表 2-13-8　曲轴位置传感器检测

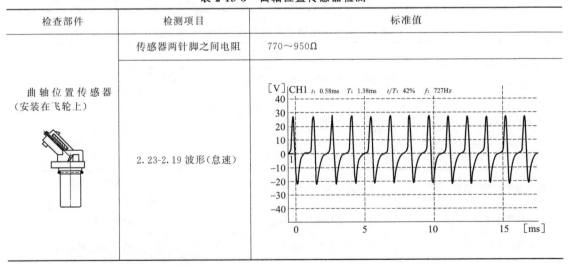

（3）凸轮轴位置传感器

凸轮轴位置传感器检测见表 2-13-9。

表 2-13-9　凸轮轴位置传感器检测

检查部件	检测项目	标准值
凸轮轴位置传感器（安装在高压油泵上） 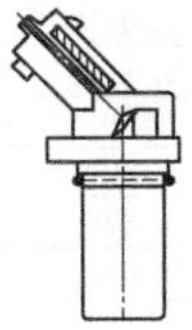	2.09 与地线之间电压（急速）	3.2～4.9V
	传感器两针脚之间电阻	770～950Ω
	2.09-2.10 波形（急速）	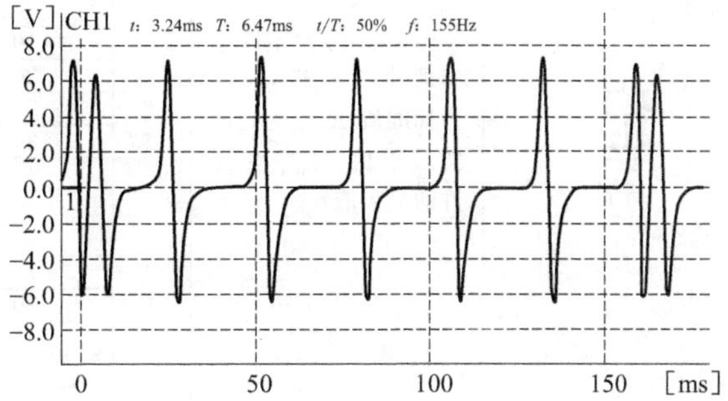 CH1 t: 3.24ms　T: 6.47ms　t/T: 50%　f: 155Hz（波形图，纵轴 -8.0～8.0 [V]，横轴 0～150 [ms]）

（4）流量计量单元

流量计量单元检测见表 2-13-10。

表 2-13-10　流量计量单元检测

检查部件	检测项目	标准值
流量计量单元（安装在高压油泵左上方） 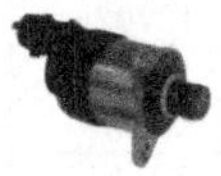	流量计量单元的电阻	2.60～3.15Ω（环境温度20℃）
	数据流（急速时电流）	1380～1420mA
	3.09-3.10 波形（急速）	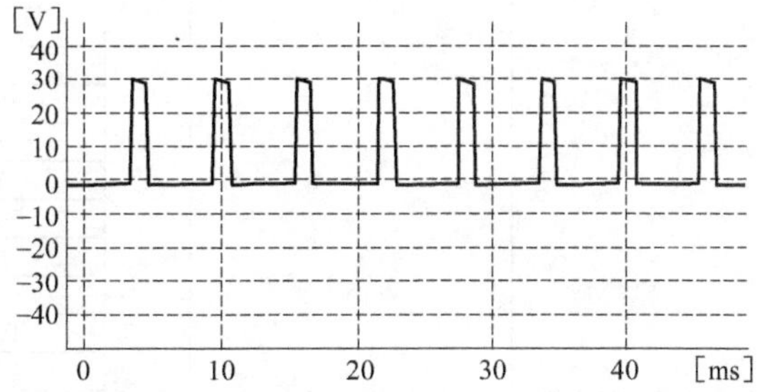 波形图，纵轴 -40～40 [V]，横轴 0～40 [ms]

（5）轨压传感器

轨压传感器检测见表 2-13-11。

表 2-13-11　轨压传感器检测

检查部件	检测项目	标准值
轨压传感器（安装在共轨管右侧） 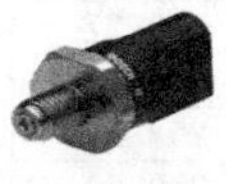	2.14-2.12 电压（T15 上电）	0.5V
	2.14-2.12 电压（急速）	1.2～1.5V
	轨压（急速）	34～45MPa
	变化区间（轨压传感器电压）	0.5～4.5V（0～180MPa）

（6）水温传感器

水温传感器检测见表 2-13-12。

表 2-13-12 水温传感器检测

检查部件	检测项目	标准值		
水温传感器（安装在出水管上）	2.15-2.16 在不同水温时电阻特性（R_{nom} 为标准值，R_{min} 为允许的最小值，R_{max} 为允许的最大值）	$t/℃$	$R_{nom}/kΩ$	$R_{min}/kΩ$	$R_{max}/kΩ$
		−40	45.313	40.490	50.136
		−30	26.114	23.580	28.647
		−20	15.462	14.096	16.827
		−10	9.397	8.642	10.152
		0	5.896	5.466	6.326
		10	3.792	3.542	4.043
		20	2.500	2.351	2.649
		25	2.057	1.941	2.173
		30	1.707	1.615	1.798
		40	1.175	1.118	1.231
		50	0.834	0.798	0.870
		60	0.596	0.573	0.618
		70	0.435	0.421	0.451
		80	0.323	0.313	0.332
		90	0.243	0.237	0.250
		100	0.186	0.182	0.191
		110	0.144	0.140	0.148

（7）进气温度传感器

进气温度传感器检测见表 2-13-13。

表 2-13-13 进气温度传感器检测

检查部件	检测项目	标准值		
进气温度传感器（安装在进气管上）	2.36-2.25 在不同温度时电阻特性（R_{nom} 为标准值，R_{min} 为允许的最小值，R_{max} 为允许的最大值）	$t/℃$	$R_{min}/Ω$	$R_{nom}/Ω$	$R_{max}/Ω$
		−40	45301	48153	51006
		−35	33703	35763	37823
		−30	25350	26854	28359
		−25	19265	20376	21487
		−20	14785	15614	16443
		−15	11453	12078	12702
		−10	8951	9426	9901
		−5	7055	7419	7783
		0	5605	5887	6168
		5	4487	4707	4926
		10	3618.7	3791.1	3963.5
		15	2938.5	3074.9	3211.3
		20	2401.9	2510.6	2619.3
		25	1975.8	2062.9	2150.1
		30	1644.7	1715.4	1786.2
		35	1374.2	1431.8	1489.5
		40	1152.4	1199.6	1246.7
		45	969.9	1008.6	1047.4
		50	819.1	851.1	883.0
		55	694.2	720.7	747.1
		60	590.5	612.5	634.2
		65	503.6	521.9	540.2
		70	431.0	446.3	461.6
		75	370.1	382.89	395.7
		80	318.68	329.48	340.27
		85	275.25	284.37	293.48
		90	238.43	246.15	253.86
		95	207.12	213.67	220.23
		100	180.42	186.00	191.58
		105	157.37	162.35	167.32
		110	137.63	142.08	146.52

（8）进气压力传感器

进气压力传感器检测见表 2-13-14。

表 2-13-14　进气压力传感器检测

检查部件	检测项目	标准值
进气压力传感器	2.34-2.25 电压（急速）	0.5～0.8V
	2.34-2.25 电压	电压随绝对压力变化曲线：绝对压力 50kPa 时电压 0.5V，400kPa 时电压 4.5V

（9）机油温度传感器

机油温度传感器检测见表 2-13-15。

表 2-13-15　机油温度传感器检测

检查部件	检测项目	标准值		
		$t/℃$	R_{min}/Ω	R_{nom}/Ω	R_{max}/Ω

检查部件	检测项目	$t/℃$	R_{min}/Ω	R_{nom}/Ω	R_{max}/Ω
机油温度传感器	2.28-2.24 在不同温度时电阻特性（R_{nom} 为标准值，R_{min} 为允许的最小值，R_{max} 为允许的最大值）	-40	43076	45303	47529
		-35	32643	34273	35902
		-30	24907	26108	27309
		-25	19108	19999	20889
		-20	14792	15458	16124
		-15	11499	12000	12501
		-10	9015	9395	9775
		-5	7123	7413	7704
		0	5671	5895	6118
		5	4537	4711	4884
		10	3656	3791	3927
		15	2962	3068	3174
		20	2416	2499	2583
		25	1990	2056	2123
		30	1653	1706	1760
		35	1368	1411	1455
		40	1139	1174	1209
		45	959.0	987.4	1016
		50	810.5	833.8	857.0
		55	683.7	702.7	721.7
		60	579.7	595.4	611.0
		65	495.3	508.2	521.1
		70	424.9	435.6	446.4
		75	365.2	374.1	383.1
		80	315.0	322.5	329.9
		85	273.2	279.5	285.8
		90	237.8	243.1	248.4
		95	208.1	212.6	217.1
		100	182.9	186.6	190.3
		105	160.3	163.8	167.2
		110	141.0	144.2	147.3
		115	124.4	127.3	130.1
		120	110.1	112.7	115.2
		125	97.81	100.2	102.5
		130	87.13	89.28	91.43

（10）机油压力传感器

机油压力传感器检测见表 2-13-16。

表 2-13-16　机油压力传感器检测

检查部件	检测项目	标准值
机油压力传感器	2.27-2.24 电压	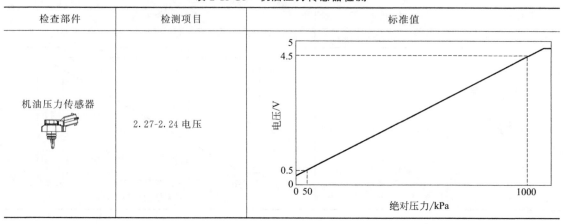

（11）进气加热继电器

进气加热继电器检测见表 2-13-17。

表 2-13-17　进气加热继电器检测

检查部件	检测项目	标准值
进气加热继电器	1.55-1.59 电压（T15 上电，进气加热工作时）	23～29V

2.14 ECU 针脚定义与常规测量

ECU 针脚定义与常规测量见表 2-14-1。

表 2-14-1　ECU 针脚定义及常规测量

针脚	缩写	说明	参考针脚	开路电压	信号输入有效电压
122	O_S_DIA	诊断灯			
124	G_R_IIBTN1	急速提升开关1内部地	1.05	0V	
125	l_S_IIBTN1	急速提升开关1信号	1.24	4.9～5.1V	
126	l_S_IIBTN2	急速提升开关2信号	1.05	4.9～5.1V	
128	G_R_IIBTN2	急速提升开关2地	1.05	0V	
129	G_R_DIG	数字地	1.05	0V	
130	G_G_DIA	内部地	1.05	0V	
131	I_S_CRCPOS	巡航控制按钮"设置/加速"	1.05	0～0.0102V	高电平：＞3.98V 低电平：＜1.97V

续表

针脚	缩写	说明	参考针脚	开路电压	信号输入有效电压
132	I_S_ENGSA	柴油机启动开关信号			高电平：>3.75V 低电平：<2.18V
133	O_F_ENGN	柴油机转速输出信号			
134	B_D_CANL	CAN_L	1.05/1.35	2～3V	高电平：>900mV 低电平：<500mV
135	B_D_CANH	CAN_H	1.05/1.34	2～3V	高电平：>900mV 低电平：<500mV
137	O_S_STRTH	启动继电器（高端）	1.05	接继电器：不启动为3.5V 启动为24V	
138	O_S_CSLP	冷启动灯	1.05	2.91～3.91V	
139	O_S_WLP	报警灯	1.05	2.91～3.91V	
140	I_S_T15	T15			ECU激活电压：3.35～24VECU 由开到关电压：0～2.81V
141	I_S_BRKMN	主制动开关	1.05	0V	高电平：>3.75V 低电平：<2.18V
142	I_S_ACSW	空调请求开关	1.29	0V	高电平：>3.75V 低电平：<2.18V
143	I_S_WFLS	油水分离水位传感器	1.05	4.9～5.1V	
144	I_S_BRKPS	驻车制动	1.05	4.755～5.25V	
146	I_S_CRCRES	巡航控制按钮"恢复"	1.05	0～0.0102V	高电平：>3.98V 低电平：<1.97V
147	I_S_STP	柴油机停止开关			
148	I_S_LIS	低怠速开关	1.05/1.29	5.53～5.9V	高电平：>3.75V 低电平：<2.18V
149	I_S_BRKRED	冗余制动开关	1.05	0V	高电平：>3.75V 低电平：<2.18V
151	O_S_STRTL	启动继电器（低端）	1.05	接继电器：不启动为3.5V 启动为0V	
155	O_S_IMPH	进气预热继电器	1.05	$V_{bat}-0.45V$	
156	O_S_WFLP	油中有水报警灯	1.05	2.91～3.91V	
158	G_G_FAN2	风扇继电器2地			
159	G_G_IMPH	进气预热继电器地	车身	0V	
161	I_S_T50	T50启动开关	1.05/1.59	0V	输入高电平：>3.61V 输入低电平：<2.33V
162	I_A_TL	转矩限制信号（多态开关）	1.65	4.9～5.1V	
164	I_S_CRCNEG	巡航控制按钮"设置/减速"	1.05	0～0.0102V	

续表

针脚	缩写	说明	参考针脚	开路电压	信号输入有效电压
165	G_R_TL	转矩限制内部地	车身	0V	
166	I_S_CONV	离合器开关信号	1.05	0V	高电平:>3.75V 低电平:<2.18V
167	G_R_FSS	风扇转速传感器地	车身	0V	
168	V_V_5VFSS	风扇转速传感器电源	1.67	4.9~5.1V	
169	I_F_FSS	风扇转速传感器信号	1.67	4.84~5.16V	高电平:>3.69V 低电平:<2.25V
170	G_R_VSS	车速传感器地	车身	0V	
171	I_F_VSS	车速传感器信号	1.70	4.05~4.34V	
172	I_S_DIAREQ	诊断请求开关	1.05	0~0.0102V	高电平:>3.69V 低电平:<2.25V
174	I_S_CRCOFF	巡航控制按钮"关闭"	1.05	0~0.0102V	高电平:>3.98V 低电平:<1.97V
176	G_R_APP2	加速踏板位置传感器2地	车身	0V	
177	V_V_5VAPP1	加速踏板位置传感器1电源	1.78	4.9~5.1V	
178	G_R_APP1	加速踏板位置传感器1地	车身	0V	
179	I_A_APP1	加速踏板位置传感器1信号	1.78	0V	不踩时为0.75V 踩到底时3.84V
180	I_A_APP2	加速踏板位置传感器2信号	1.76	0V	不踩时为0.375V 踩到底时1.92V
181	I_A_FFDPS	燃油滤清压差传感器	1.83	5.75~5.85V	
183	G_R_FFDPS	燃油滤清压差传感器地	车身	0V	
184	V_V_5VAPP2	加速踏板位置传感器2电源	1.83	4.9~5.1V	
185	I_S_GNSW	空挡开关	1.05/1.29	0~0.0105V	
189	B_D_ISOK	K线	1.05	蓄电池电压	
201	O_T_VTG	风扇电磁阀	1.05	2.91~3.91V	
203	O_V_RH02	电源正极输出2(高端驱动)	1.05	蓄电池电压	
204	O_S_FLHT	燃油加热电磁阀	1.05	$V_{bat}-0.45V$	
205	G_G_FLHT	燃油加热电磁阀内部地	车身	0V	
206	O_T_EBRFL	排气制动电磁阀	1.05	2.91~3.91V	
209	I_F_CAS	凸轮轴位置传感器信号	2.10	231~260mV	
210	G_R_CAS	凸轮轴位置传感器地	1.05	0V	
211	O_S_ACRLY	空调压缩机继电器	1.05	2.91~3.91V	
212	G_R_RAILPS	轨压传感器地	1.05	0V	
213	V_V_5VRAILPS	轨压传感器电源	2.12	4.9~5.1V	
214	I_A_RAILPS	轨压传感器信号	2.12	4.9~5.1V	

续表

针脚	缩写	说明	参考针脚	开路电压	信号输入有效电压
215	I_A_CTS	水温传感器	2.26	4.9~5.1V	
216	V_V_5VRMTAPP1	远程油门传感器1电源	1.05	4.9~5.1V	
217	G_R_5VRMTAPP1	远程油门传感器1地	车身	0V	
218	G_R_5VRMTAPP2	远程油门传感器2地	车身	0V	
219	G_R_CRS	曲轴位置传感器地	1.05	0V	
221	I_A_RMTAPP1	加速踏板位置传感器1信号	2.17	0V	不踩时为0.75V 踩到底时3.84V
222	I_A_RMTAPP2	加速踏板位置传感器2信号	2.18	0V	不踩时为0.375V 踩到底时1.92V
223	I_F_CRS	曲轴位置传感器信号	2.19	231~260mV	
224	G_R_OPS	机油压力传感器地	车身	0V	
225	G_R_BPS	进气温度压力传感器地	车身	0V	
226	G_R_CTS	水温传感器地	车身	0V	
227	I_A_OPS	机油压力传感器信号	2.24	5.243~5.406V	
228	I_A_OTS	机油温度传感器信号	2.24	4.9~5.1V	
229	I_S_EBR	排气制动开关	2.17	0V	高电平:>3.57V 低电平:<2.35V
231	V_V_5VRMTAPP2	加速踏板位置传感器2电源	2.17	4.9~5.1V	
232	V_V_5VOPS	机油压力传感器电源	2.17	4.9~5.1V	
233	V_V_5VBPS	增压压力传感器电源	2.17	4.9~5.1V	
234	I_A_BPS	增压压力传感器信号	2.25	5.243~5.406V	
235	I_A_FTS	燃油温度传感器信号	2.26	4.9~5.1V	
236	I_A_BTS	进气温度传感器信号	2.25	4.9~5.1V	
301	O_P_SVH21	喷油器1电容高端2(5缸喷油器高端)			
302	O_P_SVH22	喷油器2电容高端2(6缸喷油器高端)			
303	O_P_SVH23	喷油器3电容高端2(4缸喷油器高端)			
304	O_P_SVH11	喷油器1电容高端1(1缸喷油器高端)			
305	O_P_SVH12	喷油器2电容高端1(3缸喷油器高端)			
306	O_P_SV13	喷油器3电容低端1(2缸喷油器低端)			
309	O_V_MEU	流量计量单元电源(BAT+)	1.05	$V_{bat}-0.26V$	
310	O_T_MEU	流量计量单元电源(PWM)	1.05	2.91~3.91V	

续表

针脚	缩写	说明	参考针脚	开路电压	信号输入有效电压
311	O_P_SVH13	喷油器3电容高端1(2缸喷油器高端)			
312	O_P_SV12	喷油器2电容低端1(3缸喷油器低端)			
313	O_P_SV11	喷油器1电容低端1(1缸喷油器低端)			
314	O_P_SV23	喷油器3电容低端2(4缸喷油器低端)			
315	O_P_SV22	喷油器2电容低端2(6缸喷油器低端)			
316	O_P_SV21	喷油器1电容低端2(5缸喷油器低端)			

潍柴发动机专用故障诊断仪接口如图2-14-1所示,针脚定义见表2-14-2。

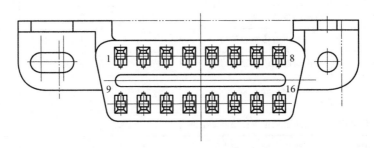

图 2-14-1 专用故障诊断仪接口

表 2-14-2 专用故障诊断仪针脚定义

针脚	说明
4	接地
6	CAN 高
7	K 通信线
14	CAN 低
16	24V 正极电源

2.15 典型维修案例

2.15.1 柴油机无法启动

柴油机无法启动案例见表2-15-1。

表 2-15-1　柴油机无法启动案例

案例描述	案例分析	案例处理
①整车无闪码,启动线路、起动机、蓄电池正常,用起动机多次带动柴油机均无法启动,因此排除启动系统故障 ②进一步检查低压及高压油路,并排除油路内空气,可以顺利启动;但熄火 5min 后,再次出现启动困难现象,检查发现油路内仍有空气,因此确定低压油路存在进空气现象 ③经仔细对低压油路部件逐一检查,发现燃油粗滤器进油口螺纹处有损伤,空气进入油路,从而导致柴油机无法正常启动	装配不当或频繁拆装导致燃油低压油路密封不严	更换燃油粗滤器或更换低压油路部件,直至密封性良好
①启动时,起动机无反应,无闪码。检查副熄火开关、空挡开关正常 ②检查起动机连接线束、蓄电池正常 ③用蓄电池直连起动机检查,起动机工作正常 ④进一步检查蓄电池到 ECU 的四根电源线是否接通,当拆下整车线束测量电压后发现这四根电源线是接通的,且都是 24V 电压,符合要求。检查 T15 开关后电压正常,整车 K 线电压也正常 ⑤拆下整车线束插头后发现整车线束插接件与 ECU 针脚处有烧焦痕迹,检查 ECU 针脚发现其中 2 个针脚(1.37、1.51)已被烧断,ECU 无电压输出,由此判断 ECU 已经损坏	ECU 插接件接触不良或密封件失效进水或电压过高等原因造成烧毁(经了解客户用车曾焊接过车架,由于焊接时 ECU 插头未拔掉造成烧毁)	更换 ECU
①起动机正常运转,柴油机无法启动 ②检查低压油路发现油箱结蜡,造成燃油失去流动性,堵塞油路和滤芯 ③询问客户得知提车时加注-10 号柴油,停车后次日无法启动,因两地温差较大,需加注-35 号柴油	未根据不同环境温度选择不同标号的柴油,柴油结蜡导致进油管堵塞。跨温差较大区域运行车辆应根据实际情况及时更换符合气温要求的柴油	疏通油路,更换-35 柴油
①柴油机启动时电机运转正常,柴油机正常转动但无法启动,无闪码 ②查看低压油路油压正常,高压油泵的出油正常,说明供油量是充足的 ③将各缸喷油器回油管依次松开观察喷油器的回油量,经对比发现除了 3 缸喷油器回油量很大以外,其他各缸的喷油器都基本没有回油,说明 3 缸喷油器损坏	含水量较高的劣质柴油会造成喷油器针阀磨损后密封不严,喷油器如果泄漏过大则可能导致无法启动	更换喷油器,加装除水装置
①启动系统、低压油路均正常,无闪码。采用上述其他方法仍无法排除故障 ②用诊断仪检查,轨压达不到启动压力(16MPa),检查共轨管限压阀无泄漏,喷油器正常 ③断开高压油泵出油管,用起动机带动柴油机,发现高压油泵两个出油口都出油,但油柱一高(4.5cm)一低不足(2cm)。经过目测对比,发现该油泵供油能力不足(柴油机转速 200~250r/min,高压油泵出油柱 4~5cm 为正常)	劣质柴油导致高压油泵柱塞损坏	更换高压油泵,加装除水装置

2.15.2　柴油机启动困难

柴油机启动困难案例见表 2-15-2。

表 2-15-2　柴油机启动困难案例

案例描述	案例分析	案例处理
用诊断仪检查同步信号能够显示 48,但是反应时间较长(超过 3s),对曲轴位置传感器进行检查,发现传感器表面、飞轮信号孔很脏,擦拭干净后重新安装,故障排除	异物导致了传感器不能及时准确识别飞轮上的信号孔位置	清除异物,保证传感器的正确识别
①柴油机启动困难,而且在将要启动的一瞬间柴油机发出明显的"咔咔"声,启动后转速只能达到 1500r/min,柴油机进入跛行回家状态,闪码灯亮 ②读取闪码为 112(曲轴位置传感器故障),经过检查发现曲轴位置传感器插头松动。重新安装后,故障排除	插头接触不良(其余可能的原因还有忘记连接该传感器或传感器失效)	重新连接该传感器(若传感器失效,更换新的传感器)

2.15.3 柴油机启动后自动熄火

柴油机启动后自动熄火案例见表 2-15-3。

表 2-15-3 柴油机启动后自动熄火案例

案例描述	案例分析	案例处理
①柴油机熄火后无法启动,无闪码 ②检查油箱无柴油,重新加入柴油后,排低压油路空气后,仍无法启动 ③检查高压油路,松开油泵端的两个高压油管接口,用起动机带动,发现无燃油排出。确认高压泵内有空气。用手折住回油管,再次用起动机带动排气,到有油从接口端排出,重新连接好,启动正常	由于油箱内油量过少使回油溅起的气泡被吸入油路,造成低压油路和高压泵内进气	排除空气,加足柴油
①柴油机工作一段时间就会无力熄火,停车一段时间后又恢复正常,再过一段时间又熄火 ②读取闪码为 242(水温过高) ③检查水路正常,但用诊断仪检查发现启动后水温迅速达到 107℃ 左右,实测水温只有 65℃。确定水温传感器损坏,导致 ECU 获得的水温信号错误,进入自保护模式,大负荷时自动熄火	传感器损坏后,给 ECU 传送错误信号,ECU 判断错误,使柴油机进入自保护模式	更换水温传感器
①柴油机启动正常,但转速不稳,自动升降,然后熄火,闪码灯亮 ②读取闪码为 324(车速信号问题),用户反映前期由于里程表坏,在排查时拆过车速传感器。 ③更换车速传感器后,试车正常,故障排除	车速传感器损坏	更换传感器
①柴油机启动 1~2s 自动熄火,同时伴有抖动,转速升到 540r/min 马上就掉下来,无闪码 ②检查低压油路和高压油路,无泄漏或者回油油管被压扁现象 ③拆开喷油器回油管路、共轨管限压阀(PRV),启动观察发现,当柴油机有爆发声音时,从共轨管限压阀喷出一股油 ④用诊断仪检查发现,轨压上升到 44MPa 后回落到 28MPa,然后在 28~32MPa 之间波动。由此确定共轨管限压阀损坏	共轨管限压阀失效	更换共轨管
①柴油机运行中突然熄火,无法再次启动,打开点火开关无反应 ②检查电源无异常,供电线路均有电,但连接诊断设备不能通信 ③用万用表测 1.04 针脚无电压,判定 ECU 损坏	插头接触不良,密封件失效进水或电压过高等原因造成 ECU 烧坏	更换 ECU
①柴油机运行中突然熄火,仍能启动,但熄火现象依然存在,无闪码 ②检查钥匙开关正常(如钥匙开关短路、断路均有可能造成上述现象) ③检查 ECU 电源线束正常(如电源断路可能造成上述现象) ④检查副熄火开关(车下熄火开关),发现线束绝缘胶皮磨破搭铁,造成 ECU 接收到熄火信号	线束固定不好,磨损后造成信号短路,给 ECU 提供错误信号	重新连线

2.15.4 柴油机冒黑烟

柴油机冒黑烟案例见表 2-15-4。

表 2-15-4 柴油机冒黑烟案例

案例描述	案例分析	案例处理
①柴油机在运行过程中突然冒黑烟,驾驶员立即停车,此后启动困难,并且一直冒黑烟 ②用故障诊断仪检查,启动时轨压只能达到 16MPa ③检查低压油路、共轨管、高压油泵正常,检查喷油器发现 2 缸喷油器回油异常,判断该喷油器故障	喷油器针阀磨损严重,燃油雾化不良	更换喷油器

续表

案例描述	案例分析	案例处理
①柴油机冒黑烟,检查空气滤芯及气路畅通,增压器正常 ②检查低压油路及油品,发现柴油中有水。拆检喷油器发现有水锈,可判定为由于柴油中有水导致喷油器针阀生锈卡死	油中有水,且未加装除水装置,导致喷油器针阀锈蚀卡死,燃油雾化不良	更换合格柴油,更换喷油器,加装除水装置
①柴油机重载时冒黑烟,空载时正常,无闪码。停车时检查空气滤芯及气路、增压器正常 ②检查油路与油品正常 ③用故障诊断仪监测柴油机的进气压力、转速、轨压、喷油量,发现重载加速时进气压力达到150kPa(绝对压力)后瞬间降到60kPa,转速下降、冒黑烟,断定气路有问题。对气路逐一检查发现空滤器之后的一段橡胶软管较软,高挡加速时被吸扁,导致柴油机进气不足	进气管路中橡胶软管太软,高挡加速时被吸扁,导致柴油机进气不足	更换进气软管

2.15.5 柴油机动力不足

柴油机动力不足案例见表2-15-5。

表 2-15-5 柴油机动力不足案例

案例描述	案例分析	案例处理
①行驶过程中转速到达1500r/min时出现转速不稳,整车抖动现象,继续踩加速踏板转速不再提升,表现出动力不足,闪码灯亮 ②读取闪码为114(曲轴位置传感器信号异常) ③使用诊断仪进行检测,发现在原地踩踏板加速时,当转速超过1500r/min时同步信号出现跳动,不能稳定在48,检测曲轴位置传感器线束正常,断定曲轴位置传感器失效	柴油机高速运转时,曲轴位置传感器信号不稳定	更换曲轴位置传感器
①柴油机动力不足,无闪码 ②检查多功率省油开关,发现转换挡位时动力性无变化,断定开关失效	多功率省油开关失效	更换多功率省油开关
①车辆重载时动力不足,转速上升到1500r/min就上不去了 ②读取闪码为253(低压油路供油不畅) ③检查油箱、油管、滤芯,滤芯没有含水现象,油箱通气阀未堵塞,但低压油管有弯折现象	油管内径过小(要求内径不小于12mm)或弯折造成供油不畅	将弯折处修复
①柴油机动力不足,无闪码 ②检查油路及油品也都正常 ③检查空气滤芯及进气管路发现中冷器下端裂开约15cm	进气管路漏气	更换中冷器
①柴油机运行一段时间出现加不上油现象,但是转速能够慢慢上来,闪码灯亮 ②读取闪码为143(3缸喷油器线束开路) ③更换喷油器线束,故障排除	线束接线柱连接处螺母未拧紧或单缸喷油器线束断路	首先拧紧线束螺母,如没有效果则更换喷油器线束

2.15.6 柴油机跛行回家

柴油机跛行回家案例见表2-15-6。

表 2-15-6 柴油机跛行回家案例

案例描述	案例分析	案例处理
①柴油机启动后最高转速只能到达1500r/min,闪码灯亮 ②读取闪码为134(共轨管限压阀打开) ③启动后首次踩加速踏板能达到额定转速,柴油机在启动的几秒内实际轨压大于设定轨压,断定回油管路不畅通,检查发现油箱内回油管堵塞	回油管堵塞造成回油不畅,导致轨压超出限定值	疏通回油管

续表

案例描述	案例分析	案例处理
①车辆运行中最高转速只能达到1500r/min,闪码灯亮 ②读取闪码为134(共轨管限压阀打开) ③检查油路,低压油路正常,油品颜色异常 ④用诊断仪检测轨压,轨压迅速升到180MPa然后降到76MPa,判定共轨管限压阀正常,进一步判定流量计量单元损坏	油品质量差导致流量计量单元阀门卡死在常开位置	更换流量计量单元或高压油泵,清理油路,更换燃油
①柴油机启动后最高转速只能达到1500r/min,闪码灯亮 ②读取闪码为231(进气压力传感器电压超出上限门槛值),233(进气温度传感器电压超出上限门槛值) ③检查发现进气温度压力传感器线束插头松动	进气温度压力传感器线束插头松动或进气温度压力传感器损坏	将进气温度压力传感器线束插头重新安装或更换传感器
①行驶过程中偶尔出现闪码灯常亮,转速最高只能达到1500r/min ②读取闪码为254(油路进油阻力太大) ③检查低压油路,发现从油箱出来至粗滤器的进油管路有弯折的地方	低压油管弯折导致进油不畅	疏通或更换低压油管
①柴油机启动后最高转速只能达到1500r/min,闪码灯亮 ②读取闪码为134(共轨管限压阀打开) ③检查低压油路,短接油路排除低压油路问题 ④检查高压油路 方法一:检查喷油器回油量,发现6缸回油量异常,更换6缸喷油器后正常 方法二:用故障诊断仪进行高压测试,发现转速在2200r/min时实际轨压为90MPa,达不到设定值130MPa,判断高压系统存在泄漏的地方,断缸测试发现6缸喷油器工作能力差	喷油器问题	更换喷油器

2.15.7 柴油机怠速不稳

柴油机怠速不稳案例见表2-15-7。

表2-15-7 柴油机怠速不稳案例

案例描述	案例分析	案例处理
①柴油机启动后怠速不稳,无闪码 ②检查低压油路、传感器插头、线束均正常 ③用故障诊断仪读取车速信号,在车辆静止状态下,有车速信号存在,并且在0~7km/h之间不停上下变化	车速传感器信号不稳定造成柴油机怠速不稳	更换车速传感器

2.15.8 柴油机始终在高于怠速的某一低转速下运行

柴油机始终在高于怠速的某一低转速下运行案例见表2-15-8。

表2-15-8 柴油机始终在高于怠速的某一低转速下运行案例

案例描述	案例分析	案例处理
①柴油机启动后始终运行在1000r/min,加速踏板不起作用,闪码灯亮 ②读取闪码为221(加速踏板位置传感器信号异常) ③检查加速踏板位置传感器插头正常 ④使用诊断仪检测加速踏板位置传感器电压,两倍关系不成立,检查线路连接正常,判定故障	加速踏板位置传感器故障,导致信号错误	更换加速踏板位置传感器

2.15.9 行车时油门时有时无

行车时油门时有时无案例见表 2-15-9。

表 2-15-9　行车时油门时有时无案例

案例描述	案例分析	案例处理
①柴油机工作一段时间后加速踏板失效,停车一段时间后又恢复正常,再过一段时间又会出现同样的问题。柴油机水温在启动后会迅速达到107℃左右 ②经检查水泵皮带松弛,引起水温高,进入过热保护模式	电控柴油机独特的智能保护功能,柴油机水温高时加速踏板失效。待停车一段时间水温降下来后,油门又会恢复正常	张紧皮带(排除传感器故障)

2.15.10 柴油机怠速振动大

柴油机怠速振动大案例见表 2-15-10。

表 2-15-10　柴油机怠速振动大案例

案例描述	案例分析	案例处理
①WP10.300N系列柴油机,法士特RTO 11509F变速器,后桥速比为4.42,柴油机原怠速为550r/min ②柴油机怠速时与变速器、驾驶室发生共振	柴油机转速550r/min为该车的一个共振点	将该车怠速调整为620r/min,问题解决
①车速60km/h左右柴油机转速1300r/min左右时整车抖动大 ②停车时柴油机没有高速抖动现象	行车过程中,柴油机与整车传动系统发生共振	更换整车传动轴

第3章 潍柴国Ⅲ（欧Ⅲ）电控发动机维修

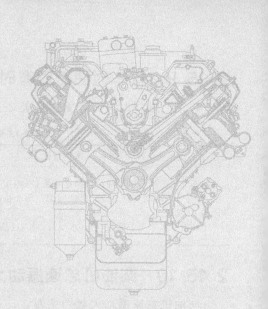

3.1 概述

3.1.1 柴油机特点与技术参数

（1）蓝擎标准配置 WP4/WP6 国Ⅲ柴油机

WP4/WP6 系列柴油机是在原道依茨 226B 基础上对燃烧系统、进排气系统进行二次研发的，同时采用博世公司先进的电控高压共轨系统；同国Ⅱ柴油机零部件通用化程度高，维修保养成本低；可靠性、排放和噪声等技术指标在国内同功率柴油机中居领先水平，功率覆盖范围 110～176kW；更优越的燃油经济性，通过电控系统更加精确的控制，可比国Ⅱ柴油机节油 10%。

WP4 国Ⅲ柴油机技术参数见表 3-1-1。

表 3-1-1 WP4 国Ⅲ柴油机技术参数

发动机型号	WP4.150	WP4.165	WP4.180
发动机型式	水冷、4 冲程、直喷、增压中冷		
排量	4.16L		
喷油装置	共轨		
额定功率	110kW(150PS)	120kW(163PS)	132kW(180PS)
额定转速	2500r/min		
额定转矩	500N·m	530N·m	600N·m
额定功率时油耗(BSFC)	≤210g/(kW·h)		
最低满负荷油耗(BSFC)	≤190g/(kW·h)		
冷启动（使用冷启动装置）	-40℃		
1m 噪声	<98dB(A)		
B10 寿命	≥800000km		

WP6 国Ⅲ柴油机如图3-1-1所示。

图 3-1-1　WP6 国Ⅲ柴油机

WP6 国Ⅲ柴油机技术参数见表3-1-2。

表 3-1-2　WP6 国Ⅲ柴油机技术参数

项目	公路版/客运版			工程版/公交版		
	WP6.180	WP6.210	WP6.240	WP6.180	WP6.210	WP6.240
发动机型式	水冷、4冲程、直喷、增压中冷、高压共轨					
排量	6.234L					
缸径×行程	105mm×120mm					
汽缸数	6					
额定功率	132kW (180PS)	155kW (210PS)	176kW (240PS)	132kW (180PS)	155kW (210PS)	176kW (240PS)
额定转速	2300r/min		2500r/min	2300r/min		2500r/min
最大转矩	680N·m	750N·m	830N·m	680N·m	750N·m	830N·m
最大转矩转速	1200～1600r/min			1100～1500r/min		
排放水平	国Ⅲ					
额定功率时油耗(BSFC)	≤210g/(kW·h)			≤215g/(kW·h)		
最低满负荷油耗(BSFC)	≤190g/(kW·h)					
冷启动(使用冷启动装置)	-40℃					

（2）蓝擎标准配置 WP10 国Ⅲ柴油机

WP10 系列柴油机是在 WD615 柴油机的基础上，采用博世电控高压共轨系统自行开发设计，达到国Ⅲ排放标准的新一代产品（图3-1-2）；其外形结构和相关连接尺寸与 WD615 国Ⅱ系列柴油机基本相同，有良好的继承性，可靠性高，转矩储备大；维修保养成本低，大部分零部件与国Ⅱ柴油机通用；更优越的燃油经济性，通过电控系统更加精确的控制，可以比国Ⅱ柴油机节油10％。

图 3-1-2　WP10 国Ⅲ柴油机

WP10 国Ⅲ柴油机（工程版/公交版）技术参数见表3-1-3，WP10 国Ⅲ柴油机（公路版/客运版）技术参数见表3-1-4。

表3-1-3　WP10 国Ⅲ柴油机（工程版/公交版）技术参数

项目	WP10.240	WP10.270	WP10.290	WP10.336	WP10.375
发动机型式	水冷、4冲程、电控高压共轨、直喷、增压中冷					
排量	9.726L				
缸径×行程	126mm×130mm				
汽缸数	6				
额定功率	175kW(240PS)	199kW(270PS)	213kW(290PS)	247kW(336PS)	276kW(375PS)
额定转速	2200r/min				
发动机怠速	(600±50)r/min				
最大转矩	1000N·m	1100N·m	1160N·m	1250N·m	1460N·m
最大转矩转速	1100~1500r/min				
排放水平	国Ⅲ				
额定功率时油耗(BSFC)	≤215g/(kW·h)				
最低油耗	≤190g/(kW·h)				
发动机噪声	≤98dB(A)				

表3-1-4　WP10 国Ⅲ柴油机（公路版/客运版）技术参数

项目	WP10.240	WP10.270	WP10.290	WP10.336	WP10.375
发动机型式	水冷、4冲程、电控高压共轨、直喷、增压中冷				
排量	9.726L				
缸径×行程	126mm×130mm				
汽缸数	6				
额定功率	175kW(240PS)	199kW(270PS)	213kW(290PS)	247kW(336PS)	276kW(375PS)
额定转速	2200r/min				
发动机怠速	(600±50)r/min				
最大转矩	1000N·m	1100N·m	1160N·m	1250N·m	1460N·m
最大转矩转速	1200~1600r/min				
排放水平	国Ⅲ				
额定功率时油耗(BSFC)	≤210g/(kW·h)				
最低油耗	≤190g/(kW·h)				
发动机噪声	≤98dB(A)				

(3) 蓝擎高端配置 WP12 国Ⅲ柴油机

WP12 系列柴油机是充分融合内燃机前沿科技，全新设计的满足国Ⅲ排放法规并具备国Ⅳ、国Ⅴ潜力的先进大排量车用柴油机（图3-1-3）。

WP12 国Ⅲ柴油机（工程版/公交版）技术参数见表3-1-5，WP12 国Ⅲ柴油机（公路版/客运版）技术参数见表3-1-6。

图 3-1-3　WP12 国Ⅲ柴油机

表 3-1-5　WP12 国Ⅲ柴油机（工程版/公交版）技术参数

发动机型号	WP12.270	WP12.290	WP12.330	WP12.375	WP12.400	WP12.440	WP12.480
发动机型式	水冷、4 冲程、直喷、增压中冷、高压共轨						
排量	11.596L						
缸径×行程	126mm×155mm						
汽缸数	6						
每缸气门数	4						
额定功率	199kW	213kW	243kW	276kW	294kW	323kW	353kW
额定转速	2100r/min						
最大转矩	1190N·m	1270N·m	1450N·m	1630N·m	1780N·m	1920N·m	1970N·m
最大转矩转速	1100～1500r/min						
额定功率时油耗（BSFC）	210g/(kW·h)						
最低满负荷油耗（BSFC）	≤187g/(kW·h)						
1m 噪声	<97dB(A)						
最低空载转速	(600±50)r/min						

表 3-1-6　WP12 国Ⅲ柴油机（公路版/客运版）技术参数

发动机型号	WP12.270	WP12.290	WP12.330	WP12.375	WP12.400	WP12.440	WP12.480
发动机型式	水冷、4 冲程、直喷、增压中冷、高压共轨						
排量	11.596L						
缸径×行程	126mm×155mm						
汽缸数	6						
每缸气门数	4						
额定功率	199kW	213kW	243kW	276kW	294kW	323kW	353kW
额定转速	2100r/min						
最大转矩	1125N·m	1200N·m	1360N·m	1500N·m	1780N·m	1920N·m	1970N·m
最大转矩转速	1200～1600r/min						
额定功率时油耗（BSFC）	205g/(kW·h)						
最低满负荷油耗（BSFC）	≤187g/(kW·h)						
1m 噪声	<97dB(A)						
最低空载转速	(600±50)r/min						

3.1.2 发动机特点

（1）排放达标技术特点

采用博世电控高压共轨（图 3-1-4），国Ⅳ、国Ⅴ排放储备。

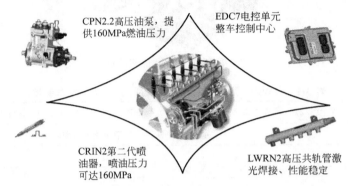

图 3-1-4　博世电控高压共轨

（2）发动机差异化技术特点

采用专利技术 WEVB（图 3-1-5），该技术可使整车制动效率提高 50% 以上，2200r/min，制动功率达 210kW；增加制动时由柴油机产生的制动力矩，自然减少制动次数，延长制动系统、轮胎的使用寿命 20%，安全可靠；减少驾驶员下坡驾驶疲劳强度；低保养费用；减少轮胎磨损及爆胎概率，延长轮胎使用寿命；减少制动片使用频数，延长制动系统使用寿命；轮胎和制动系统发热量降低，无需浇水冷却，节省制动辅助水箱安装费用；排气制动起作用时，停止喷油，节省燃油。

图 3-1-5　专利技术 WEVB

（3）整车匹配性技术特点

针对商用车不同使用工况，对发动机进行匹配细分。卡车发动机分公路版和工程版，客车发动机分客运版和公交版，重新界定发动机性能，大幅提高了动力性和经济性。

（4）产品可靠性技术特点

先进的冷热加工、装配试车设备保证，完善的质量保证体系，保证产品高可靠性。线上设备全部由局域网相连，进行计算机管理，可实时掌握生产状态。整条线包括 50 台加工中心、8 台智能机器人、5 台精加工中心和三坐标测量机。全线引进国际一流智能自动化生产设备。

（5）国际柴油机先进技术同步更新

设立研发中心，同国际知名柴油机研发机构联合开发，保证技术同步更新，保持与先进零部件制造商良好的合作关系。电控共轨系统全球同步更新，保证技术领先性。

3.2　共轨系统

3.2.1　电控喷油系统

现代电控喷油技术实现的手段主要有电控泵喷嘴、电控单体泵以及电控共轨系统。

(1) 泵喷嘴

在泵喷嘴系统中，喷油泵和喷油嘴组成一个单元。每个发动机汽缸都在其缸盖上装有这样一个单元，它或者直接通过摇臂或者间接由发动机凸轮轴通过推杆来驱动（图3-2-1）。

(2) 单体泵

单体泵系统工作方式与泵喷嘴相同，它是一种模块式结构的高压喷射系统。与泵喷嘴系统不同的是，其喷油嘴和喷油泵用一根较短的喷射油管连接，单体泵系统中每个汽缸都设置一个PF单柱塞喷油泵，由发动机的凸轮轴驱动（图3-2-2）。

图 3-2-1　泵喷嘴

图 3-2-2　单体泵

(3) 共轨系统

在共轨式蓄压器喷射系统中，ECU通过接收各传感器的信号，借助于喷油器上的电磁阀，让柴油以正确的喷油压力在正确的喷油时刻喷射出正确的喷油量，保证柴油机最佳的燃烧比、雾化和最佳的点火时间，以及良好的经济性和最少的排放污染（图3-2-3）。

柴油机共轨式电控燃油喷射技术是一种全新的技术，因为它集成了计算机控制技术、现代传感检测技术以及先进的喷油结构于一身。它不仅能达到较高的喷射压力，实现喷射压力和喷油量的控制，而且能实现预喷和后喷，从而优化喷油特性，降低柴油机噪声和大大减少废气的排放量。

图 3-2-3　共轨系统

该技术的主要特点如下。

① 采用先进的电子控制装置，配有高速电磁开关阀，使喷油过程的控制十分方便，并且可控参数多，利于柴油机燃烧过程的全程优化。

② 采用共轨方式供油，喷油系统压力波动小，各喷油嘴间相互影响小，喷射压力控制精度较高，喷油量控制较准确。

③ 高速电磁开关阀频响高，控制灵活，使喷油系统的喷射压力可调范围大，并且能方便地实现预喷、后喷等功能，为优化柴油机喷油规律、改善其性能和降低废气排放提供了有效手段。

④ 系统结构移植方便，适应范围宽，不像其他几种电控喷油系统，对柴油机的结构形式有专门要求；高压共轨系统与目前的小型、中型及重型柴油机均能很好地匹配。

电控高压共轨系统与电控单体泵系统对比见表3-2-1。

表 3-2-1　电控高压共轨系统与电控单体泵系统对比

项目	共轨系统	单体泵系统
最高压力	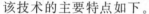	

续表

项目	共轨系统	单体泵系统
优化的喷油规律		
预喷 • 关联预喷（噪声） • 早期预喷（均匀）	是 是	否 否
后喷 • 关联后喷（烟度） • 后期后喷	是（高压力） 是（高压力）	否 否
噪声 • 爆压变化率 • 机械噪声	低 低	高 高
过高压力的安全性	是（轨上有溢流阀）	是
发动机重量	小	大

3.2.2 博世电控共轨系统

3.2.2.1 ECU（电子控制单元）

ECU（图3-2-4～图3-2-6）是电控发动机的控制中心，通过接收各传感器传送来的发动机运行信息，加以运算处理后控制各执行器动作。ECU还包含着一个监测模块。用于故障诊断以及出错后的系统保护。ECU型号为EDC7UC31，工作温度为－40～105℃，工作电压为24V，尺寸为248mm×206mm×54mm，8个固定螺栓拧紧力矩为（10±2）N·m。其优点是结构紧凑、兼容性好；低功耗（40W），稳定的I/O；功能强大的微处理器，容量大；安装在发动机上，振动小；经过热冲击、低温、防水、化学、盐腐蚀、振动、机械冲击、EMC试验。

图3-2-4 ECU安装位置

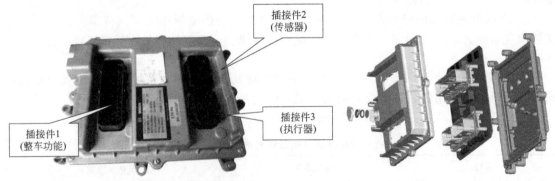

图3-2-5 ECU插接件　　图3-2-6 ECU结构

ECU针脚分布如图3-2-7所示，针脚定义见表3-2-2。

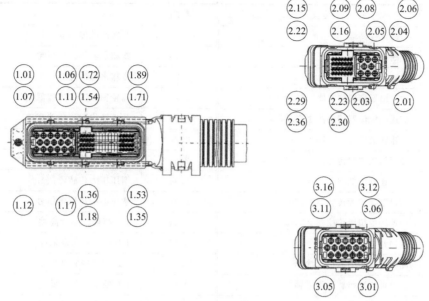

图 3-2-7　ECU 针脚分布

表 3-2-2　ECU 针脚定义

针脚	定义	针脚	定义
1.08	电源正极	1.37	发动机启动继电器控制高端
1.09	电源正极	1.38	冷启动指示灯
1.02	电源正极	1.39	燃油进水指示灯
1.03	电源正极	1.40	点火开关
1.04	电源输出(24V)	1.41	制动开关 1
1.10	电源负极	1.42	空调请求开关
1.11	电源负极	1.43	燃油进水程度传感器
1.05	电源负极	1.47	发动机停止开关
1.06	电源负极	1.48	低急速开关高端
1.22	诊断灯电源	1.49	制动开关 2
1.13	风扇 2 控制	1.51	发动机启动继电器控制低端
1.29	V3 数字地	1.55	预热装置继电器控制高端
1.30	诊断灯电源	1.59	预热装置继电器控制低端
1.31	巡航控制(加速)	1.61	起动机控制
1.32	发动机启动控制开关	1.62	转矩限制信号高端
1.33	发动机转速仪表输出	1.64	巡航控制(减速)
1.34	CAN 通信高	1.65	转矩限制信号低端
1.35	CAN 通信低	1.66	离合器开关
1.36	燃油加热控制	1.70	车速信号低端

续表

针脚	定义	针脚	定义
1.71	车速信号高端	2.14	共轨油压传感器信号
1.72	诊断请求开关	2.15	冷却水温传感器高端
1.74	巡航控制（关闭）	2.26	冷却水温传感器低端
1.76	加速踏板位置传感器2低端	2.19	凸轮轴位置传感器低端
1.77	加速踏板位置传感器1高端	2.23	凸轮轴位置传感器高端
1.78	加速踏板位置传感器1低端	2.25	增压压力传感器低端
1.79	加速踏板位置传感器1信号	2.33	增压压力传感器高端
1.48	低怠速开关低端	2.34	增压压力传感器信号
1.80	加速踏板位置传感器2信号	2.36	增压温度传感器信号
1.84	加速踏板位置传感器2高端	3.04	1缸喷油器驱动高端
1.85	空挡开关	3.13	1缸喷油器驱动低端
1.87	曲轴位置传感器信号输出	3.06	2缸喷油器驱动高端
1.88	凸轮轴位置传感器信号输出	3.11	2缸喷油器驱动低端
1.89	K线	3.05	3缸喷油器驱动高端
2.03	电源输出（24V）	3.12	3缸喷油器驱动低端
2.04	燃油加热继电器控制高端	3.03	4缸喷油器驱动高端
2.05	燃油加热继电器控制低端	3.14	4缸喷油器驱动低端
2.06	排气制动碟阀控制	3.01	5缸喷油器驱动高端
2.11	空调压缩机继电器控制	3.16	5缸喷油器驱动低端
2.09	曲轴位置传感器信号高端	3.02	6缸喷油器驱动高端
2.10	曲轴位置传感器信号低端	3.15	6缸喷油器驱动低端
2.12	共轨油压传感器低端	3.10	油量计量阀驱动低端
2.13	共轨油压传感器高端	3.09	油量计量阀驱动高端

ECU主要功能如图3-2-8～图3-2-10所示。

```
● 喷油方式控制
    ➢ 高达5次喷射(现只用2次)
● 喷油量控制
    ➢ 精确控制喷油量
    ➢ 减速断油控制
● 喷油正时控制
    ➢ 主喷、预喷、后喷正时
    ➢ 正时补偿(温度、压力)
● 轨压控制
    ➢ 正常和快速轨压控制
    ➢ 轨压建立和超压保护
    ➢ 轨压跛行回家控制
```

图3-2-8 ECU主要功能（一）

```
● 转矩控制
    ➢ 瞬态转矩
    ➢ 加速转矩
    ➢ 低速转矩补偿
    ➢ 最大转矩控制
    ➢ 瞬态冒烟控制
    ➢ 增压器保护控制
● 过热保护
● 各缸平衡控制
● EGR控制
● VGT控制
● 辅助启动控制(预热塞等)
● 系统状态管理
● 电源管理
● 故障诊断
```

图3-2-9 ECU主要功能（二）

```
●挡位计算
    ➢根据车速和发动机转速计算挡位
    ➢用于挂挡怠速控制,改善驾驶性
●车速计算及输出——供仪表、挡位计算和最高车速限制使用
●空挡怠速和驱动怠速控制
    ➢挂挡时发动机负载加大,采用驱动怠速控制可以实现分挡控制
    ➢此时PID参数控制各挡位怠速转速保持在一个稳定值
    ➢怠速控制分为低怠速控制、多转速控制和高怠速控制
●巡航控制——减小驾驶员疲劳
●防抖(ASD)控制——改善车辆在挂挡起步、急加速和急减速过程的平顺性
●空调控制
    ➢根据空调负载调节发动机怠速转速
    ➢根据车辆对动力性的需求和发动机的工作状况对空调压缩机进行开/关控制
●风扇控制——电风扇驱动控制
●故障诊断——在线诊断并存储、输出故障代码,具有跛行回家功能
●CAN通讯——整车其他控制器和仪表之间的通信
●离合器开关——改善驾驶性
●制动开关
    ➢油门合理性判断
    ➢巡航控制关键使能条件
```

图 3-2-10 ECU 主要功能（三）

判缸过程：ECU 根据电控柴油机曲轴信号盘与凸轮轴信号盘的相位关系判断柴油机运行的角度相位（也称判缸）并计算柴油机转速。仅在判缸成功后才能开始喷油（电喷发动机启动不一定比常规发动机快）。

① 正常模式（曲轴/凸轮轴位置传感器均正常）：在启动过程中，曲轴信号与凸轮轴信号均正常时，ECU 结合曲轴缺齿判断与凸轮轴多齿判断进行判缸。判缸过程迅速、可靠。

② 后备模式 1（仅有凸轮轴位置传感器）：在启动过程中，仅有凸轮轴信号时，ECU 通过检测判缸齿（第 1 缸前的多余齿）确定当前柴油机的正确相位，从而按照正确的喷油时序喷射。

③ 后备模式 2（仅有曲轴位置传感器）：在启动过程中，仅有曲轴信号时，当 ECU 检测到一个缺齿时，猜测柴油机此时处于第 1 缸上止点前，按照此假定的角度相位，以 1-5-3-6-2-4 的喷油时序持续一定次数的喷射，当发动机转速超过一定阈值时，可以判断此相位正确，从而判缸成功；若没有转速升高的着火迹象，则重新假定一相位喷油以判缸。

3.2.2.2 高压油泵

CPN2.2（+）高压油泵结构如图 3-2-11 所示。

M-PROP 燃油计量阀（图 3-2-12）：控制进入柱塞的燃油量，从而控制共轨管压力；使用比例电磁阀；PWM 控制（165～195Hz）；线圈电阻为 2.6～3.15Ω；最大电流为 1.8A；缺省状态为全开（跛行回家）。

3.2.2.3 共轨管

共轨管存储高压，抑制因油泵供油和喷油而产生的波动（图 3-2-13）。

3.2.2.4 燃油粗滤器

燃油粗滤器带油水分离器，分离燃油中的水分（图 3-2-14）。

3.2.2.5 电控喷油器

电控喷油器（图 3-2-15）开始喷油的必要条件：共轨压力超过最小设定值；同步信号正常；传感器信号值大于或等于触发阈值（与空气间隙和转速有关）；相位正确。

CRIN2 喷油器外形如图 3-2-16 所示，喷油压力为 160MPa，采用多孔喷油嘴。

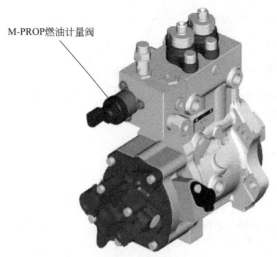
图 3-2-11 CPN2.2（+）高压油泵结构

图 3-2-12 M-PROP 燃油计量阀

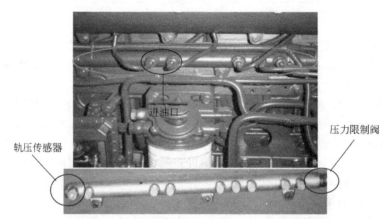
图 3-2-13 共轨管

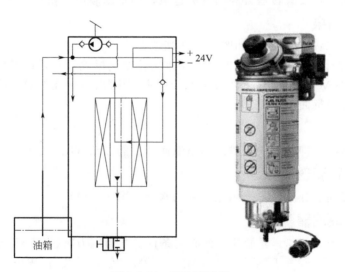
图 3-2-14 燃油粗滤器

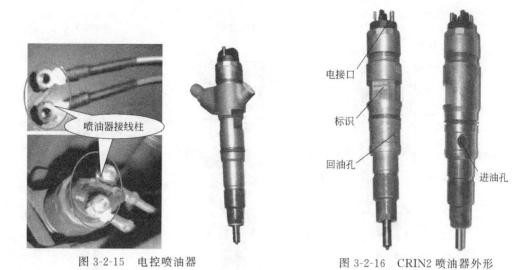

图 3-2-15 电控喷油器　　　　图 3-2-16 CRIN2 喷油器外形

喷油器结构如图 3-2-17 所示，工作原理如图 3-2-18 所示。

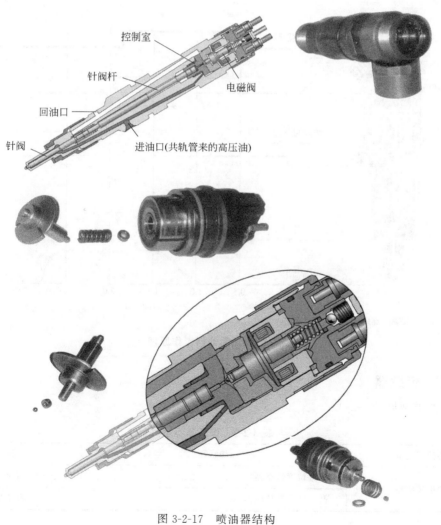

图 3-2-17 喷油器结构

第 3 章　潍柴国Ⅲ（欧Ⅲ）电控发动机维修

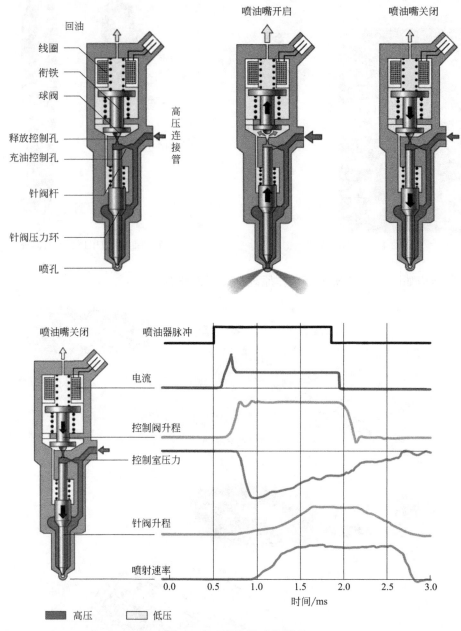

图 3-2-18 喷油器工作原理

3.2.2.6 传感器

传感器类型见表 3-2-3。

表 3-2-3 传感器类型

传感器类型	传感器	备注
磁电传感器	曲轴位置传感器	数字量
	凸轮轴位置传感器	数字量

续表

传感器类型		传感器	备注
变阻传感器	热敏电阻	水温、机油温度、燃油温度、进气温度等传感器	模拟量
	滑线变阻器	加速踏板位置传感器	模拟量
	应变片变阻器	轨压、机油压力、进气压力等传感器	模拟量

(1) 曲轴转速传感器（图 3-2-19）

原理：电磁感应。

功能：曲轴（发动机）转速；曲轴上止点位置。

(2) 凸轮轴位置传感器（图 3-2-20）

原理：霍尔效应。

相位确定：凸轮轴上安装着一个用铁磁性材料制成的齿，它随着凸轮轴旋转。当这个齿经过凸轮轴传感器的半导体膜片时，其磁场就会使半导体膜片中的电子以垂直于流过膜片的电流的方向发生偏转，产生一个短促的电压信号（霍尔电压），这个电压信号告知ECU，某一缸已经进入了压缩阶段（图 3-2-20）。

(3) 水温传感器（图 3-2-21）

原理：高灵敏度 NTC（负温度系数热敏电阻）电阻阻值随温度下降而增大。

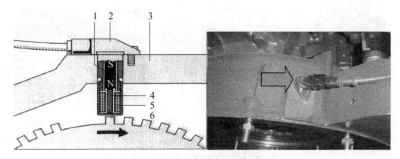

图 3-2-19 曲轴转速传感器

1—永磁铁；2—传感器壳体；3—发动机外盖；4—软铁芯；5—线圈；6—传感线圈

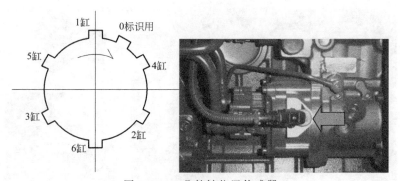

图 3-2-20 凸轮轴位置传感器

(4) 轨压传感器（图 3-2-22）

原理：皮膜上的传感器元件将高压管道内的压力变化转化为电压信号输送到ECU。

(5) 机油温度压力传感器（图 3-2-23）

功能：可同时检测机油温度及压力。

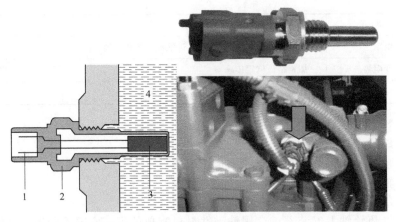

图 3-2-21 水温传感器

1—电子接头；2—壳体；3—NTC电阻；4—冷却液

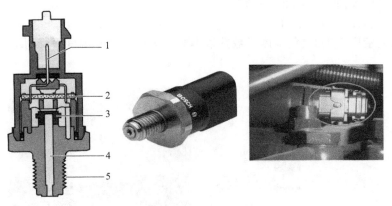

图 3-2-22 轨压传感器

1—电子接头；2—评估电路；3—带传感装置的皮膜；4—高压接头；5—固定螺纹

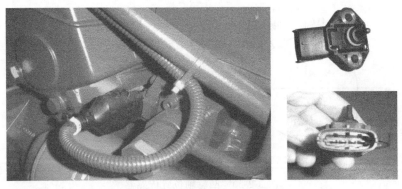

图 3-2-23 机油温度压力传感器

（6）进气温度压力传感器（图 3-2-24）

功能：可以检测进气温度和压力。

（7）加速踏板位置传感器（图 3-2-25）

图 3-2-24　进气温度压力传感器

图 3-2-25　加速踏板位置传感器

3.3 电控系统维修

整车控制功能见表 3-3-1，与整车相关的其他几个开关见表 3-3-2。车速传感器及发动机转速输出见表 3-3-3。

表 3-3-1　整车控制功能

功能	简要说明	整车厂相关附件	对附件的要求
起动机控制	起动机受 ECU 控制，可以防止二次启动，进行电池保护等	启动继电器、点火开关	启动继电器驱动电流≤1.8A；点火开关为点动开关
进气加热控制	低温时格栅加热，改善冷启动	进气加热继电器、冷启动指示灯	进气加热继电器驱动电流≤2A
空调控制	ECU 控制空调压缩机工作，协调发动机动力输出	空调压缩机继电器；空调请求开关	空调压缩机继电器驱动电流＜160mA；空调请求开关为点动开关
排气制动控制	控制排气制动电磁阀的开启和关闭	排气制动开关、排气制动电磁阀	排气制动电磁阀工作电流≤1A
巡航	自动控制车速	巡航/PTO 开关	一组开关实现三个功能。在不同的工况下实现不同的功能。要求开关按照图纸接线，全部为点动开关
PTO	自动控制发动机转速		
怠速调整	调整发动机怠速		
CAN 总线	与其他控制单元通信		ECU 内部已集成 120Ω 电阻，参照 weichai_can_list 确定所需收发报文
发动机转速、转矩控制	在特殊工况下限制发动机转速或转矩	多态开关	$R_1=18\mathrm{k}\Omega$，$R_2=5.6\mathrm{k}\Omega$，$R_3=2.7\mathrm{k}\Omega$，$R_4=1.5\mathrm{k}\Omega$
故障报警及闪码输出	提示驾驶员有故障及查询故障	故障请求开关、诊断灯	故障请求开关为点动开关；诊断灯可用白炽灯泡，要求： • 功耗（27V 时）为 0.4～2.5W（36V 时能维持 5min，下同） • 额定电流为 4.5～125mA • 电流≤1mA 时，不允许灯泡发光 • 允许的最大瞬间冲击电流为 900mA 也可用发光二极管，要求： • 额定电流为 16mA（3.8～23mA） • 额定电压为 2.0V（1.8～2.4V），当电压低于 1.8V 时，二极管不得发光 • 电路中必须串接限流电阻 R_s，并联分压电阻 R_p，$R_s=R_p=1.6\mathrm{k}\Omega$，功耗≥1W，阻抗允差为 5%

续表

功能	简要说明	整车厂相关附件	对附件的要求
车下启动/停止发动机	在车架上或其他位置启动或熄火,方便维修	启动开关、熄火开关	要求为点动开关,保证开关具有较好的可靠性
双油门控制	用在双驾驶室等需要双油门控制的场合	第二个油门、油门切换开关	对油门的要求参照 APP_for_Bosch_sufficient_electrical_requirements.pdf
故障诊断	外部诊断设备与 ECU 相连	诊断接口	选择标准 OBD 接口,AMP 179631-1
最高车速限制			在软件上实现

表 3-3-2 与整车相关的其他几个开关

开关	说明	备注
主制动开关	➢ 用于低怠速控制的合理性安全检测 ➢ 常开型,当与电源 V2 接通时表示制动踏板被踩下 ➢ 要求工作电流 $1.3mA < I_{ON} < 4.9mA$	必选
冗余制动开关	➢ 用于对主开关进行冗余检查,必须与主制动开关配合使用 ➢ 常闭型,当与电源 V2 断开时表示制动踏板被踩下 ➢ 要求工作电流 $1.3mA < I_{ON} < 4.9mA$	有巡航功能时必选
离合器开关	➢ 用于巡航控制(解除巡航) ➢ 用于低怠速控制(辅助识别挡位信号) ➢ 常闭型,当与电源 V2 断开时表示离合器踏板被踩下 ➢ 要求工作电流 $1.3mA < I_{ON} < 4.9mA$	有巡航功能时必选
空挡开关	➢ 用于启动保护	启动受 ECU 控制必选

表 3-3-3 车速传感器及发动机转速输出

项目	信号特征	说明
车速传感器	➢ 用于挡位识别和车速控制 ➢ 频率信号:占空比为 50%;频率为 0~1.5kHz;低电平输入电压为 0~4V;高电平输入电压不低于 4.7V	推荐选择,巡航功能必选
发动机转速输出	➢ 用于向仪表输出发动机转速信号 ➢ 脉冲信号输出,信号特征如下:最大输出频率为 100kHz;占空比为 50%;最大输出峰值电流为 50mA;最大低电平输出电压为 300mV	

启动受 ECU 控制的好处:充分利用 ECU 的信息资源,对启动继电器进行控制。

① 启动保护。只有传动系统断开时(可以通过离合器和空挡来判断)才允许启动,用空挡开关来控制,若空挡开关损坏,ECU 具有紧急启动功能,就是把 T50 按下 3s 以上再启动。

② 二次启动保护。若发动机已启动,再按下 T50 启动开关,起动机将没有反应,因为 ECU 可以判断发动机的状态(通过同步信号,曲轴位置传感器和凸轮轴位置传感器得到)。

③ 其他启动保护。例如,发动机启动了,但钥匙发卡,卡死在 T50 处于开的状态。这时启动继电器也没有反应。可以标定发动机的转速,在带动曲轴到一个转速时就切断继电器。目前标定的转速是 400r/min(该转速与温度有关)。发动机自由状态时可以由起动机带到 200r/min 左右,若上升到 400r/min,说明有喷油、爆发,就可以断开对继电器的供电。

④ 启动时间控制。在启动困难时,超过某个时间还没有启动,继电器就断开。这时继续按着 T50 也没有反应,需要断开再来一次。目前标定的是 12s,基本是对起动机、蓄电池

的保护。

⑤ 防止盲啮合（blindmeshing）。在起动机带曲轴在某个时间内没有达到某个转速，ECU认为起动机与飞轮没有啮合，继电器就断开。目前的标定是12s、52r/min。

⑥ 预热控制。进气加热工作时，一般起动机不工作，否则蓄电池受不了。若进气加热未完成就启动，进气加热终止。若启动不受ECU控制，进气加热在温度低时自动进行，再加上启动，大电流对蓄电池的消耗较大。

⑦ 其他功能。主要是车下启动。若起动机受ECU控制，则再接一个车下启动、停止开关变得非常简单，就是两个开关，三根线，在整车维修时用处很大。

3.3.1 与加速踏板位置传感器有关的故障检修

闪码：1短。

故障显示：EDC灯常亮。

故障来源：加速踏板位置传感器信号太强或太弱，信号与怠速开关位置不符。

故障现象：发动机达不到满负荷和最高转速。不踩踏板，发动机怠速运行，踩下踏板，转速缓慢上升至某一比最高转速小的值。

可能原因：线路断路、短路，传感器故障，控制单元故障。

测试条件：连上测试箱，点火开关打开。

注意EDC指示灯闪一下，说明系统内没有故障，不能同闪码混淆。

与加速踏板位置传感器有关的故障检修测量值见表3-3-4。

表3-3-4　与加速踏板位置传感器有关的故障检修测量值

测试对象	测量内容	检修建议
加速踏板位置传感器工作电压	在测试箱的45（+）和13（-）之间测量电压，正常值为4.75～5.25V	①查线路 ②查插接件 ③如果没有故障，换新控制单元
加速踏板位置传感器输出信号	在测试箱的27（+）和13（-）之间测量电压，正常值：怠速位置为0.3～0.42V；满负荷位置为2.9～4.5V；怠速开关接通点为0.55～1.0V	①查线路 ②查插接件 ③调节加速踏板与传感器之间的机械连接

3.3.2 与曲轴位置传感器有关的故障检修

闪码：4短。

故障显示：EDC灯常亮。

故障来源：曲轴位置传感器静态情况下信号失真，动态情况下信号失真，与凸轮轴位置传感器信号不符。

故障现象：发动机达不到满负荷和最高转速。如果凸轮轴位置传感器也失灵，EHAB或安全继电器将关闭发动机。

可能原因：线路断路、短路，传感器故障，在安装位置传感器受金属条纹影响，控制单元故障。

测试条件：连上测试箱，在电子控制单元、点火开关关闭的情况下测试。

注意目前在用的有两种EDC MS5系统，两套系统的主要区别是传感器的安装装置不同，以前曲轴位置传感器安装于喷油泵壳体，凸轮轴位置传感器信号来自发电机上的W端，现在曲轴位置传感器与凸轮轴位置传感器均安装在飞轮壳体上。

与曲轴位置传感器有关的故障检修测量值见表3-3-5。

表 3-3-5　与曲轴位置传感器有关的故障检修测量值

测试对象	测量内容	检修建议
传感器阻值	在测试箱的 21(+)和 13(-)之间测量电阻,正常值为 775~945Ω 在测试箱的 21(+)和 19(-)之间测量电阻,正常值为无穷大	①查线路 ②查插接件 ③如果没有故障,换新传感器
传感器输出信号	在测试箱的 21(+)和 13(-)之间测量电压,用示波器测量电压信号	①查线路 ②查插接件 ③如果没有故障,换新控制单元

3.3.3　与进气压力传感器有关的故障检修

闪码:5 短。

故障显示:EDC 灯常亮。

故障来源:进气压力传感器信号太强或太弱,与大气压力传感器对照失真。

故障现象:达不到满负荷喷油量。

可能原因:线路断路、短路,传感器故障,控制单元故障。

测试条件:连上测试箱,点火开关打开。

与进气压力传感器有关的故障检修测量值见表 3-3-6。

表 3-3-6　与进气压力传感器有关的故障检修测量值

测试对象	测量内容	检修建议
传感器工作电压	在测试箱的 33(+)和 13(-)之间测量电压,正常值为 4.6~4.8V	①查线路 ②查插接件 ③如果没有故障,换新控制单元
传感器信号电压	在测试箱的 36(+)和 13(-)之间测量信号电压,用示波器测量电压信号	①查线路 ②查插接件 ③如果没有故障,换新控制单元

注:如果所有的值都正确,大气压力传感器可能有故障。

3.3.4　与控制杆行程传感器有关的故障检修

闪码:6 短或 3 长 10 短。

故障显示:6 短 EDC 灯不亮。

故障来源:控制杆行程传感器信号太强或太弱。

故障现象:如果有故障,控制杆行程为零,发动机熄火,如果故障一直存在(EDC 灯常亮),发动机就不能启动。

可能原因:线路短路、断路,控制杆行程传感器设置不正确,喷油泵故障。

测试条件:连上测试箱。

与控制杆行程传感器有关的故障检修测量值见表 3-3-7。

表 3-3-7　与控制杆行程传感器有关的故障检修测量值

测试对象	测量内容	检修建议
测量线圈的电阻	在测试箱的 11 和 9 之间测量电阻,正常值为 18~25Ω	①查线路 ②查插接件 ③如果没有故障,修高压油泵

续表

测试对象	测量内容	检修建议
参考线圈的电阻	在测试箱的 11 和 10 之间测量电阻,正常值为 18～25Ω	①查线路 ②查插接件 ③如果没有故障,修高压油泵
总电阻	在测试箱的 9 和 10 之间测量电阻,正常值为 34～46Ω	①查线路 ②查插接件 ③如果没有故障,修高压油泵

除了电气故障外,控制杆行程传感器不正确地设定也会导致前述故障,应拆下喷油泵,重新设置控制杆行程传感器。

3.3.5 与冷却液温度传感器有关的故障检修

闪码:7 短。

故障显示:EDC 灯常亮。

故障来源:冷却液温度传感器信号太强或太弱。

故障现象:该故障不造成直接影响,控制系统中所列出的该种情况所列的缺省值会导致功率的轻微损失,在冷启动时,增加白烟的排出。

可能原因:线路断路、短路,传感器故障,控制单元故障。

测试条件:连上测试箱。

注意不要混淆冷却液温度传感器和燃油温度传感器。

与冷却液温度传感器有关的故障检修测量值见表 3-3-8。

表 3-3-8 与冷却液温度传感器有关的故障检修测量值

测试对象	测量内容	检修建议
传感器阻值	在测试箱的 53(＋)和 13(－)之间测量电阻,正常值为 3.6～1.3kΩ(15～30℃)、460～230Ω(75～80℃)	①查线路 ②查插接件 ③换新传感器 ④如果没有故障,换新控制单元
传感器电压	在测试箱的 53(＋)和 13(－)之间测量电压,正常值为 3.46～1.22V(30～90℃)	①查线路 ②查插接件 ③换新传感器 ④如果没有故障,换新控制单元

3.3.6 与车速传感器有关的故障检修

闪码:8 短。

故障显示:EDC 灯不亮。

故障来源:车速传感器信号太强或太弱,无信号,频率太高。

故障现象:达不到最高车速,无怠速调节;所有车速功能如巡航控制、车速控制和最高车速限定都关闭,车辆通过发动机转速限制功能来防止超过规定的最高车速。

可能原因:线路断路、短路。

测试条件:连上测试箱。

与车速传感器有关的故障检修测量值见表 3-3-9。

表 3-3-9　与车速传感器有关的故障检修测量值

测试对象	测量内容	检修建议
传感器阻值	在测试箱的 51(＋)和里程表 B7 之间测量电阻，正常值为 0Ω	①查线路 ②查插接件 ③如果没有故障，换新里程表
传感器电压	在测试箱的 51(＋)和 13(－)之间测量电压，正常值大于 0.6V	①查线路 ②查插接件 ③如果没有故障，换新控制单元

3.3.7　与怠速开关有关的故障检修

闪码：9 短。

故障显示：EDC 灯常亮。

故障来源：怠速开关。

故障现象：发动机转速降至怠速，无法加速。

可能原因：线路断路、短路，设置不对，加速踏板位置传感器故障。

测试条件：连上测试箱，点火开关关闭。

与怠速开关有关的故障检修测量值见表 3-3-10。

表 3-3-10　与怠速开关有关的故障检修测量值

测试对象	测量内容	检修建议
怠速开关	在测试箱的 39(＋)和 13(－)之间测量电阻，正常值：怠速位置为无穷大；非怠速位置为约 1kΩ	①查线路 ②查插接件 ③如果没有故障，换新加速踏板位置传感器

3.3.8　与油量调节器有关的故障检修

闪码：10 短。

故障显示：EDC 灯常亮。

故障来源：油量调节器控制偏差。

故障现象：油量调节器的理论值和真实值之间的差别过大，超出规定时间界限的控制偏差，这个控制偏差会导致发动机熄火。只有这个控制偏差没有被激活，点火开关先关闭再打开，发动机才能重新启动。

可能原因：线路断路、短路，主继电器故障，喷油泵故障（调节器内部故障或者移动不灵）。

测试条件：连上测试箱。

与油量调节器有关的故障检修测量值见表 3-3-11。

表 3-3-11　与油量调节器有关的故障检修测量值

测试对象	测量内容	检修建议
油量调节器的线圈电阻	在测试箱的 15 和 1 之间及 16 和 2 之间测量电阻，正常值为 0.7～1.3Ω 在测试箱的 18(＋)和 1(－)之间测量电阻，正常值大于 10MΩ	①查线路 ②查插接件 ③如果没有故障，换新的高压油泵
带安全继电器油量调节器的线圈电阻	拔下安全继电器，短接继电器上的 30 和 87 两脚 在测试箱的 15 和 1 之间及 16 和 2 之间测量电阻，正常值为 0.7～1.3Ω 在测试箱的 18(＋)和 1(－)之间测量电阻，正常值大于 10MΩ	①查线路 ②查插接件 ③如果没有错误，换新的高压油泵 ④检查安全继电器 K324

3.3.9　与凸轮轴位置传感器有关的故障检修

闪码：14 短。

故障显示：EDC 灯常亮。

故障来源：发动机凸轮轴位置传感器信号静止情况下失真，动态情况下失真，与曲轴位置传感器信号不符。

故障现象：发动机达不到满负荷和最高车速。如曲轴位置传感器也失灵，EHAB 或安全继电器使发动机熄火。

可能原因：线路断路、短路，传感器故障，传感器安装点金属条纹影响传感器信号等。

测试条件：连上测试箱。

注意目前在用的有两种 EDC MS5 系统，两套系统的主要区别是传感器的安装装置不同，以前曲轴位置传感器安装于喷油泵壳体，凸轮轴位置传感器信号来自发电机上的 W 端，现在曲轴位置传感器与凸轮轴位置传感器均安装在飞轮壳体上。

与凸轮轴位置传感器有关的故障检修测量值见表 3-3-12。

表 3-3-12　与凸轮轴位置传感器有关的故障检修测量值

测试对象	测量内容	检修建议
传感器阻值	在测试箱的 22(＋)和 17(－)之间测量电阻，正常值为 500～700Ω(飞轮壳体上的) 来自发电机 W 端上的发动机转速信号只有用示波器才能进行测量	①查线路 ②查插接件 ③如果没有故障，换新传感器
速度信号	在测试箱的 22(＋)和 17(－)之间用示波器测量启动速度信号	①查线路 ②查插接件 ③如果没有故障，换新控制单元

3.3.10　与燃油温度传感器有关的故障检修

闪码：1 长 1 短。

故障显示：EDC 灯不亮。

故障来源：燃油温度传感器。

故障现象：该故障没有任何直接影响，控制系统对这种情况的缺省处理是轻微地减少功率输出。

可能原因：线路断路、短路，传感器故障，控制单元故障。

测试条件：连上测试箱。

注意不要混淆冷却液温度传感器和燃油温度传感器。

与燃油温度传感器有关的故障检修测量值见表 3-3-13。

表 3-3-13　与燃油温度传感器有关的故障检修测量值

测试对象	测量内容	检修建议
传感器阻值	在测试箱的 34 和 13 之间测量电阻，正常值为 3.6～1.3kΩ(15～30℃)	①查线路 ②查插接件 ③换新传感器 ④如果没有故障，换新控制单元
传感器电压	在测试箱的 34 和 13 之间测量电压，正常值为 4.17～2.62V(10～50℃)	①查线路 ②查插接件 ③换新传感器 ④如果没有故障，换新控制单元

3.3.11 与电压过低有关的故障检修

闪码：1 长 3 短。

故障显示：EDC 灯不亮。

故障来源：控制系统电能供给（蓄电池电压过低）。

故障现象：EDC 系统或发动机的反映取决于电压下降程度；没有电源，发动机工作非常粗暴；发动机不转；大量的黑烟；输入矛盾的错误记忆。

可能原因：蓄电池放电或者故障，发电机故障，线路断路、短路，主继电器故障。

测试条件：连上测试箱，点火开关打开。

与电压过低有关的故障检修测量值见表 3-3-14。

表 3-3-14　与电压过低有关的故障检修测量值

测试对象	测量内容	检修建议
输入电压	在测试箱的 15/16（＋）和 18/19（－）以及 47（＋）和 18/19（－）之间测量电压，正常值为 20～28V	①查线路 ②查插接件 ③换新主继电器 ④如果没有故障，换新的控制单元

3.3.12 与制动感应开关有关的故障检修

闪码：1 长 4 短。

故障显示：EDC 灯不亮。

故障来源：制动感应开关。

故障现象：车速控制器（巡航控制）不起作用。

可能原因：线路断路，制动感应开关故障或调整不当。

测试条件：连上测试箱，点火开关打开。

与制动感应开关有关的故障检修测量值见表 3-3-15。

表 3-3-15　与制动感应开关有关的故障检修测量值

测试对象	测量内容	检修建议
制动感应开关信号电压	对 MSST3/4/5 和 MS5 在测试箱的 43（＋）和 19（－）之间测量电压，踩下制动踏板，正常值为电源电压 对 MSST2 在测试箱的 43（＋）和 19（－）之间测量电压，踩下制动踏板，正常值为 0～2V	①查线路 ②查插接件 ③调整制动感应开关 ④更换制动感应开关

3.3.13 与离合器感应开关有关的故障检修

闪码：1 长 5 短。

故障显示：EDC 灯不亮。

故障来源：离合器信号感应开关。

故障现象：车速控制巡航打不开。

可能原因：线路断路，感应开关故障，在车速超过 30km/h 而且未收到离合器信号时控制系统检测到错误。

测试条件：连上测试箱，点火开关打开。

与离合器感应开关有关的故障检修测量值见表 3-3-16。

表 3-3-16　与离合器感应开关有关的故障检修测量值

测试对象	测量内容	检修建议
离合器感应开关信号电压	在测试箱的 26(＋)和 19(－)之间测量电压,踩下离合器踏板,正常值为电源电压	①查线路 ②查插接件 ③调整离合器感应开关 ④更换离合器感应开关

3.3.14　与控制单元有关的故障检修

闪码：1 长 6 短。

故障显示：EDC 灯常亮。

故障来源：控制单元（与计算机连接）。

故障现象：控制杆行程回零，切断供油，因而发动机熄火。如果该故障仅仅是暂时性的，发动机在点火开关关闭再重新打开后能重新启动。

可能原因：电压过低（连接太松），控制单元故障。

测试条件：连上测试箱，点火开关打开。

与控制单元有关的故障检修测量值见表 3-3-17。

表 3-3-17　与控制单元有关的故障检修测量值

测试对象	测量内容	检修建议
控制单元	控制系统内部错误,如果电压极低(连接太松或电压过低),也会产生这样的错误	①查线路 ②查插接件 ③换控制单元

3.3.15　与超速有关的故障检修

闪码：1 长 7 短。

故障显示：EDC 灯常亮。

故障来源：发动机转速过快。

故障现象：供油中断，如无更多的错误，在转速过快不再发生时，供油重新开始。

可能原因：操作不当，驾驶错误（例如在下坡时）。

测试条件：连上测试箱。

与超速有关的故障检修测量值见表 3-3-18。

表 3-3-18　与超速有关的故障检修测量值

测试对象	测量内容	检修建议
控制单元	如无更多的错误,则不需采取行动	删除错误记忆

3.3.16　与喷油起始控制偏差有关的故障检修

闪码：1 长 8 短。

故障显示：EDC 灯常亮。

故障来源：喷油起始控制偏差。

故障现象：发动机不能达到满负荷和最大车速，排放大量黑烟；通过对名义喷油起始时间和针阀位移检测到的实际喷油起始时间进行比较，得到一个超出偏差范围的控制偏差。喷油起始的控制将从闭环控制模式切换到固定的，指定的喷油起始特性的开环控制。

可能原因：线路断路、短路，喷油泵、屏蔽层、控制单元插头氧化、膨胀、折叠、损伤，针阀位移传感器故障，发动机曲轴位置传感器故障，油路故障（漏油、堵塞、系统中有空气），喷油泵故障（调节器内部故障或不能自由移动、高压油路故障），油泵安装不正确，从静止快速起步和快速换挡引起的发动机损失等。

测试条件：连上测试箱。

注意如果该故障发生，即使无故障记录进入存储器，也需检查针阀位移传感器和发动机曲轴位置传感器的功能。

与喷油起始控制偏差有关的故障检修测量值见表 3-3-19。

表 3-3-19　与喷油起始控制偏差有关的故障检修测量值

测试对象	测量内容	检修建议
供油电磁铁线圈	在测试箱的 15 和 3 及 16 和 4 之间测量电阻，正常值为 1.2~2.0Ω 在测试箱的 18 和 3 之间测量电阻，正常值为 10MΩ	①查线路 ②查插接件 ③如果没有故障，重新在高压油泵的接头上测量 ④换新高压油泵

3.3.17　与针阀位移传感器有关的故障检修

闪码：1 长 10 短。

故障显示：EDC 灯不亮。

故障来源：针阀位移传感器信号不强，脉冲量不足，太多脉冲，内部阻值错误。

故障现象：发动机不能达到满负荷和最大车速，喷油起始的控制将从闭环控制模式切换到固定的、指定的喷油起始特性的开环控制。如果故障不存在，系统重新切换到闭环控制模式。

可能原因：线路断路、短路，针阀位移传感器故障，发动机曲轴位置传感器的脉冲信号不对（即使没有错误信息，例如换离合器后没有正确安装飞轮壳），控制单元和针阀位移传感器间脉冲起冲突（例如开关延时），由于机械故障产生的结构噪声对针阀位移的影响（例如阀体的裙部、柱塞），针阀黏滞，低压油路故障（溢流阀不对或故障，系统泄漏或进空气），EHAB 故障，高压油路故障，滤芯堵塞，管道堵塞，高压油泵故障）。

测试条件：连上测试箱。

与针阀位移传感器有关的故障检修测量值见表 3-3-20。

表 3-3-20　与针阀位移传感器有关的故障检修测量值

测试对象	测量内容	检修建议
传感器阻值	在测试箱的 23 和 17 之间测量电阻，正常值为 65~160Ω	①查线路 ②查插接件 ③换新针阀位移传感器

3.3.18　与电阻组（控制单元 35 针脚）有关的故障检修

闪码：1 长 12 短。

故障显示：EDC 灯不亮。

故障来源：转矩限定的多级开关电压过低或过高，电压不正确。

故障现象：可能无转矩限定。通过多级开关可以获得输入控制单元 35 针脚的不同信号电压，电压值由外部电路设定。如果要获得"特殊情况下受限制的发动机转速"（事先用 MAN-CATS 在控制单元内部设定），可以将开关或继电器转换到多级开关相应的挡位，获得相应的信号电压，从而获得相应的受限制的发动机转速。

可能原因：线路断路、短路，电阻器故障［例如冷焊点，这种情况下，2长1短（多级开关最高车速限制）的闪码也将出现］。

测试条件：连上测试箱。

缓速器：在MS5 Stage2系统内，缓速器的激活与控制杆关闭功能类似。

注意无中间转速界面时，在Stage2 EDC内不使用电阻，在这种情况下，35针脚接地，也就是35针脚和驾驶室接地点之间的电阻必须为零，在测量阻值之前，从测试箱上拆跳线18、19和35针脚之间的连接。

与电阻组（控制单元35针脚）有关的故障检修测量值见表3-3-21。

表3-3-21　与电阻组（控制单元35针脚）有关的故障检修测量值

测试对象	测量内容	检修建议
电阻组	在测试箱的35和13之间测量电阻 MS5 Stage3与MS5速度限制器没有起作用时正常值为$0.4\sim0.7\Omega$（电阻R_5） 速度限制器起作用时正常值为$6.2\sim11.6k\Omega$（R_8） 如果阻值为零或无穷大，也会设置这种错误 MS5 Stage2速度限制器没有起作用时为0Ω 速度限制器1约$3k\Omega$ 速度限制器2约$8k\Omega$ 缓速器起作用时约$3k\Omega$	①查线路 ②查插接件 ③换新电阻组

3.3.19　与控制杆（巡航控制手柄）有关的故障检修

闪码：1长13短。

故障显示：EDC灯亮。

故障来源：控制杆（电压值不正确或不真实）。

故障现象：巡航控制功能没有，同时其他手柄功能也没有，例如中间速度控制和怠速管理功能。如果故障是短暂的（例如成功地用了几次），关闭点火开关后重新打开，系统又可被激活。

可能原因：线路断路、短路，控制杆故障。控制单元检测到读入的电压值就能判断控制杆上开关的位置，如果在某时间内输入的值不对，将产生故障，故障可能由电路产生，也可能由不正确的操作引起。

测试条件：连上测试箱。

注意在客车上没有中间速度管理和怠速控制功能，只有巡航控制功能。

与控制杆（巡航控制手柄）有关的故障检修测量值见表3-3-22。

表3-3-22　与控制杆（巡航控制手柄）有关的故障检修测量值

测试对象	测量内容	检修建议
控制杆	在测试箱的44和30之间测量电压（在控制杆的每一工况下测量电压） 正常值： SET＋为$0.65\sim0.97V$ SET－为$2.31\sim2.75V$ MEMORY为$1.41\sim1.81V$ OFF为$4.00\sim4.32V$ Notactuated为$3.15\sim3.55V$	①查线路 ②查插接件 ③换新控制杆 ④如果没有故障，换新控制单元

3.3.20 与 ASR 界面 DKR/DKV（PWM 界面）有关的故障检修

闪码：1长14短或2长1短。
故障显示：EDC 灯不亮。
故障来源：脉冲宽度调频信号（PWM）（控制单元52或29针脚）出现故障或断路。
故障现象：ASR 不能控制。通过 PWM 接口，EDC 控制系统接收 ABS 控制单元信息，实现 ASR 功能，错误存储在 EDC 控制单元内，通过 PWM 线（连接 EDC 控制单元的29针脚）报告给 ABS 系统，EDC 指示灯不亮，而 ABS/ASR 的检查灯亮。
可能原因：对负极短路，线路断路。
测试条件：连上测试箱，点火开关关闭。
与 ASR 界面 DKR/DKV（PWM 界面）有关的故障检修测量值见表 3-3-23。

表 3-3-23 与 ASR 界面 DKR/DKV（PWM 界面）有关的故障检修测量值

测试对象	测量内容	检修建议
连接 ABS/ASR 系统的导线	在测试箱的52和19之间测量电阻，正常值为无穷大	①查线路（包括 ABS/ASR 电路） ②查插接件
	在测试箱的29和19之间测量电阻，正常值为无穷大 Ω	①查线路（包括 ABS/ASR 电路） ②查插接件

注：如果两条线均无故障，继续查 ABS/ASR 系统的故障。

3.3.21 与 CAN 系统（控制系统）有关的故障检修

闪码：1长15短。
故障显示：EDC 灯不亮。
故障来源：控制单元故障。
故障现象：EDC 系统和相连的电子系统（例如 SAMT 变速器）的数据交换中断。
可能原因：控制单元故障。
与 CAN 系统（控制系统）有关的故障检修测量值见表 3-3-24。

表 3-3-24 与 CAN 系统（控制系统）有关的故障检修测量值

测试对象	测量内容	检修建议
控制系统	不必进行更多的测试	换新控制单元

3.3.22 与 CAN 信号（ASR）有关的故障检修

闪码：2长1短。
故障显示：EDC 灯不亮。
故障来源：CAN 信号（ASR）。
故障现象：ASR 不工作。
可能原因：ABS/ASR 控制单元（CI12）的 CAN 信号故障（到 EDC 控制单元30和31针脚）。
测试条件：连上测试箱，点火开关关闭。
注意在 EDC Stage2 系统中，2长1短的闪码来自29针脚上的信号（此处为 ASR/DKV 信号），此种情况，一定是对地短路。

与CAN信号（ASR）有关的故障检修测量值见表3-3-25。

表3-3-25　与CAN信号（ASR）有关的故障检修测量值

测试对象	测量内容	检修建议
EDC控制单元	在测试箱的31和30之间测量电阻，正常值为60Ω	①电阻为零，CAN-H和CAN-L之间短路 ②电阻约120Ω，接点连接断路
变速器控制单元	在测试箱的15和52之间测量电阻，正常值为60Ω	①电阻为零，CAN-H和CAN-L之间短路 ②电阻约120Ω，接点连接断路
ABS/ASR控制单元	在ABS/ASR控制单元的X1/3和X1/1之间测量电阻，正常值为60Ω	①电阻为零，CAN-H和CAN-L之间短路 ②电阻约120Ω，接点连接断路

3.3.23　与CAN信号（变速器控制系统）有关的故障检修

闪码：2长3短。

故障显示：EDC灯不亮。

故障来源：CAN信号（变速器控制系统）。

故障现象：变速器控制系统功能不正常。

可能原因：变速器控制系统（如SAMT-B）的CAN信号有故障（到EDC控制单元30和31针脚）。

测试条件：点火开关关闭，直接在控制单元的接头上检测。

与CAN信号（变速器控制系统）有关的故障检修测量值见表3-3-26。

表3-3-26　与CAN信号（变速器控制系统）有关的故障检修测量值

测试对象	测量内容	检修建议
CAN线阻值	测量EDC控制单元的31针脚与SMAT-B的15针脚之间电阻，测量EDC控制单元的31针脚与ABS的X1/3针脚之间电阻，正常值为0Ω	电阻大于0Ω，CAN线断路
	测量EDC控制单元的30针脚与SMAT-B的52针脚之间电阻，测量EDC控制单元的30针脚与ABS的X1/1针脚之间电阻，正常值为0Ω	

3.3.24　与制动踏板位置传感器（制动信号失真）有关的故障检修

闪码：2长4短。

故障显示：EDC灯不亮。

故障来源：怠速开关，制动感应开关。

故障现象：发动机转速降至怠速（同时踩制动踏板和油门踏板也会产生这种现象）。

可能原因：线路断路，短路调整不当，加速踏板位置传感器故障。

测试条件：连上测试箱，点火开关关闭。

该项测试主要是用来测试加速踏板是否阻滞，亦即加速后加速踏板不能完全回到怠速位置或根本不回弹。

3.3.25　与主继电器有关的故障检修

闪码：2长5短。

故障显示：EDC 灯不亮。

故障来源：主继电器触点粘住。

故障现象：在某些情况下该故障不易发现。

可能原因：对地短路，主继电器故障。

测试条件：连上测试箱。

EDC 控制系统通过 46 针脚激活主继电器线圈。钥匙开关关闭后主继电器延迟一定时间才关闭。在关闭过程中，EDC 控制系统检查所有的控制单元功能，同时将发现的故障信息输入到故障存储器。

与主继电器有关的故障检修测量值见表 3-3-27。

表 3-3-27　与主继电器有关的故障检修测量值

测试对象	测量内容	检修建议
主继电器	在测试箱的 15 和 16 及 18 和 19 之间测量电压，正常值：钥匙开时为蓄电池电压钥匙关时为 0V	①查线路 ②查插接件 ③如果线路完好，换新继电器

3.3.26　与电阻组（控制单元 54 针脚）有关的故障检修

闪码：2 长 7 短。

故障显示：EDC 灯常亮。

故障来源：多级开关设定最高车速，电压过高，电压过低，不正确的电压。

故障现象：没有最高车速限制，只有法定的最高车速。通过多级开关可以获得输入控制单元 54 针脚的不同信号电压，电压值由外部电路设定。可以事先用 MAN-CATS 在控制单元内设定"第一个最高车速限制"。如果可以也可事先用 MAN-CATS 在控制单元内设定"第二个最高车速限制"，可以用开关或继电器在两种模式下进行转换，通过多级开关相应的挡位，获得相应的信号电压，从而获得相应的受限制的发动机转速。

可能原因：线路断路、短路，电阻器故障［例如冷焊点，这种情况下，1 长 12 短（多级开关最高车速限制）的闪码也将出现］。

测试条件：连上测试箱。

注意：在 Stage2 系统内没有该功能，54 针脚未用。

与电阻组（控制单元 54 针脚）有关的故障检修测量值见表 3-3-28。

表 3-3-28　与电阻组（控制单元 54 针脚）有关的故障检修测量值

测试对象	测量内容	检修建议
电阻组	在测试箱的 54 和 13 之间测量电阻，正常值：最高时速限制 1 时为 $0.4\sim0.7\Omega$；最高车速限制 2 时为 $1.1\sim1.7k\Omega$（当阻值为零或无穷大时，将产生错误）	①查线路 ②查插接件 ③换新电阻组

3.3.27　与空气压力传感器有关的故障检修

闪码：2 长 8 短。

故障显示：EDC 灯常亮。

故障来源：空气压力传感器。

故障现象：无直接影响，个别情况下，可能同时从进气压力传感器传来故障信息。

可能原因：控制单元故障。

与空气压力传感器有关的故障检修测量值见表 3-3-29。

表 3-3-29　与空气压力传感器有关的故障检修测量值

测试对象	测量内容	检修建议
控制单元	如果只是这种情况,无法检测,因为传感器在内部,尽管如此,如同时发现进气压力传感器有故障,先检查进气压力传感器	换新控制单元

3.3.28　与系统关闭不彻底有关的故障检修

闪码：3 长 1 短。

故障显示：EDC 灯不亮。

故障来源：电源线断路。

故障现象：发动机达不到满负荷和车速限值降低。

可能原因：电源供给,控制系统不是通过 15 和 16 针脚关闭,也可能是蓄电池主开关或紧急关闭按钮故障。

测试条件：连上测试箱。

注意每次系统关闭后,会自动进行关闭测试。如果在点火开关关闭后,EDC 控制单元不存储故障,在驻车灯亮时,必须检查 X232 主开关与紧急关闭电路之间的连接。

与系统关闭不彻底有关的故障检修测量值见表 3-3-30。

表 3-3-30　与系统关闭不彻底有关的故障检修测量值

测试对象	测量内容	检修建议
控制单元的电源	在测试箱 15 和 16 及 18 和 19 之间测量电压,正常值:点火开关关闭,所测电压即为蓄电池电压,EDC 控制单元保持关闭,测试所需电源	①查线路 ②查插接件 ③查 EDC 控制单元和蓄电池主开关与紧急关闭(保持)电路之间的连接

3.3.29　与外部怠速信号（外部停车）有关的故障检修

闪码：无。

故障显示：EDC 灯不亮。

故障来源：外部怠速开关（接控制盒 50 针脚）。

故障现象：故障通常由离合器闭合造成。该功能由 MAN 在常规情况下在较新版本中使用（例如 WSK 系统）,因此每次离合器工作时设立故障代码是不明智的。控制系统必须新编程以便该功能不会被划分为一个故障,只有该功能未装才能看出是否离合器没有正在工作（也就是未关闭）。

可能原因：线路断路、短路,燃油温度传感器故障,控制系统故障。

测试条件：连上测试箱。

与外部怠速信号（外部停车）有关的故障检修测量值见表 3-3-31。

表 3-3-31　与外部怠速信号（外部停车）有关的故障检修测量值

测试对象	测量内容	检修建议
怠速开关	在测试箱的 50 和车上地线之间测量电阻,正常值为无穷大	①查线路 ②查插接件 ③换新怠速开关

3.3.30 与电子液压关闭装置（EHAB）或安全继电器有关的故障检修

闪码：无。

故障显示：EDC 灯不亮。

故障来源：EHAB 功能或安全继电器。

故障现象：发动机熄火，无法启动。

可能原因：线路断路、短路，EHAB 或安全继电器故障，控制单元错误指令（控制单元故障）。

测试条件：连上测试箱。

EHAB（一个独立的、高水平的发动机关闭装置）或安全继电器的安全功能非常重要，在用减少供油量的方法不能停止发动机的紧急情况下，EHAB 或安全继电器就会启动。EHAB 对油路进行卸压，切断供油。安全继电器切断油量调节器的电磁铁线圈供电电源（15 和 16 针脚）。

与电子液压关闭装置（EHAB）或安全继电器有关的故障检修测量值见表3-3-32。

表 3-3-32　与电子液压关闭装置（EHAB）或安全继电器有关的故障检修测量值

测试对象	测量内容	检修建议
EHAB 或安全继电器功能	启动发动机并使其怠速运行,移去测试箱上的 14 号插头,发动机应在大约 3s 内停机	①查线路 ②查插接件 ③换新 EHAB 或安全继电器
供电电压	打开点火开关,在测试箱的 14（＋）和 19（－）之间测量电压,正常值为蓄电池电压	①查线路 ②查插接件 ③如未发现故障,换新 EHAB 或安全继电器 ④换新控制单元
EHAB 线圈阻值	断开点火开关和控制单元,在测试箱的 14 和 19 之间测量电阻,正常值为 30～70Ω	①查线路 ②查插接件 ③换新 EHAB
安全继电器线圈阻值	断开点火开关和控制单元,在测试箱的 14 和 19 之间测量电阻,正常值为 240～300Ω	①查线路 ②查插接件 ③换新安全继电器

3.3.31 与发动机制动有关的故障检修

闪码：无。

故障显示：EDC 灯不亮。

故障来源：发动机制动功能异常，发动机制动开关。

故障现象：发动机制动功能没有。

可能原因：线路断路、短路，发动机制动开关故障。

测试条件：连上测试箱。

发动机制动功能由发动机转速来启动，它通过 EDC 控制单元的 5 针脚（输出）来控制。在 EDC 控制开关的 42 针脚输入发动机制动信号，发动机开始制动；也可由变速器控制系统或车辆管理系统用 CAN 信号来启动发动机的制动功能。带有 MS5 Stage2 的发动机，发动机制动仍受中央电器控制单元上第 61 位置的速度控制器控制。

与发动机制动有关的故障检修测量值见表 3-3-33。

表 3-3-33　与发动机制动有关的故障检修测量值

测试对象	测量内容	检修建议
来自制动开关的电压	打开点火开关,在测试箱的 42(+)和 19(-)之间测量电压,当脚开关踩下时,正常值为蓄电池电压	①查线路 ②查插接件 ③查中央电器控制单元上第 61 位置处跳线 ④换新制动开关
制动电磁阀	打开点火开关,在测试箱的 5(+)和 19(-)之间测量电压,启动发动机并使其转速达到约 1100r/min,当脚开关踩下时,正常值为蓄电池电压	①查线路 ②查插接件 ③换新电磁阀 ④如果没有故障,换新控制单元

3.4 燃油系统装配

3.4.1 部件安装

（1）高压油泵的安装

高压油泵安装时应注意油泵凸轮轴与传动齿轮有良好的结合，锥面去油脂。

在高压油泵上安装油泵法兰及油泵齿轮，两零件正时刻线对齐后装入齿轮室，在 1 缸活塞在爆发上止点位置时，油泵齿轮正时刻线对准齿轮室上 M30×1.5 观察孔刻度线。油泵齿轮紧固螺母 M24×1.5 拧紧力矩为 250～300N·m。

高压油泵在装配时流量计量单元、齿轮泵不能作为支撑点。

（2）喷油器的安装

喷油器通过法兰紧固在汽缸盖上。图 3-4-1 示出了两种喷油器压紧方式。高压油管可以直接连接到喷油器上（通过外部接头），或间接通过汽缸盖内的内部高压接头连接。

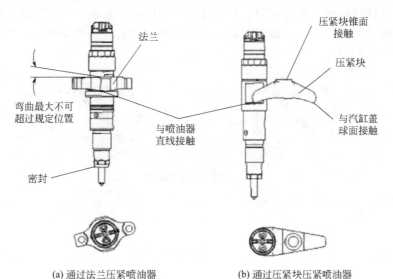

(a) 通过法兰压紧喷油器　　(b) 通过压紧块压紧喷油器

图 3-4-1　喷油器压紧方式

喷油器压紧力必须作用在轴向上，否则喷油器体的变形会加剧内部针阀体的磨损，影响寿命。

喷油器 M8 紧固螺栓 2 个拧紧力矩为 10~12N·m，两个法兰拧紧力必须相等。法兰与喷油器成 90°，法兰两边必须同时夹紧。过高的压紧力会使喷油率变化。

在安装条件下，喷油器喷油嘴小外圆上不可有侧向作用力。在轴向力的作用下，密封圈应可在径向上发生变形而不接触到汽缸盖内孔壁（图 3-4-2）。

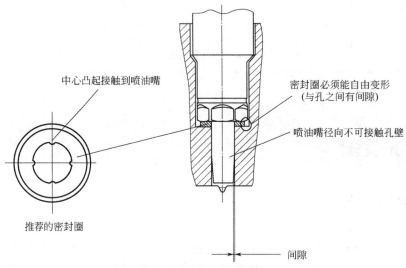

图 3-4-2 喷油器的安装

每当安装一个喷油器，必须使用一个新的密封圈。使用过的密封圈会变硬。使用旧的密封圈很有可能造成泄漏并且导致喷油器压紧力异常。喷油器和喷油嘴也会受到附带影响。

拆卸喷油器时，必须采用与安装顺序相反的步骤。手工将喷油器从汽缸盖上取下。如果手工取不下来，可以采用必要的工具将喷油器取下来。这个特殊要求的工具必须保证接触到整个喷油器，并且不能有滑落的可能。这个特殊工具不允许碰到电磁阀及电磁阀紧帽。不允许对喷油器体有任何伤害（图 3-4-3）。如果部件有损伤必须更换，否则会造成以后有漏油的可能性。在将喷油器再次插入汽缸盖之前，应清除汽缸盖孔里的燃烧残渣，喷油嘴小外圆上的任何残渣都有可能产生一个侧向力。

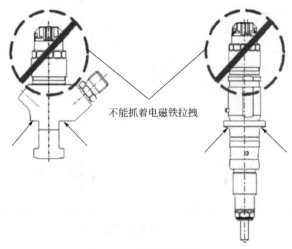

图 3-4-3 喷油器的拆卸

(3) 喷油器回油管的安装

安装回油管时应避免与汽车的高温部件接触（如排气管、涡轮增压器、废气回流管等）。回油管内不允许存在节流区域。回油管不可接触锋利的边缘，不可折成尖角，更不可扭曲。回油管安装不当会引起燃油泄漏到发动机上，过高的回油压力会影响喷油器的喷油规律。

(4) 高压油管的安装

必须首先将喷油器完全压紧，然后才能安装高压油管。装配顺序：把喷油器装入汽缸盖（压紧力不允许施加在电磁阀上）；压紧夹块（压紧块）或法兰，使其能提供必要的压紧力；用手将高压油管两端旋紧，用适当的力矩将油管两端旋紧，喷油器端为20~25N·m，共轨管和高压油泵端为25~35N·m。

当拆卸油管时，进油接口会随着旋转而松动，所以当油管必须拆掉时，应用一额外的工具固定住进油接口。不允许将外部进油接口旋松然后再将其旋紧，这有导致燃油泄漏的危险。若外部进油接口已经被旋松，则必须更换新的喷油器。

3.4.2 注意事项

要保证燃油管路及各部件清洁度。喷油器的高压部分对污物很敏感，尤其是金属微粒。所有喷油器部件的清洁度和清洁的装配过程都是非常重要的。所有的保护盖只能在马上装配前拿掉。汽缸盖孔里的清洁度和无毛刺非常重要。渗入高压连接中的微粒，会导致喷油器失效或削弱喷油器的性能。

3.5 故障诊断

3.5.1 常见故障分析

(1) 柴油机启动困难或不能启动

① 启动系统的故障，启动转速低甚至不能驱动旋转，启动无力。

② 燃油供给系统故障，燃油系统不供油或供油不正常，柴油机不着火或着火后不能转入正常运转。

③ 压缩压力不足，汽缸密封不严，漏气现象严重，人力转动曲轴时感觉压缩无力，并有"吱吱"的漏气声。压缩比太小时也会使压缩压力下降。

(2) 柴油机功率不足

① 配气机构及进、排气系统故障，充气效率低，进入汽缸内的新鲜空气不足，而汽缸内废气排不干净，排气出现冒黑烟现象等。

② 燃油供给系统故障。

③ 压缩压力不足。

④ 增压器故障，增压压力下降或上升，涡轮进口温度过高，机油回油温度过高，压气机端漏油和涡轮端漏油，增压器强烈振动和产生不正常噪声。

⑤ 中冷器故障，空气管路脏污、堵塞，空气冷却效果不足。

(3) 柴油机工作不稳定有熄火现象

① 调速器故障，转速不稳定。

② 燃油供给系统故障，各缸工作不均衡，有个别缸产生熄火现象。
③ 柴油质量不好，柴油中有水或冷却水漏入汽缸内造成工作不稳定。
(4) 柴油机排气烟色不正常
① 排气冒黑烟，柴油燃烧不良。
② 排气冒白烟，燃油或汽缸内有水。
③ 排气冒蓝烟，机油进入汽缸。
(5) 柴油机内有敲击声
① 配合间隙加大而产生的敲击。
② 安装调整不当发出不正常响声。
③ 柴油机零件损坏而突然出现敲击声。
(6) 柴油机过热
冷却水温过高，应从冷却效率低、配合间隙小等方面考虑。
(7) 柴油机突然停车
主要从燃油供给系统与空气供给系统去考虑。
(8) 柴油机振动加剧
由于结构或工作过程不平衡引起的。

3.5.2 常见故障排除

3.5.2.1 柴油机不能启动

(1) 起动机不工作
国Ⅲ起动机一般由ECU控制，主要是对空挡的检查，然后ECU输出一个电流驱动启动继电器，继电器接通后，蓄电池带动起动机启动。因此检查时有几个要素：空挡开关、启动继电器、蓄电池、车下停车开关的关联。
① 检查是否挂在空挡位置。
② 检查车下停车开关的位置（应处于断开状态）。
③ 检查空挡开关及接线是否完好，试着使用紧急启动（点火开关持续按下5s以上）。
④ 检查蓄电池电压是否过低，以致不能带动起动机。
⑤ 检查起动机继电器及接线是否完好。
⑥ 检查起动机是否已烧坏。
⑦ 检查点火开关及启动开关是否已坏。
(2) 轨压无法建立
共轨系统对燃油油路要求过高，低压油路（油箱粗滤、精滤及回油）、高压油路（高压油泵、共轨高压油管、喷油器）都要保证密封。任何一个环节出了问题，轨压都不能正常建立，要对整个燃油油路高度重视。
① 检查油箱油位是否过低。
② 检查手油泵是否工作正常。
③ 检查低压油路是否有气，如有则排除空气（有时低压油路泄漏不明显，需仔细检查）。
排气方法：主要排除粗滤器里面的空气，松开粗滤器上的放气螺栓，用手压动粗滤器上的手压泵，直至放气螺栓处持续出油为止。
④ 低压油路空气排净后仍不能启动柴油机，则判断高压油路有空气，也需要排出高压油路的空气。
排气方法：松开某缸高压油管，用起动机带动柴油机运转直至高压油管持续出油为止（不建议经常拆卸高压油管接头）。

⑤ 检查高压油路有无泄漏。
⑥ 检查油路是否通畅,检查柴油滤清器是否堵塞,注意及时更换柴油滤芯。
检查方法:松开精滤器出口螺栓,用起动机带动柴油机运转,看是否有柴油喷出或流出,若只有少量柴油流出,则可判定滤芯堵塞。
⑦ 检查轨压传感器初始电压是否为 500mV 左右,或设定轨压是否为 30～50MPa(用 KTS 诊断工具),若不正常首先检查插接件是否牢靠。若无检查设备,可拔掉轨压传感器尝试再次启动。
⑧ 检查流量计量阀是否完好,拔掉插接件尝试再次启动。

(3) 喷油器线束、传感器线束、整车线束插接件未插好或者线束断路或短路

检查插接件的安装,用万用表按照线路图检查线路的通断。

(4) 曲轴信号和凸轮轴信号丧失

柴油机上安装了两个转速传感器(曲轴位置传感器和凸轮轴位置传感器),分别在飞轮壳和高压油泵的外侧。电控柴油机的喷油正时取决于这两个传感器。两个传感器信号全部丢失,柴油机不能启动。

两信号全部丢失可能的原因:传感器损坏;线束短路或断路;传感器固定不牢,造成传感器与感应齿之间间隙过大或过小[一般为(1±0.5)mm]。

排除方法:检查传感器是否损坏,线束是否连接良好,传感器是否松动等。

注意拆装高压油泵及飞轮后的安装应严格按照相关工艺文件执行,以确保信号同步。

3.5.2.2 柴油机启动困难

① 柴油机较长时间没有运转:回油管要伸到柴油液面下。
② 低压管路有少量空气:排气。
③ 曲轴位置传感器、凸轮轴位置传感器信号太弱,同步判断时间较长:重新调整。
④ 环境温度太低,预热装置失效:更换预热装置。
⑤ 柴油、机油品质太差未达标:更换标准油品。
⑥ 起动机或飞轮齿圈打齿:更换起动机和飞轮齿圈。
⑦ 活塞环、缸套磨损或气门密封不严:更换活塞环、缸套或气门座、气门。
⑧ 排气制动蝶阀卡死,导致排气不畅:更换蝶阀。

3.5.2.3 柴油机功率不足

跛行回家:发动机带故障运行的一种模式。ECU 检测到发动机出现了故障,但不会立即停车,而是会限制发动机的功率,使发动机的转速只能增加到 1500r/min,驾驶员能将车开到附近的维修站进行维修。

(1) 喷油器故障

喷油器故障一般分为机械故障和接线故障。

机械故障:针阀卡死,由于柴油中污物较多或进水腐蚀,针阀卡死在喷油器内,不能动作(注意 ECU 可能不报错)。

接线故障:线束由于振动、磨损等原因,接线断开或直接搭在缸盖上与地短接(ECU 会报错)。

喷油器故障会导致怠速不稳,发动机声音异常。利用断缸法或高压油管触感法判断(利用诊断工具进行加速测试判断)。故障诊断仪一般都有对喷油器激发测试的功能。

(2) 同步信号出错

出现该问题时,一般是一个传感器的信号失效,可以通过查看闪码表查找具体原因。

(3) 水温、机油温、进气温度过高

水温、机油温、进气温度过高时，ECU 会开启过热保护功能，限制发动机功率。

① 水温过高的原因及排除方法

a. 水箱液面过低：检查有无漏水处，加水。

b. 水箱堵塞：检查水箱，清理或修复。

c. 水泵皮带松弛：按规定调整张紧力。

d. 水泵垫片损坏，水泵叶轮磨损：检查并修复或更换。

e. 节温器故障：更换。

f. 水管密封件损坏，漏入空气：检查水管、接头、垫片等，更换损坏件。

② 机油温过高的原因及排除方法

a. 油底壳油面低或漏油：检查油面及漏油处，修复并加油。

b. 水温高：确认前述造成水温高的原因并排除故障。

c. 机油冷却器流通不畅：检查并清理。

③ 进气温度过高的原因及排除方法　检查中冷器的散热能力。

(4) 流量计量单元故障

流量计量单元是控制轨压的执行机构，安装在高压油泵上，它出现问题后，高压油泵会以最大的能力向共轨管供油，此时共轨管上的泄压阀一般会打开，柴油机会有"咔咔"的噪声。轨压传感器出现问题也会有类似的现象。

排除方法：检修线路，确认是流量计量单元故障还是轨压传感器故障。

(5) 燃油管路泄漏引起轨压异常波动

在车辆行驶过程中，车速不稳，有向前一窜一窜的现象出现。

排除方法：断电 1min 重新启动，若问题仍然存在，则检查燃油管路密封性并排除故障。

(6) 传感器故障

进气温度压力传感器是 ECU 用来估算进气量的传感器（安装在进气管上），水温传感器是用来判断柴油机热负荷的传感器（安装在出水管上），轨压传感器是用来检测共轨管的燃油压力的传感器（安装在共轨管上）。

排除方法：检查进气温度压力传感器、水温传感器、轨压传感器，看插接件是否牢靠。

3.5.2.4　柴油机始终运行在 1000r/min

此时油门失效：ECU 通过加速踏板位置传感器给出的信号来判断负荷，当踏板出现故障时，出于安全考虑，ECU 会控制柴油机自动回到 1000r/min 的怠速。

① 电子油门接线松脱或接错：重新拔插或检查油门接线是否正确，重新接线。

② 电子油门插接件进水：用工具把插接件吹干再启动（注意更换电子油门时，需要同一型号的电子油门）。

3.5.2.5　柴油机怠速游车

① 喷油器工作不正常：检查各缸喷油器及线束。

② 具有车速传感器的整车，停车时有车速信号输入：检查车速表及车速传感器信号及接线。

③ 燃油质量差（含水或蜡质）：清洗燃油系统，更换燃油滤清器。

④ 燃油低压油路漏入空气：检查油管及接头密封性，排除空气。

⑤ 喷油嘴雾化不稳定：检查并修复。

3.6 典型维修案例

3.6.1 柴油机无法启动

（1）熔丝故障

故障现象

WP10.290柴油机，车辆启动受控，将钥匙开关置于T50位置，起动机不动作，车辆无法启动。

故障维修

用万用表测量整车插接件四根电压输入线，无电压，检查整车电路发现控制ECU电压输入的一个30A的熔丝已烧坏，更换新熔丝，车辆正常启动。

（2）继电器故障

故障现象

WP6.240柴油机，车辆启动受控，将钥匙开关置于T50位置，起动机不动作，车辆无法启动。

故障维修

用万用表测量整车插接件四根电压输入线，有电压输入，T50位置启动继电器（1.37、1.51）有电压输入，因该继电器发动机出厂时不附带，系主机厂自己选购，将该继电器更换为随发动机自带的博世进气加热继电器，车辆正常启动。

建议发动机出厂时起动机附带启动继电器，避免主机厂因选购不合适的继电器而损坏起动机。

（3）ECU线路故障

故障现象

WP6.240柴油机，发动机无法启动，起动机能够正常运转。

故障维修

打开高压油泵的出油管和喷油器的油管，出油量都非常大，说明油压达到要求，不是机械油路的问题。

K线有电压但连不上，说明1.40即T15是连通的，给了K线电压，而信号却没有传过来，可能ECU总供电的八根线没有供上电。检查发现1.02、1.03、1.08、1.09四根电源线在接线时发生错位，将1.02和1.03分别接在了1.01和1.02的位置，导致ECU没有供上电。重新接线后正常启动。

（4）ECU损坏

故障现象

WP10.336柴油机，发动机无法启动，不自检。

故障维修

检查1.02、1.03、1.08、1.09和1.40电压都为24V，说明有电压输入，还需确认与ECU到底有否通信，是否存在接触不良。经进一步检查线束，发现1.40针脚没有完全插入，接触不好，插紧后故障灯常亮。K线这时也有电压23V，但是INCA始终连不上，再次检查整车电源的八根线都插接正常，由此可知ECU确实已烧坏，更换ECU并刷新数据后正常启动。

(5) ECU 内部芯片烧坏

故障现象

WP6.240 柴油机，起动机空转，发动机不启动，并报 6.A 错误。

故障维修

该发动机出厂时配的 ECU 烧坏（报 6.A 错误，为 ECU 内部电压值过高，且闪码灯常亮，并且 ECU 不自检），更换 ECU（以下用 ECU2 表示），刷新数据后启动，但发动机机仍不能启动，调出故障码发现和前一个 ECU 同样的错误（ECU 再次烧坏）。调出发动机基础数据，仔细查看，未发现数据有任何错误。再次更换 ECU（以下用 ECU3 表示），在更换之前将发电机和蓄电池的接线拆下，换上 ECU3 后再将发电机和蓄电池接线接上，并刷新数据，顺利启动，之后试车未出现异常现象，问题解决。

分析 ECU2 烧坏有以下可能：在换 ECU2 时没有断开发电机，发电机内还存有一定电压致使 ECU2 烧坏；在换上 ECU2 上电后，车上的某个用电器在打开或关闭时产生的瞬时大电流或电压被 ECU 所消耗，致使供给 ECU 的电流瞬间增大，导致 ECU 烧坏。

(6) ECU 内部芯片烧坏，K 线不能连接

故障现象

WP10.290 柴油机，故障灯常亮，K 线不能连接，发动机无法启动。

故障维修

经检查，K 线不能连接，故障灯常亮，诊断开关不起作用。判断为 ECU 故障。更换 ECU 后故障排除。

怀疑该车 ECU 被电焊激坏。电控系统增加了很多高敏部件，如传感器、ECU 内部芯片等，该类部件受到高温的影响，很容易损坏，应注意高温防护。

(7) 低压油路密封不严

故障现象

WP12.336N 柴油机，整车无故障代码，用起动机多次带动发动机均无法启动，现场排低压部分及高压部分油路空气，可以顺利启动，但熄火后 5min 左右后，无法再次启动。

故障维修

因在厂内该车就有启动困难现象，所以油箱至粗滤进油管路已经更换过，为了泵油方便，将粗滤器移到了车架后面，粗滤器的进油口及出油口接头都由主机厂自行设计，这一部分也是检查的重点。拆下粗滤器后，发现其进油口螺纹有损伤（图 3-6-1），且进油口有细微裂纹，因低压油路有密封不严的环节，使空气进入低压油路，造成轨压难以建立，导致无法启动。

图 3-6-1 进油口螺纹有损伤

(8) 高压油泵损坏

故障现象

WP12.336N 柴油机，发动机轨压无法建立。

故障维修

在行驶途中突然出现发动机熄火，滑行停车后，发动机无法启动。无故障代码，检查轨压，只有 0.1MPa 左右，初始电压值为 0.5V。观察轨压传感器的电压值和实际轨压，有变化，且比较均匀。拔下轨压传感器，仍无法启动，说明轨压传感器是正常的，反映的是真实的轨压情况，现在确实建立不起轨压。

拔下共轨管限压阀回油管，启动车辆过程中未有油流出，由以上两点可以说明共轨管是正常的。打开油泵出油管，有油流出，出油量不少。怀疑两点：其中某个喷油器卡死，油全部泄掉，建立不起轨压；油泵虽然出油量不少，但是油没有劲，也就是出油频率不够建立压力。

为了验证第一点，把车上的喷油器拆下换到另外一辆正常的车上，结果很正常，说明喷油器是正常的。现在就怀疑油泵问题，拆下1缸喷油器进油管，有油出来，但无力，用手就能堵住。这么低的压力肯定达不到打开喷油器的压力。可能是油泵内部磨损，造成柱塞泵无法建立压力。更换油泵后，发动机正常启动。

(9) ECU损坏

故障现象

WP12.430N柴油机，起动机不工作，发动机无法启动且无法通信。

故障维修

检查发现当钥匙开关打开后发动机的电控单元ECU无自检，起动机没有反应，初步怀疑是蓄电池给ECU供电的八根电源线短路。拆下整车线束测量电压后发现这八根电源线还是接通的，都是24V电压，检查T15开关后电压正常，整车K线电压也正常，检查到此，很有可能是ECU内部烧毁。拆下整车线束插头后发现整车89针插接件的1.70孔位有烧焦痕迹（图3-6-2）；再查看ECU的针脚发现1.70针脚已被烧断（图3-6-3）。由此判断ECU已经损坏，更换后正常。

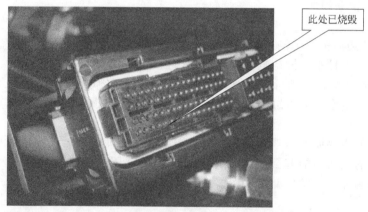

图3-6-2 插接件的1.70孔位有烧焦痕迹

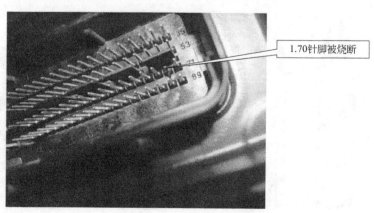

图3-6-3 1.70针脚已被烧断

（10）线束问题

故障现象

WP10.336 柴油机，发动机无法启动。

故障维修

① 首先确认 ECU 已经开始工作，方法是用钥匙开关给 ECU 上电时，诊断灯和冷启动灯闪烁后熄灭，说明 ECU 在进行自检，并开始工作。

② 若启动继电器受 ECU 控制，则检查数据，在确定标定值正确的情况下，检查空挡开关，若 GearCD_stN 为 0，则表明不在空挡位置，需要检查数据是否正确，确定数据无误后，可以试着使用紧急启动，若起动机有动作，便开始检查空挡接线。另外需要检测 T50 的信号 T50CD_stDebVal，若启动过程中没有变为 1，则需要查线若启动继电器不受 ECU 控制，则由主机厂自行查线。

③ 若起动机可以动作，但是仍然不能启动，首先需要判断同步信号 EngM_stSync，若该值在启动过程中出现过 48，则证明同步信号正确，无法启动的主要原因是轨压无法建立，低压油路有漏气的地方，需要查看油路是否满足要求，并进行油路排气。若没有出现 48，并且报出了相关同步错误，则检查曲轴位置传感器、凸轮轴位置传感器，找出原因，例如飞轮上没有加工孔或者两者的配对相位关系不正确。此时也可拔掉其中一个传感器试着启动。

（11）喷油器铜套损坏

故障现象

WP12.336N 柴油机，车辆行驶中熄火后无法启动，无故障代码，飞轮盘不动，拆下缸盖发现燃烧室存有大量水，拆检缸盖发现铜套已损坏（图 3-6-4）。

WP10.375 柴油机，车辆行驶中熄火后无法启动，无故障代码，飞轮盘不动，拆下缸盖发现燃烧室存有大量水，拆检缸盖发现铜套已损坏，喷油器铜套内有黑色烟熏痕迹。

故障维修

造成此故障的主要原因是喷油器压块与缸盖干涉，致使喷油器所受压紧力不够，喷油器和喷油器铜套间的垫块不能起到密封作用，汽缸内的高压气体进入喷油器和喷油器铜套之间，将喷油器铜套冲坏，发生漏水（图 3-6-5）。

图 3-6-4 铜套损坏

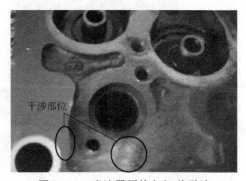

图 3-6-5 喷油器压块与缸盖干涉

将喷油器压块两边磨掉一部分，使其在装配过程中不与缸盖互相干涉，然后按要求将喷油器安装好即可。安装好后可用一张纸片检查喷油器压块和缸盖之间的间隙，以确保两者不再干涉。

(12) 喷油器泄漏

故障现象

WP6.240柴油机，发动机无法启动。

故障维修

发动机突然熄火，之后无法启动，整车工作不到70h。读故障代码，为主继电器2对地短路。V2（1.04针脚）和V4（2.03针脚）有对地短路的故障存在，检查是由排气制动电磁阀引起的，排除该故障后重新启动发动机，发动机仍然无法启动，监测轨压最高只能到4MPa，同步信号正确。因此确定发动机无法启动是由于轨压无法建立所引起的，轨压必须要达到16MPa喷油器才可以喷油。

确定故障原因后，先从低压油路开始查起，分段检查了油箱、粗滤器、低压齿轮泵、精滤器和高压油泵进油口，用电机带动，能够明显看到压力还是很大的。所以判断问题还是出在高压油路上。

再分段检查高压油泵和各缸进油管，看到高压油泵和各缸高压油管的出油量也很大，处于正常状态。因此怀疑是喷油器出现了问题，于是将各缸喷油器回油管依次松开观察喷油器的回油量，经对比发现，除了第3缸喷油器回油量很大以外，其他各缸的喷油器都基本没有回油。于是更换了第3缸喷油器，重新打火，发动机顺利启动。

目前来看喷油器泄漏导致的现象主要表现为发动机跛行、无法启动。简单来看，喷油器如果泄漏过大则可能导致无法启动，而如果泄漏较小可能会引起跛行。

3.6.2 柴油机自动熄火

(1) 燃油结蜡

故障现象

WP10.375柴油机，发动机自动熄火。

故障维修

油品选用错误，温度过低，燃油结蜡，油箱挂蜡严重，使进油管堵塞，不能供应充足燃油而熄火。用户在重新启动时用火烤过粗滤器，使粗滤器总成的油水分离器被烤化，漏油进气，导致无法启动。更换粗滤器总成后，外接-35号柴油，经多次排气后发现高压泵不出油，轨压传感器显示不正常，更换后试车正常。但连接油箱后，发动机又出现自动熄火现象，检查发现粗滤器的手油泵被吸紧，判定仍为燃油结蜡导致。接入外接油，将车开到维修站处理结蜡，处理后发动机正常运转。

(2) 喷油器泄压

故障现象

WP10.336柴油机，车辆行驶途中突然熄火，再无法启动。

故障维修

柴油机启动时电机运行正常，柴油机正常转动但无法启动，无闪码，初步判断是油路问题。柴油量正常，但柴油油质不合格，更换合格柴油，排净油路中空气，柴油机仍无法启动。连接故障诊断仪，柴油机启动时发现轨压无变化，无法达到启动轨压，轨压无法建立，检查共轨泵供油正常，高压油路也无漏油泄压的地方，分析可能是共轨管传感器故障或传感器线束问题，调换共轨管及线束，轨压仍无法建立，进一步查找更换喷油器，柴油机顺利启动。造成柴油机突然熄火的原因是由于喷油器泄压造成轨压无法建立，熄火后无法启动。

（3）共轨限压阀损坏

故障现象

WP6.240柴油机，发动机启动1～2s后自动熄火。

故障维修

发动机启动后1～2s自动熄火，此时发动机抖动，转速上升到540r/min马上就掉下来，轨压上升到44MPa后落到28MPa，然后在28～32MPa之间波动，发动机无闪码。

初步怀疑低压油路、高压油路有泄漏或者回油油管被压扁，检查油路无问题。拆开喷油器回油管路、共轨管回油管路（PRV），启动观察发现，当发动机有爆发声音时，从共轨管回油管路喷出一股油，随即怀疑共轨管损坏，更换后顺利启动。

共轨限压阀为机械阀，设定为轨压大于160MPa时才会打开，而现在在发动机启动过程中有回油，说明其已经打开，限压阀弹簧有可能已经坏掉。

（4）油路进气

故障现象

WP6.240柴油机，发动机启动5min左右后自动熄火。

故障维修

现场检测，无任何闪码。初步分析，属于油路问题。经排查，发现其燃油颜色不正常。更换燃油，排出低压油路空气后，仍无法启动。怀疑是高压油路也进了空气，松开油泵端的两个高压油管接口，用起动机带动，发现无燃油排出。确认应该是高压泵内进空气。用手折起回油管，再次用起动机带动排气，经过两次带动后，有油从接口端排出。连接接口，启动正常。

高压油路的排气，有时仅用起动机带动排除，不是很好排，当折起回油管再用起动机带动，一般都比较容易排，带动两三次就可以排净。

（5）水温传感器损坏

故障现象

WP10系列柴油机，发动机在跑车或吊重作业时，工作一段时间就会无力而熄火，停车一段时间后又恢复正常，再过一段时间又会出现同样的问题。发动机水温在启动后会迅速达到107℃左右，而实际水温只有60～70℃。

故障维修

水温传感器损坏，导致ECU获得的水温信号错误，启动后水温会迅速达到107℃左右，而实际水温只有60～70℃，此时发动机ECU会启动自保护功能，切断油门，导致发动机在跑车或吊重时无力而熄火。

发生此种现象时，可以使用排除的方法，即将ECU用的水温传感器拔下来，让发动机运转一会，如果发动机正常不再熄火，说明是水温传感器损坏，更换水温传感器即可恢复正常。

（6）车速传感器故障

故障现象

WP10系列柴油机，发动机启动正常，但启动后转速自动由600r/min升到1800r/min，重复一次后发动机熄火。

故障维修

因车速传感器存在问题，原因为之前由于里程表坏，在排查时动过车速传感器，导致车速信号、挡位判别信号错误。

① 重新调整或更换车速传感器。

② 刷新挡位识别的 DCM。
③ 若在车速传感器不用的情况下,可将车速信号功能屏蔽。

3.6.3 柴油机功率不足

(1) 中冷器故障
故障现象
WP10.375 柴油机,发动机功率不足。
故障维修
无故障代码,驾驶室仪表指示也都正常,排除电器部分原因。车辆刚做完保养,且启动正常,检查油路及油品也都正常。利用诊断仪检测其原地启动状态下的进气压力,怠速状态下压力约为 0.1012MPa,原地加速踏板踩到底进气压力无明显变化,约为 0.11MPa 左右,怀疑空气滤清器阻塞或进气系统漏气。拆除空气滤清器检测进气压力,如故。检查增压器及中冷器,发现中冷器下端裂开了约 15cm 的口子(图 3-6-6),因被一个橡胶垫圈挡住,所以不容易被看到。拆下中冷器焊接后试车恢复正常。

(2) 整车线束转换接头接触不良
故障现象
WP10.336 柴油机,发动机功率不足,感觉加不上油。

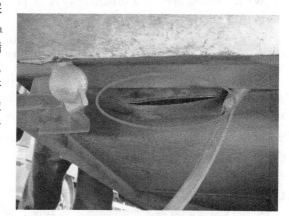

图 3-6-6 中冷器损坏

故障维修
发动机运行一段时间即出现加不上油的现象,但是不限制转速,转速能够慢慢上来,出现故障时故障灯常亮,报 7.A 错误,熄火后再次启动,故障消失。
查文档知道,7.A 错误是 ECU 内部应用程序错误或喷油器线束开路没接,喷油器无加电时间。更换控制喷油器线束,故障并未消失,更换 ECU,故障依然存在。最后怀疑到整车线束,在对整车线束转换接头进行拔插后故障消失。
整车线束转换接头接触不良,造成喷油器线束加电不正常。

(3) 橡胶软管被吸扁
故障现象
WP12.480 柴油机,高挡行驶掉转速、无力并伴随冒黑烟。
故障维修
监测发动机的进气压力、发动机转速、喷油量,当重载加速时显示气压达到一定值后瞬时降到负压,喷油量瞬时回到零,转速下降,并冒黑烟,但发动机不报闪码。
初步怀疑低压油路或者高压油路有泄漏或有油管被压扁的地方,检查油路无问题,更换粗滤器后故障仍然存在。检查气路,没有找到故障点,随后试车时发现当高挡加速时,大气与空滤器之间的一个橡胶软管被吸扁,导致发动机进气不足,燃烧不完全,发动机无力掉转速。更换后正常。

(4) 增压器损坏
故障现象
WP6.240 柴油机,发动机动力不足。

故障维修

发动机动力不足，挂上1挡转速瞬间掉到200~300r/min后再上去，3挡时加速踏板踩到底转速上升到1700r/min转左右后换4挡，转速瞬间掉到1000r/min，然后踩加速踏板，转速再也上不去了。

初步怀疑是油路堵塞，经检查，油路、电路均无问题。随后判定为进气问题，拆检进气管路确定为增压器损坏，更换增压器后故障排除。

3.6.4 柴油机跛行回家

（1）喷油器泄漏

故障现象

WP10.336柴油机，发动机最高转速为1700r/min，并报出11.A错误。

故障维修

经过仔细试验，发现在转速达到1700r/min后，便出现设定流量值大于标定流量值的情况，从数据记录结果来看rail_dvolmeunset出现了超调现象，尤其是在积分控制环节上。

首先考虑了低压油路的问题，由于该车刚出厂，检查两个粗滤器，均未被堵塞或泄漏，为了排除滤清器对该故障的影响，将两个滤清器短路，直接将进油管接在了低压齿轮泵进油口，然后直接将低压齿轮泵出油口接到了高压油泵，但在试验时还是发生了上述情况，从对低压油路的试验和整车的启动性能来看，可以排除低压油路中存在的问题，最终将问题锁定在高压油路。

对于高压油路的检查，先做了高压测试，可看出2200r/min时实际值根本达不到设定值目标130MPa，相差近40MPa，这表明高压系统存在泄漏的地方。主要怀疑目标为喷油器，可以借断缸测试来检查各缸喷油器工作状况，断缸测试结果表明第6缸喷油器工作能力差，存在泄漏，更换后问题解决。

（2）曲轴位置传感器未连接

故障现象

WP10.270柴油机，发动机启动后转速为1500r/min，同时用诊断仪检查后报出只有凸轮轴位置传感器信号，无曲轴位置传感器信号。

故障维修

车在启动时很困难，而且在将要启动的一瞬间发动机发出很大的"咔咔"声，启动后转速只能达到1500r/min，发动机进入跛行回家状态，用诊断仪检查后报出只有凸轮轴位置传感器信号，没有曲轴位置传感器信号。首先从曲轴位置传感器开始排查，发现曲轴位置传感器没有连接（图3-6-7）。重新连接时发现和进气管固定支架干涉（图3-6-8），把进气管固定支架旋转了一个角度，避开与线束插接件的干涉，重新连接好，发动机工作恢复正常（图3-6-9）。

图3-6-7　曲轴位置传感器没有连接

图3-6-8　与支架干涉

(3) 进气压力与温度传感器未连接

故障现象

WP12.375N 柴油机，发动机启动后为 1500r/min，同时用诊断仪检查后报出进气压力与温度传感器电压超出上限门槛值，发动机表现的状态是 1500r/min 跛行回家。

故障维修

经检查进气管上的进气压力与温度传感器线束接插件被拔掉（图 3-6-10），重新连接后发动机运转正常。

图 3-6-9 重新连接

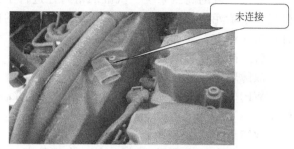

图 3-6-10 进气压力与温度传感器未连接

(4) 油箱回油不畅

故障现象

WP10.336 柴油机，发动机启动后首次踩加速踏板能达到额定转速，随后报出共轨限压阀打开，发动机转速为 1500r/min，跛行回家。

故障维修

检查发动机轨压传感器和高压油泵上的流量计量单元线束插接件及喷油器线束插接件均正常，INCA 显示只报出了 11.0 的故障，导致共轨系统限压阀打开的原因很多，经过几次重新启动后发现，当发动机熄火几分钟后重新启动，运行的前几秒并没有报出 11.0 故障，随后故障开始出现，发动机最高转速为 1500r/min，跛行回家，调出来 RailCD_pPeak、Rail_pSetpoint 两个轨压测量值后发现，发动机在启动的几秒内实际运行轨压 RailCD_pPeak（轨压峰值）高出系统正常运行的设定轨压 Rail_pSetpoint（轨压设定值），最后决定从进、回油管路找原因。

实际运行轨压大于系统设定轨压说明系统进油管路畅通，系统回油管路极有可能出现问题。三路回油，一路是经双重过滤的高压油泵自身回油，一路是喷油的回油，一路是高压共轨管的限压阀回油，都不可能出现堵塞现象，且回油管比较平直，不存在弯曲和压扁情况，最后只有把焦点落在了油箱上。当松开回油管的过油螺栓时，燃油从螺栓缝隙里喷射出来，如果回油畅通，管内不可能有这么大的压力，经检查发现油箱回油滤芯被堵塞，造成系统回油不畅，轨压升高，共轨管内轨压超调太大，导致限压阀打开，发动机以 1500r/min 运行，跛行回家。

(5) 油品问题

故障现象

WP10.336 柴油机，发动机转速为 1500r/min，轨压不稳。

故障维修

车辆行驶过程中转速突然变为 1500r/min，进入跛行回家模式。读闪码为 134，根据以往的经验，着重检查油路部分，发现低压油路完好。连上 INCA 监测轨压，发现轨压不稳，由零迅速升到 180MPa 然后掉到 76MPa，限压阀打开。最后判定为流量计量单元损坏，更换高压油泵后正常。该故障是由于油品差造成的。

(6) 进油管弯折

故障现象

WP6.240 柴油机，车辆行驶过程中，偶尔会出现故障灯常亮、转速最高只能达到 1500r/min 的现象。

故障维修

由于出现该故障后，通过断电重启 ECU 或者使用清错命令清错后故障可以排除，所以判断是油路中存在着问题。使用诊断仪监测历史故障为与轨压相关的一些故障，然后使用诊断仪对柴油机的高压系统、汽缸的密封性进行了诊断，结果显示喷油器、高压油泵和共轨管流量计量单元工作正常，因此断定为低压油路的问题。经检查从油箱出来至粗滤器的进油管有弯折的地方，处理后故障排除。

(7) 插排针脚损坏

故障现象

WP10.375 柴油机，整车运行一段时间后，出现间接性无力，故障灯常亮，报闪码 151。

故障维修

检查整车线束及 ECU 插接件。发现整车插排针脚有一个粗针脚已经断掉，其他粗针脚已经生锈，拨开整车线束插排，发现粗针脚针孔内无水堵，故障是由于没有水堵造成的（图 3-6-11）。

图 3-6-11 粗针脚生锈

(8) 插接器进水

故障现象

WP10.290 柴油机，启动发动机，转速能升到 2400r/min，然后转速自动将到 1700r/min 左右，再加油没有任何反应。

故障维修

读取闪码只有 113，为凸轮轴位置传感器故障，检查线束没有问题，因为凸轮轴位置传感器没有人为动过的痕迹，所以硬件应该没有什么问题。

把 ECU 的线束插排拔下来，发现针脚 2.11 已经消失，针脚 2.09 已经弯折，中间部位有断开痕迹，传感器针脚均已生锈，执行器针脚完好，整车针脚没有生锈但却有多处弯折。2.09 针脚损坏与故障吻合。经进一步查找，发现传感器线束插排中有一个针孔里没有水堵，插接器进水造成故障（图 3-6-12）。

3.6.5 柴油机闪码灯常亮

(1) 报 3.3 错误

故障现象

WP10.375 柴油机，发动机转速到 2200r/min 左右时闪码灯亮，发动机转速回落到

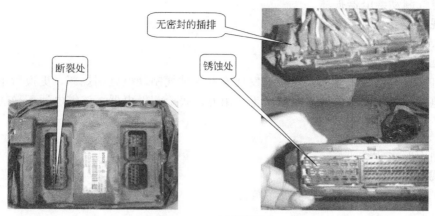

图 3-6-12　插接器进水

1000r/min 左右时闪码灯灭，报 3.3 错误。

故障维修

怀疑是基础数据问题。调出曲轴位置传感器和凸轮轴位置传感器的变量，无问题。调出转速限制变量，也无问题。

怀疑是传感器或飞轮有问题，更换传感器后故障仍存在，这时只能换飞轮，但由于客户等着提车，而且发动机已经装到整车上，拆卸较困难，所以将同步信号转速 engm_nmax-backup2syncok_ 由 1000r/min 调到 2400r/min，此时 ECU 认为此发动机同步信号一直是同步的，问题解决。

（2）ECU 针脚弯曲

故障现象

WP6.240 柴油机，因未进行整车标定，闪码灯亮。

故障维修

该发动机装用车辆为公交车，没有巡航功能，而 ECU 数据中巡航功能开着，造成闪码灯亮，屏蔽巡航后仍未解决闪码灯亮问题，经闪码读出 242 故障，为水温过高报警，经检查为 ECU 2.15、2.16 针脚弯曲，未连接上。将两个针脚拨直，插入插接件后故障排除。

（3）线路问题

故障现象

WP6.240 柴油机，有时挂挡自动熄火，闪码灯亮。

故障维修

检查整车线路，发现由于离合器线路老化，造成与发动机 1.04（V2、V4）高端串电，形成通路，造成发动机有时自动熄火。鉴于此车无巡航功能，所以拔下大插排里的离合器针脚线，并在数据程序里将离合器开关量屏蔽，故障排除。另外，进气加热线路对地短路，造成闪码灯亮，对线路重新检查布置，问题解决。

（4）整车线束接错

故障现象

WP10.336 柴油机，闪码灯常亮。

故障维修

经检测是由于 1.04、1.41、1.49 三根线在继电器中的位置接错，在未踩下制动踏板前 1.41 和 1.49 全部带电，造成制动信号错误，调换后正常。

(5) 排气制动继电器损坏

故障现象

WP10.290 柴油机，闪码灯常亮。

故障维修

闪码灯常亮，报 311 错误，经检查发现该车的排气制动电磁阀烧坏，更换后正常。可能是由于继电器质量的问题导致该故障发生，用万用表检测继电器，该继电器不导通。

3.6.6 油品问题

(1) 油中有水

故障现象

WP10 系列柴油机，无法启动或者跛行。

故障维修

车辆在正常行驶时发动机转速突然降到 1000~1500r/min，类似跛行回家状态，停车后再次启动发动机不能启动，无闪码，接诊断仪检查没有故障代码，进一步检查怀疑油箱没有油，但发现油箱油位较高，检查油路没有气泡、漏气现象（排空时发现油箱内有水），用手压泵压油感觉不重，连续启动多次，无法启动。

接诊断仪检查，诊断仪报轨压泄漏无法建立轨压，检查轨压传感器、限压阀没有问题后，拆全部喷油器回油管螺钉，用手压泵压油检查发现喷油器回油管有漏油现象，用起动机启动喷油器回油管有大量柴油喷出。

造成喷油器损坏的主要原因是新车送车途中柴油内有水，在新车送到经销商后停放时间较长，喷油器内部生锈，用户接车后喷油器内部生锈位置发卡或有铁锈脱落，造成喷油器卡死或损坏。

(2) 油质差

故障现象

WP6.240 柴油机，车辆在每天第一次启动时有严重的冒白烟现象，并伴有敲击声，第二次启动会好一些。

故障维修

无闪码存在，连接 INCA 后也没有发现故障，基本确定电控系统没有问题。检查发动机外观正常，没有渗漏油液的现象。声音异常表现为发动机转速不稳，并非配气机构等机械部件异响。仔细寻找故障原因，最终发现为该车所加油品不合格，造成发动机运转不正常（图 3-6-13）。

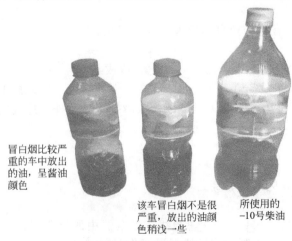

图 3-6-13 油品对比

3.6.7 柴油机异响

（1）前端齿轮室部位异响

故障现象

WP10.270柴油机，试车过程中发动机在1900～2100r/min转速区间出现异响，异响由前端齿轮室部位发出，其余转速条件下均正常。

故障维修

发动机无闪码，用INCA检测也无故障存在，发动机同步信号正常。经询问得知曾出现过类似故障，原因为飞轮上一个孔的间距过大，导致凸轮轴信号失误，造成异响。按照当时的解决方法，调取变量CRSCD_facINCplauslow_CUR，进行数据修改，经过多组数据修改，均无效果，异响仍然存在，可以排除飞轮上孔距过大的可能性。

最后对发动机齿轮室进行拆检，各齿轮都正常，只是发现中间齿轮与曲轴齿轮的间隙过小，而中间齿轮与油泵齿轮的间隙偏大。随即对中间齿轮进行更换，但异响仍然存在。进行整机更换，不再有异响。

（2）出厂行驶20km后发动机出现明显异响

故障现象

WP10.336柴油机，整车出厂行驶20km后发动机出现明显异响。

故障维修

拆起动机发现有三个齿圈紧固螺栓脱落，通过飞轮壳观察孔检查其他齿圈紧固螺栓，螺栓松动，吊下发动机拆飞轮检查除已脱落的三个齿圈紧固螺栓外，其他螺栓几乎全部退出，齿圈齿与固定螺孔及飞轮上的螺孔损坏（图3-6-14）。

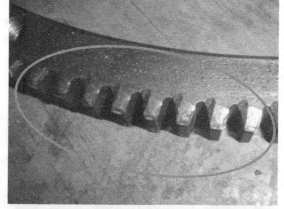

图3-6-14 飞轮

3.6.8 柴油机飞车

故障现象

WP10.336柴油机，在调试车辆的过程中，发动机忽然转速持续上升，不受ECU控制，飞车。

故障维修

喷油器损坏，不受ECU控制，持续喷油。由于发动机转速失控，造成活塞化顶（图3-6-15），拉缸，喷油器喷油嘴脱落。更换整机。

3.6.9 柴油机怠速不稳

故障现象

WP12.440柴油机车辆怠速不稳，车辆着车后怠速无规律地不停改变。

故障维修

连接诊断仪读取车速信号，在车辆静止状态下，发现车速信号存在，并且在0～7km/h

图 3-6-15 活塞化顶

左右不停上下变化。

既然车辆不需要车速信号，可考虑将与 ECU 连接的车速信号线去掉。也可以看车辆有没有起步怠速提升要求，如没有要求，可将起步怠速提升值改为车辆怠速值。

3.6.10 发电机发电指示灯变暗

故障现象

WP10.290 柴油机，发电机不发电，发电指示灯变暗。

故障维修

发电机不发电，有以下三种可能：① 没有励磁电流，即 T15 连接不正常；② 发电机皮带松弛，给不出来电压；③ B1、B2 确实没有电压输出，发电机内部烧坏。

打开钥匙开关，用万用表查输入到发电机的 15 端，电压为 23.7V，查 L 端电压为 23.7V，S 端电压为 20.7V。正常情况下，因 L 端接指示灯，所以它输入到发电机的电压肯定有压降，而 S 端直接从蓄电池过来，应该是蓄电池电压，但是测量的结果，S 端只有 20.7V，这是不正常的。经检查为 S 端和 L 端接反。调换后指示灯由暗变亮，发动机启动后电压表也显示 28V。

3.6.11 柴油机冒白烟和黑烟

故障现象

WP12.375N 柴油机，车辆启动后有冒白烟现象，踩加速踏板时有浓浓的黑烟冒出。

故障维修

无闪码，说明发动机数据没有问题。接下来从机械故障着手分析，最后发现发动机中冷器后的一段进气管被吸扁（图 3-6-16）。

很显然，造成此故障的原因为进气系统堵塞，而且很严重，发动机启动后进气完全依靠发动机自身的进气冲程活塞下行来吸气，导致汽缸内可燃混合气形成质量非常差，燃烧不充分，最后排气管冒白烟，加速后冒黑烟。

开始怀疑是增压器到中冷器这段管路堵塞，拆卸后内部没有异物堵塞，中冷器内部堵塞的可能性很小，最后查到了空滤器滤芯，发现第二级子滤芯装错了方向，把固定铁板一端装在了内侧，这样铁板就彻底把空滤器进气口堵死了，直接造成发动机进气严重不足，燃烧恶化。

图 3-6-17 所示为调整后的正确安装状态。

图 3-6-16 进气管被吸扁

图 3-6-17 正确安装状态

3.6.12 柴油机启动异常

（1）信号或线束问题
故障现象
WP12.336N 柴油机，第一次启动，发动机无法启动。随后再启动，正常。
故障维修
启动发动机，发动机大概爆发 3s 左右，伴有"突突"的爆缸声，排气管冒出一股黑烟，转速为 400～500r/min，然后发动机自动熄火，紧接着启动发动机，很顺利地可以完成启动，启动时间不超过 1s。如果断电时间过长，首次启动又会出现自动熄火现象。在启动过程中，闪码灯常亮报 541 闪码（错误路径 3.6），属同步信号问题。

检查凸轮轴位置传感器和曲轴位置传感器插接件，检查传感器线束，均正常；后经采集、分析数据，最后判定为凸轮轴位置传感器故障，随即更换高压油泵，问题解决，顺利启动。此故障原因为高压油泵内部判缸齿轮加工不合格。

（2）飞轮破裂，打坏曲轴位置传感器
故障现象
WP10.336 柴油机，启动困难，发动机启动后有轻微响声，同时转速表显示的转速不准确。
故障维修
开始不报故障原因是第一次拆下曲轴位置传感器，传感器并没有被飞轮打坏。第二次拆下曲轴位置传感器，传感器已损坏（图 3-6-18），盘车观察飞轮，发现飞轮破裂，造成该故障，更换飞轮和曲轴位置传感器后，故障排除。

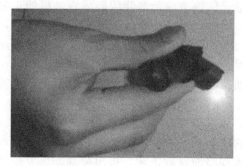

图 3-6-18 曲轴位置传感器损坏

3.6.13 整车窜动

故障现象

WP10.336 柴油机，车辆在行驶过程中出现窜动的现象。

故障维修

行驶过程中车辆出现窜动的现象，特别是在上坡时更明显。用故障诊断仪检测，无故障代码。

车辆不行驶时，发动机各个方面数据流都正常，车速显示也为零，应该不是怠速不稳故障。初步判断是油路或气路问题。经过重新排查，确保油路和气路无问题后，车辆运行正常，再未出现窜动的现象。

3.6.14 柴油机 WEVB 进油管断裂

故障现象

WP10.336 柴油机，WEVB 进油管断裂。

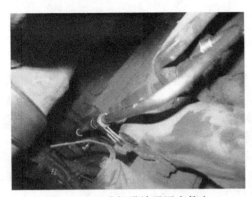

图 3-6-19 重新设计了固定管夹

故障维修

车辆运行 2300km 左右时 WEVB 进油管断裂，断裂位置为进油管的两头，对其中一辆车的进油管进行焊接处理，但运行三天后又出现断裂问题。现场检查 WEVB 进油管，没有与整车管路、支架等部位干涉，进油管高度约 55cm，为刚性油管，且该进油管无任何固定及支撑装置，初步判断为 WEVB 进油管长度过长，因无固定，在发动机运行过程中共振造成疲劳断裂。

新式进油管有软连接，且重新设计了固定管夹（图 3-6-19），对已更换的车辆，其更换后效果有待进一步反馈。

3.6.15 柴油发动机冒黑烟

(1) 发动机冒黑烟，最高转速为 1500r/min

故障现象

WP10.336 柴油机，发动机冒黑烟，最高转速为 1500r/min。

故障维修

发动机使用一个多月后，即出现发动机在怠速和加速时冒烟剧烈，同时报出油量计量单元电流超出上限门槛值和限压阀打开的故障。错误能够清除，清除闪码后发动机能正常运行一段时间。观察其油量计量单元的电流值变化很正常，进行油量计量单元测试，正常，说明油量计量单元是正常的，造成电流值超限不是油量计量单元本身造成的，而是由外部油路原因造成的。检查低压油路和高压油路的进油与回油，没有发现泄漏和堵塞的地方。现在问题就集中在喷油器，其间有工作不正常的，进行加速测试，发现在断掉第 5 缸后发动机转速比断掉其他缸每分钟高出了 60 多转，说明第 5 缸工作确实有问题。

拆下第 5 缸喷油器发现其与水套已经烧坏，水套和喷油器已经变形，喷油器无法拔出，当时情况下因为没有水套，硬拔只能把水套一块拔起，如果换上喷油器后，肯定会出现密封不严，如果漏水则后果将更严重。同时更换缸盖和喷油器后正常。拔出喷油器，发现其喷油嘴前面的铜垫圈没有了，这种情况需避免。

(2) 发动机冒黑烟，轨压低

故障现象

WP10.270柴油机，发动机冒黑烟，轨压低。

故障维修

车辆在行驶过程中发动机突然冒黑烟，立即停车。此后无法启动，试着启动时冒黑烟。经过检查发现气路畅通，检查启动时轨压只能达到16MPa，怀疑喷油器漏油导致泄压。随即检查喷油器，发现第2缸喷油器回油量很大，判断此喷油器已经损坏。更换喷油器后故障排除。拆开换下的旧喷油器，发现没有铜垫圈（图3-6-20）。

(3) 发动机无力，冒黑烟

故障现象

WP6.240柴油机，发动机无力，冒黑烟。

故障维修

到现场用诊断仪检测，发动机无闪码，可能是机械故障，用诊断仪进行单缸测试，发动机不能满足测试条件，故只能手动断缸，测试后无明显变化，后将喷油器拆下发现喷油嘴有水锈，可判定为由于柴油中有水导致六个喷油器针阀生锈，致使针阀卡死。

(4) 发动机冒黑烟，喷油器积炭严重

故障现象

WP6.240柴油机，发动机冒黑烟，喷油器积炭严重。

故障维修

利用诊断仪检查后看不出什么问题，检查气路也没有问题，用Windias进行断缸试验，发现发动机的6个喷油器工作极其不正常，依次断掉6缸，显示的发动机转速相差过大。

决定拆检喷油器，把喷油器拔下来后，发现6个喷油器同时积炭严重，而且喷油器油头上还有"白斑"（图3-6-21）。

图3-6-20 拆开喷油器发现没有铜垫圈

图3-6-21 喷油器积炭严重

该车所加的燃油存在质量问题，导致积炭严重，而且燃油中有水，导致喷油器油头处的白斑，清理积炭，将喷油器装好，冒黑烟问题解决。

3.6.16 柴油发动机排气制动滞后

故障现象

WP10.375N柴油机，车辆排气制动滞后。

故障维修

上车检查，将发动机转速加到1800r/min后使用排气制动，松开排气制动开关，发现排气制动并不能很快解除，当转速降到约800r/min时排气制动才解除，并且在转速由

1800r/min 降到 800r/min 中间，踩加速踏板排气制动仍起作用，并且车辆有窜动的现象。

经检查，ECU 数据没有问题。怀疑排气制动电磁阀存在故障，造成蝶阀回位时泄压受阻，但更换新电磁阀后，故障仍然存在。根据故障现象分析，问题应该出在气路方面，后经排查，发现排气蝶阀装反，重新装配后，故障排除。

3.6.17 发电机皮带张紧轮异响

图 3-6-22 更换发电机皮带

故障现象

WP12.270 柴油机，在怠速运转（600r/min）时，张紧轮摆动大，发出"咔咔"声，轻踩加速踏板增加转速，异响消失。

故障维修

皮带过长导致自动张紧轮张紧行程到最大，在怠速运转时，发动机为维持在 600r/min，各缸供油量不均匀，导致皮带传动的速度忽大忽小，张紧轮摆动大，张紧轮行程限位块相互碰撞，发出"咔咔"声。

更换发电机皮带，故障消除（图 3-6-22）。

3.6.18 柴油机机油油耗高

故障现象

WP6.240 柴油机，机油油耗高。

故障维修

柴油机整体外观较差，多处渗漏机油，有较多机油黏附在油气分离器外壳上。活塞下窜气现象较多。进气门油封明显渗漏。对气门油封和气门导管等相关零件进行相应处理。

3.6.19 柴油机连杆断裂

故障现象

TD226B-4T 柴油机，第 1 缸连杆断裂（图 3-6-23），将机体打破。

故障维修

检查无缺机油现象，连杆瓦完好。连杆质量问题，更换整机。

3.6.20 柴油机曲轴断裂

故障现象

WD615.67G3-36 柴油机，第 1 缸曲轴拐臂处断裂（图 3-6-24），将机体磨坏。

图 3-6-23 连杆断裂

故障维修

检查无缺机油现象，初步判断为曲轴质量问题。维修发动机，更换曲轴、机体及其余的配件。

图 3-6-24 曲轴断裂

3.6.21 柴油机风扇叶片损坏

故障现象

WD61556 系列柴油发动机，发动机风扇叶片损坏。

故障维修

两台塑料风扇，一台是一风扇叶片挤入导风罩与水箱之间变形，造成硅油离合器打滑风扇不工作，引起水温高，一台是一风扇叶片变形打掉一块，同时与导风罩和水箱干涉引起异响。经分析两台损坏的风扇，都是同一个原因引起的损坏，主要是车辆在下坡行驶时，利用发动机制动，将挡位挂得太低，发动机制动功率不足时整车车速相对于该挡位就会超速，塑料风扇超速运转（特别是硅油离合器正在工作时），风扇叶片由于离心力的作用而前移，又由于每个叶片不可能做到刚性一致，那么刚性最差的叶片就会先与水箱或导风罩干涉而损坏（图 3-6-25）。

下坡时要及时调整挡位，或采取其他制动措施，避免超速。

3.6.22 柴油机给油时有时无

故障现象

WP10 系列柴油机，发动机工作一段时间后油门失效，停车一段时间后又恢复正常，再过一段时间又会出现同样的问题。发动机水温在启动后会迅速达到 107℃ 左右，而实际水温只有 60~70℃。

故障维修

机油冷却器盖板冻破，导致发动机漏水，引起水温高，因欧Ⅲ发动机 ECU 具有自保护功能，发动机水温高时会自动切断油门，禁止继续行车，待停车一段时间水温降下来后，油门又会恢复正常。更换机油冷却器盖板，并加满冷却液，故障排除。

3.6.23 柴油机 ECU 的通信模块被烧坏

故障现象

WP10 系列柴油机，发动机 ECU 经常在熄火停车瞬间被烧坏，经检查是 ECU 的 CAN 通信模块被烧坏。

故障维修

发动机采用的是 CAN 通信协议，主机厂设计时其整车控制器模块与发动机 ECU 的负极基准不一样，发动机 ECU 的负极为车架，整车控制器模块负极为蓄电池负极，导致整车控制器模块与发动机 ECU 存在一个高电压差，使 ECU 的 CAN 通信模块被烧坏。将整车控制器模块与发动机 ECU 的负极基准均改为以车架为负极。

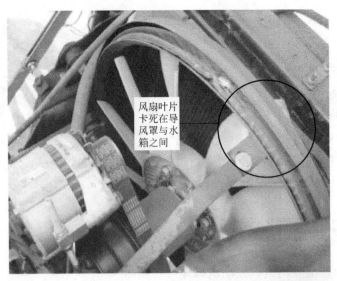

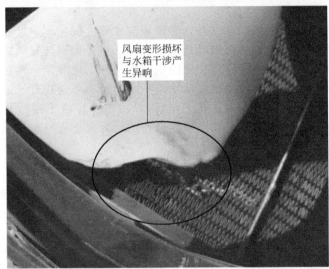

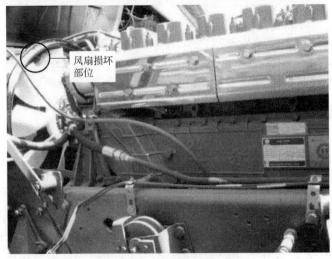

图 3-6-25 风扇叶片损坏

3.6.24 柴油机最高转速受限

(1) 发动机转速脉冲信号错误

故障现象

WP10系列柴油机,发动机最高转速只能到1000r/min,整车不能正常行驶。

故障维修

调取转速脉冲变量crscdnumtdpulsperrevc,将其数值改为16,断电后更改,上电后刷新即可。

(2) 回油管距离油面太高,且进、回油管相距较近

故障现象

WP10.336柴油机,发动机始终运行在1000r/min。

故障维修

由于回油管距离油面太高,较大的回油量在油面较低时会溅起大量气泡,而且进、回油管相距较近,回油生成的气泡又被吸入进油管,致使系统总存在一定的空气,造成的问题是:轨压建立时间长,启动困难;大负荷时轨压波动大,系统进入跛行回家状态,导致自动停车。

第4章 潍柴国Ⅳ（欧Ⅳ）电控发动机维修

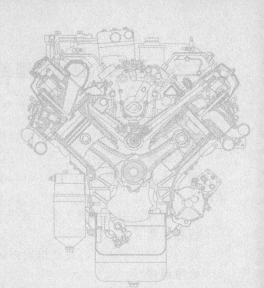

4.1 概述

以蓝擎 WP12 系列 12L 成熟机型为开发平台，对电控系统进行了升级，其控制单元、供给单元、成本等更加优异，拥有低排放、高经济性、高动力性和驾驶舒适性等特点，拥有国Ⅳ柴油机的核心技术。

（1）WP12 型谱介绍

WP12 型谱见表 4-1-1。

表 4-1-1 （6 缸）/L WP12 型谱

产品系列	机型	排放	排量 （6缸）/L	每缸 气门数	额定功率 /kW	最大转矩 /N·m	技术路线
WP12E40	WP12.336E40	国Ⅳ	11.6	4	247 （1900r/min 时）	1615（1000～ 1400r/min 时）	电控高压 共轨＋SCR
	WP12.375E40	国Ⅳ	11.6	4	276 （1900r/min 时）	1800（1000～ 1400r/min 时）	电控高压 共轨＋SCR
	WP12.400E40	国Ⅳ	11.6	4	294 （1900r/min 时）	1920（1000～ 1400r/min 时）	电控高压 共轨＋SCR
	WP12.430E40	国Ⅳ	11.6	4	316 （1900r/min 时）	2060（1000～ 1400r/min 时）	电控高压 共轨＋SCR
	WP12.460E40	国Ⅳ	11.6	4	338 （1900r/min 时）	2110（1000～ 1400r/min 时）	电控高压 共轨＋SCR
WP12E41	WP12.336E41	国Ⅳ	11.6	4	247 （2100r/min 时）	1450（1200～ 1500r/min 时）	电控高压 共轨＋SCR
	WP12.375E41	国Ⅳ	11.6	4	276 （2100r/min 时）	1630（1200～ 1500r/min 时）	电控高压 共轨＋SCR

续表

产品系列	机型	排放	排量(6缸)/L	每缸气门数	额定功率/kW	最大转矩/N·m	技术路线
WP12E41	WP12.400E41	国Ⅳ	11.6	4	294(2100r/min 时)	1780(1200～1500r/min 时)	电控高压共轨+SCR
	WP12.430E41	国Ⅳ	11.6	4	316(2100r/min 时)	1920(1200～1500r/min 时)	电控高压共轨+SCR
	WP12.460E41	国Ⅳ	11.6	4	338(2100r/min 时)	1970(1200～1500r/min 时)	电控高压共轨+SCR
	WP12.480E41	国Ⅳ	11.6	4	353(2100r/min 时)	1970(1200～1500r/min 时)	电控高压共轨+SCR

(2) WP12 性能优势

蓝擎 WP12 系列发动机转速标定在最佳转速 1900r/min，经济性、动力性、可靠性、舒适性、安全性和功能扩展性与国际领先技术同步。

① 大排量发动机四气门的优势：12L 发动机行程加长 20%，两气门已不能满足进气需求，四气门（图 4-1-1）使进、排气面积增加 30%，进、排气更充分，减少泵气损失，燃烧更充分，提高动力性，油耗更低。

② 经济性好：多挡箱、小速比后桥的配备，可使发动机更多地运行在经济区域，保证动力性的前提下，提高发动机经济性，降低油耗。

③ 动力性强：低速转矩大，起步、加速性能好，最大转矩大，整车爬坡性能好。

图 4-1-1 WP12 四气门

WP12.375N 发动机转矩曲线如图 4-1-2 所示，900r/min 时转矩达到 1470N·m，远高于其他发动机，最大转矩区域宽。

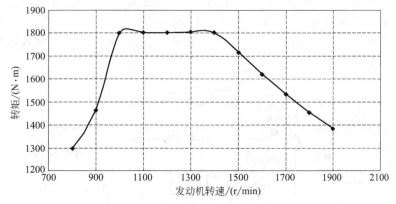

图 4-1-2 WP12.375N 发动机转矩曲线

④ 高配置是高性能的保证：博世电控系统（图 4-1-3），全部进口传感器；霍尼韦尔增压器；克诺尔空压机；博世起动机；佩特来发电机。整机故障率降低 60%，零部件寿命延长 400%。

⑤ WEVB 辅助制动更安全：WEVB 技术可提供最高 250kW 的制动功率，使整车制动

效率提高 50% 以上（图 4-1-4）。

图 4-1-3 博世电控系统

图 4-1-4 WEVB 辅助制动装置

⑥ 舒适性好：噪声低（发动机 1m 噪声 96dB（A），整车噪声 85dB（A），振动小，减轻驾驶疲劳，大转矩转速带宽，经济油耗区广，减少驾驶员换挡频率，提高驾驶舒适性。

4.2 电控系统

4.2.1 燃油系统、润滑系统、冷却系统及进排气系统

4.2.1.1 燃油系统

（1）系统组成

燃油系统简图如图 4-2-1 所示，高压油泵由两个分泵组成，如图 4-2-2 所示。两个分泵的供油原理与普通直列泵相似。每个分泵上均有一个出油阀，如果出油阀磨损关闭不严，会导致轨压下降。每个凸轮有三个桃尖，这使泵油频率与喷油器喷油频率相吻合，减小了轨压脉动。燃油计量阀控制着高压油泵的进油量，从而控制轨压。油泵上的溢流阀安装于低压油路，当低压油路压力过高时打开。溢流阀卡滞，会导致轨压不能建立、车辆无法启动。

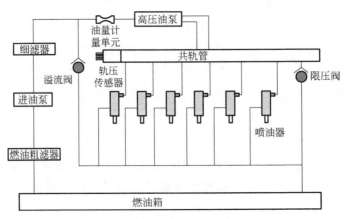
图 4-2-1 燃油系统简图

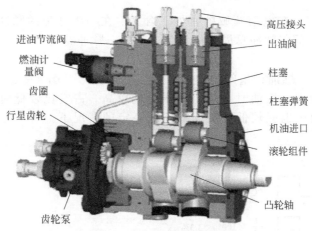

图 4-2-2　高压油泵的组成

燃油计量阀是一个常开阀如图 4-2-3 所示。计量阀通电时，电磁力使铁芯（阀芯）左移，弹簧被压缩，阀门关闭，高压油泵进油通道被关闭（图 4-2-3）。油量计量阀断电时，电磁力消失，阀芯在弹簧的作用下右移，高压油泵的进油通道被打开（图 4-2-4）。

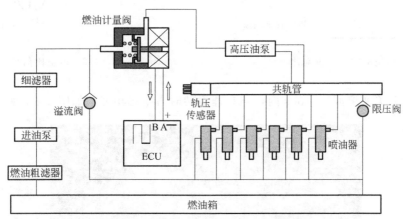

图 4-2-3　高压油泵的进油通道被关闭

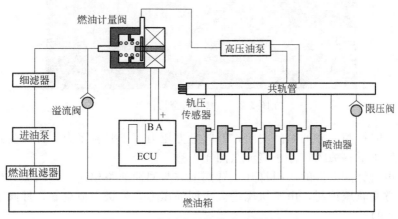

图 4-2-4　高压油泵的进油通道被打开

(2) 控制原理

占空比（图 4-2-5）在电信领域中有如下含义：在一串理想的脉冲周期序列中（如方波），正脉冲的持续时间与脉冲总周期的比值。例如，脉冲宽度为 1μs、信号周期为 4μs 的脉冲序列占空比为 0.25。

正常工作条件下，燃油计量阀的供油量受占空比信号（图 4-2-6）控制。占空比较高时，断电时间比率较大，供油时间长，轨压也就较高。占空比较低时，断电时间比率较小，供油时间短，轨压也就较低。发动机工况一定的情况下，每一个占空比信号对应一个轨压。

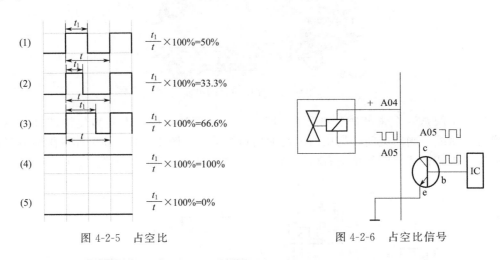

图 4-2-5　占空比　　　　　　图 4-2-6　占空比信号

打开点火开关实测波形（30s 内，与怠速运转时占空比相似）如图 4-2-7 所示。

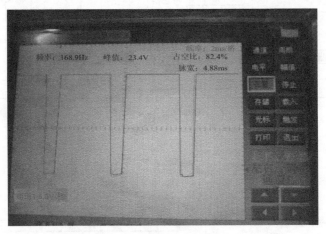

图 4-2-7　测量占空比信号

喷油器断电时针阀上方的阀门关闭，针阀上方压力等于共轨压力，针阀受到向下的力大于向上的力，针阀下移关闭，停止喷油（图 4-2-8）。

喷油器通电时针阀上方的阀门打开，针阀上方与回油油路相通，针阀上方压力等于回油压力，针阀下方受轨压控制，由于轨压远大于回油压力，弹簧力被克服，针阀上移打开，实现喷油（图 4-2-9）。

限压阀工作状态如图 4-2-10 所示。

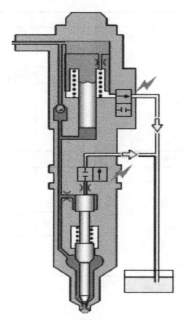
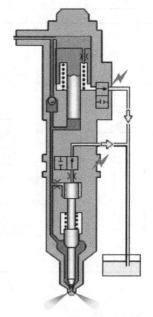

图 4-2-8　喷油器断电状态　　　　图 4-2-9　喷油器通电状态

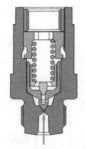
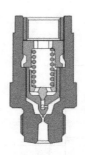
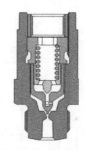

(a) 正常情况下关闭　　(b) 轨压失控、达到　　(c) 开启后保持轨压在
　　　　　　　　　　　　160MPa以上打开　　　80MPa以下

图 4-2-10　限压阀工作状态

（3）燃油系统故障诊断

故障现象

轨压无法建立。

故障诊断

① 检查油箱油位是否过低。

② 检查手压泵是否工作正常。

③ 检查低压油路是否有空气，如有排除。

④ 检查溢流阀、限压是否阀卡滞，喷油器是否内漏。

⑤ 用故障诊断仪检查轨压传感器初始电压值是否在500mV左右，设定轨压是否为30～50MPa。

⑥ 检查流量计量单元是否完好。

4.2.1.2　润滑系统

润滑系统简图如图 4-2-11 所示。

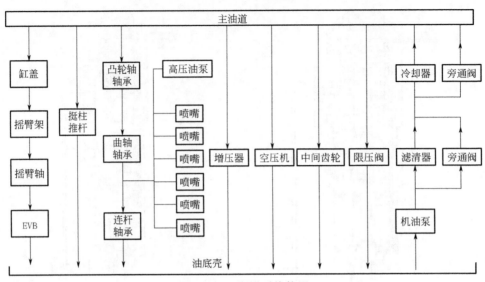

图 4-2-11 润滑系统简图

4.2.1.3 冷却系统

冷却系统简图如图 4-2-12 所示。

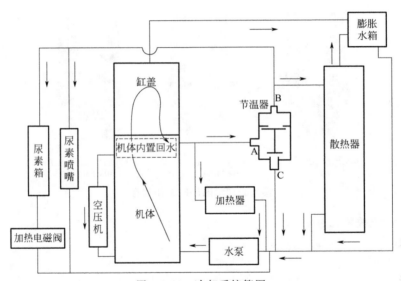

图 4-2-12 冷却系统简图

4.2.1.4 进排气系统

（1）废气涡轮增压系统

废气涡轮增压系统如图 4-2-13 所示。在高原地区，由于空气稀薄，增压器的作用更能显现出来。增压器故障可导致柴油机机油消耗量增加。柴油机功率下降与增压器相关。拆检增压器，观察有无漏油现象，径向间隙大小（图 4-2-14），有无扫膛现象。

（2）进气预热系统

冷启动时 ECU 为电热丝供电，提高进气管内空气温度，冷启动性能得到证，在 -30℃ 的低温条件下能够顺利完成启动（图 4-2-15）。

图 4-2-13　废气涡轮增压系统

图 4-2-14　检查增压器泵轴径向间隙

图 4-2-15　进气预热系统

4.2.2　ECU、传感器、油量计量单元、喷油器及多功率开关

电控系统组成框图如图 4-2-16 所示。

4.2.2.1　ECU

ECU 的基本功能：喷油量和喷油正时控制；怠速控制；排放控制；后处理系统控制；发动机工作自诊断。ECU 依据传感器和各功能开关信号对发动机进行控制（图 4-2-16）。

4.2.2.2　传感器

（1）曲轴位置传感器

曲轴位置传感器用于精确计算曲轴位置，进而计算发动机转速。曲轴位置传感器能够确定各缸活塞位置，但不能确定气门状态（图 4-2-17）。其信号丢失时，启动困难，严重时，发动机无法启动。

大齿缺信号距 1、6 缸上止点 216°。依据大齿缺信号 ECU 能够确定 1、6 缸上止点（图 4-2-18）。

曲轴位置传感器电路如图 4-2-19 所示。

曲轴位置传感器检测要求：信号线能检测到信号波形；传感器电阻为 770~950Ω；导线两端电阻小于 2Ω；导线对地电阻大于 10MΩ；空气间隙为 0.5~1.5mm；输出电压不低于 1650mV（416r/min 时）；信号线开路电压为 231~260mV。

（2）凸轮轴位置传感器

凸轮轴位置传感器用于判别汽缸；提供曲轴位置传感器信号的替代信号，曲轴位置传感

图 4-2-16 电控系统组成框图

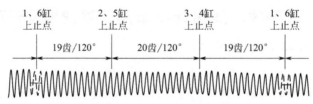

图 4-2-17 曲轴位置传感器波形

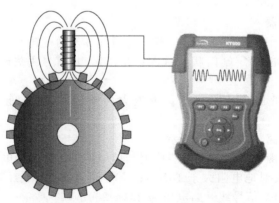

图 4-2-18 曲轴位置传感器波形测量

器信号丢失时，单独维持发动机运转。

凸轮轴位置传感器电路如图 4-2-20 所示。

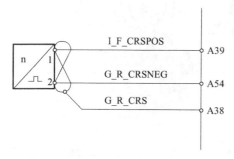

图 4-2-19　曲轴位置传感器电路
A39—信号线；A54—回路线；A38—屏蔽线

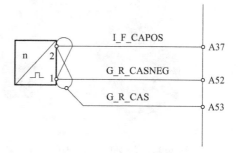

图 4-2-20　凸轮轴位置传感器电路
A37—信号线；A52—回路线；A53—屏蔽线

凸轮轴位置传感器检测要求：信号线能检测到信号波形；传感器电阻为 770～950Ω；导线两端电阻小于 2Ω；导线对地电阻大于 10MΩ；空气间隙为 0.5～1.5mm；输出电压不低于 1650mV（416r/min 时）；信号线开路电压为 231～260mV。

标示齿信号是判定 1 缸压缩上止点的依据（图 4-2-21）。

信号丢失时，启动困难；当同步信号出错时，发动机将会运行于跛行回家模式（1500r/min），当同步信号同时丢失时，发动机无法工作（图 4-2-22）。

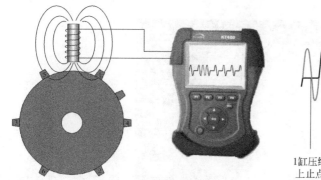

图 4-2-21　凸轮轴位置传感器波形测量

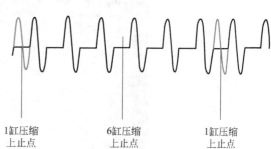

图 4-2-22　凸轮轴位置传感器波形

凸轮轴位置传感器标示齿信号和曲轴位置传感器大齿缺信号同时出现时，为 1 缸压缩上止点（216°后）（图 4-2-23）。

发动机怠速运转条件下实际测得的同步信号如图 4-2-24 所示。

后备模式 1（仅有凸轮轴位置传感器）：在启动过程中，仅有凸轮轴位置传感器信号时，ECU 通过检测判缸齿（1 缸前的多余齿）确定当前柴油机的正确相位，从而按照正确的喷油时序喷射。

后备模式 2（仅有曲轴位置传感器）：在启动过程中，仅有曲轴位置传感器信号时，ECU 检测到一个缺齿时，猜测柴油机此时处于 1 缸上止点前，按照此假定的角度位，以 1-5-3-6-2-4 的喷油时序持续一定次数的喷射，当发动机转速超过一定阈值时，可以判断此相位正确，从而判缸成功；若没有转速升高的着火迹象，则重新假定一相位喷油以判缸。

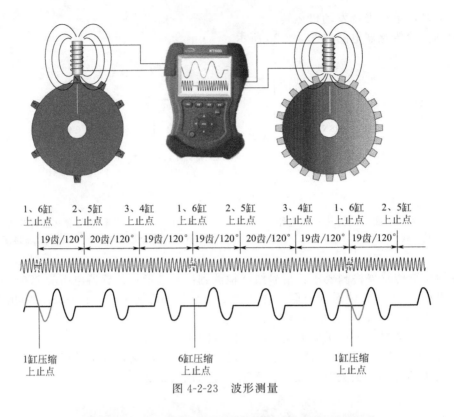

图 4-2-23　波形测量

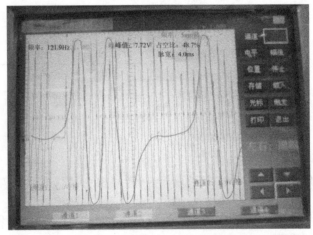

图 4-2-24　发动机怠速运转条件下实际测得的同步信号

1 缸压缩上止点如图 4-2-25 所示。

检查确认信号同步性，如图 4-2-26 所示。

（3）水温传感器

水温传感器（图 4-2-27）测量冷却水温度，用于冷启动、目标怠速计算等，同时还用于修正喷油提前角、最大功率保护等。

目标怠速：水温 40℃ 以上时，怠速为 600r/min；水温 0℃ 以上时，怠速为 770r/min；开空调时上升 100r/min。

水温传感器是一个负温度系数的热敏电阻，温度升高阻值减小，温度降低阻值增大。电阻为 2.5kΩ～300Ω（温度 20～80℃）（图 4-2-28）。

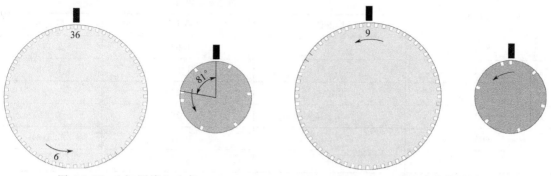

图 4-2-25　1 缸压缩上止点　　　　　　图 4-2-26　检查确认信号同步性

图 4-2-27　水温传感器

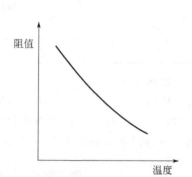

图 4-2-28　水温传感器工作原理

水温传感器故障：国Ⅲ发动机水温过高（高于105℃）时，发动机将会运行于跛行回家模式，发动机转速为1500r/min，信号丢失时，发动机水温默认－40℃；国Ⅳ发动机水温高会限制转矩，不会影响转速，跛行回家；水温信号失准，会导致冷启动困难、排放不良、动力下降等相关故障。

水温信号恒为 0V，主要原因：信号线对地短路；信号线对回路线短路；ECU 故障。

水温信号恒为 5V，主要原因：信号线断路；回路线断路，未完成接地；传感器坏，插接件坏。

水温传感器检测，见表 4-2-1。

表 4-2-1　水温传感器检测

温度/℃	传感器电阻/kΩ		
	标准值	最小值	最大值
－40℃	45.313	40.49	50.136
－30℃	26.114	23.58	28.647
－20℃	15.462	14.096	16.827
－10℃	9.397	8.642	10.152
0℃	5.896	5.466	6.326
10℃	3.792	3.542	4.043
20℃	2.5	2.351	2.649

续表

温度/℃	传感器电阻/kΩ		
	标准值	最小值	最大值
25℃	2.057	1.941	2.173
30℃	1.707	1.615	1.798
40℃	1.175	1.118	1.231
50℃	0.834	0.798	0.87
60℃	0.596	0.573	0.618
70℃	0.435	0.421	0.451
80℃	0.323	0.313	0.332
90℃	0.243	0.237	0.25
100℃	0.186	0.182	0.191
110℃	0.144	0.14	0.148

（4）轨压传感器

轨压传感器（图4-2-29）用于测量共轨管中的燃油压力，保证油压控制稳定。发动机正常工作时轨压是变化的，如果轨压过低，发动机将无法启动。

轨压传感器电路如图4-2-30所示。

图4-2-29 轨压传感器

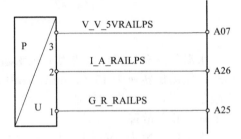

图4-2-30 轨压传感器电路
A07—传感器5V电源；A26—传感器信号；
A25—回路线

轨压传感器是个有源传感器，共有三个端子，轨压信号范围为0.5～4.5V，接通点火开关时为0.5V，急速时为1.2～1.5V（34～45MPa）。一旦损坏，必须起用应急备份功能，按设定值替代，发动机将会运行于跛行回家模式，转速为1500r/min。

轨压传感器信号电压恒为0V的原因：信号线对地短路。

轨压传感器信号电压恒为5V的原因：回路线断路；信号线对5V电源线短路。

（5）进气温度压力传感器

进气温度压力传感器把进气温度传感器和进气压力传感器集成为一体。压力传感器监测进气压力，调节喷油控制。温度传感器测量进气温度，修正喷油量和喷油正时，进行过热保护。

进气温度压力传感器电路如图4-2-31所示。

进气温度压力传感器故障：当进气温度、进气压力信号均为5V且保持不变时，重点检查回路线接地情况；进气温度过高时，国Ⅲ发动机将会运行于跛行回家模式，发动机转速为

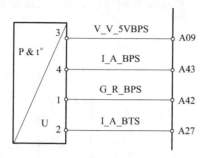

图 4-2-31 进气温度压力传感器电路

A09—传感器 5V 电源；A43—进气压力信号，息速时信号电压为 0.5～0.8V，信号范围 0.2～4.8V；
A42—回路线；A27—进气温度信号，信号电压范围是 0.5～4.8V

1500r/min，进气温度信号丢失时，默认 0℃；国Ⅳ发动机进气温度过高不会跛行回家，只报故障码，进气温度信号丢失时，默认 30℃。

进气温度压力传感器检测见表 4-2-2。

表 4-2-2　进气温度压力传感器检测

温度/℃	传感器电阻/Ω			温度/℃	传感器电阻/Ω		
	标准值	最小值	最大值		标准值	最小值	最大值
−40℃	48153	45301	51006	40℃	1199.6	1152.4	1246.7
−35℃	35763	33703	37823	45℃	1008.6	969.9	1047.4
−30℃	26854	25350	28359	50℃	851.1	819.1	883
−25℃	20376	19265	21487	55℃	720.7	694.2	747.1
−20℃	15614	14785	16443	60℃	612.3	590.3	634.2
−15℃	12078	11453	12702	65℃	521.9	503.6	540.2
−10℃	9426	8951	9901	70℃	446.3	431	461.6
−5℃	7419	7055	7783	75℃	382.89	370.1	395.7
0℃	5887	5605	6168	80℃	329.48	318.68	340.27
5℃	4707	4487	4926	85℃	284.37	275.25	293.48
10℃	3791.1	3618.7	3963.5	90℃	246.15	238.43	253.86
15℃	3074.9	2938.5	3211.3	95℃	213.67	207.12	220.23
20℃	2510.6	2401.9	2619.3	100℃	186	180.42	191.58
25℃	2062.9	1975.8	2150.1	105℃	162.35	157.37	167.32
30℃	1715.4	1644.7	1786.2	110℃	142.08	137.63	146.52
35℃	1431.8	1374.2	1489.5				

(6) 机油温度压力传感器

机油温度压力传感器（图 4-2-32）测量机油温度和压力，用于喷油的修正和发动机的保护。机油压力信号范围为 0.2～4.8V。

机油温度压力传感器电路如图 4-2-33 所示。

机油温度压力传感器故障：国Ⅳ发动机只报故障代码，不会跛行回家；机油温度信号丢失时,默认81℃;当机油温度、机油压力信号均为5V且保持不变时,重点检查回路线接地情况。

图 4-2-32 机油温度压力传感器

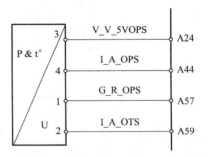

图 4-2-33 机油温度压力传感器电路
A24—传感器5V电源;A44—机油压力信号;A57—回路线;
A59—机油温度信号

机油温度压力传感器检测见表 4-2-3。

表 4-2-3 机油温度压力传感器检测

温度/℃	传感器电阻/Ω			温度/℃	传感器电阻/Ω		
	标准值	最小值	最大值		标准值	最小值	最大值
−40℃	45303	43076	47529	50℃	833.8	810.5	857
−35℃	34273	32643	35902	55℃	702.7	683.7	721.7
−30℃	26108	24907	27309	60℃	595.4	579.7	611
−25℃	19999	19108	20899	65℃	508.2	495.3	521.1
−20℃	15458	14792	16124	70℃	435.6	424.9	446.4
−15℃	12000	11499	12501	75℃	374.1	365.2	383.1
−10℃	9395	9015	9775	80℃	322.5	315	329.9
−5℃	7413	7123	7704	85℃	279.5	273.2	285.8
0℃	5895	5671	6118	90℃	243.1	237.8	248.4
5℃	4711	4537	4884	95℃	212.6	208.1	217.1
10℃	3791	3656	3927	100℃	186.6	182.9	190.3
15℃	3068	2962	3174	105℃	163.8	160.3	167.2
20℃	2499	2416	2583	110℃	144.2	141	147.3
25℃	2056	1990	2123	115℃	127.3	124.4	130.1
30℃	1706	1653	1760	120℃	112.7	110.1	115.2
35℃	1411	1368	1455	125℃	100.2	97.81	102.5
40℃	1174	1139	1209	130℃	89.28	87.13	91.43
45℃	987.4	959	1016				

（7）加速踏板位置传感器

加速踏板位置传感器产生踏板位置信号，作为控制喷油量的依据。其电路如图 4-2-34 所示。

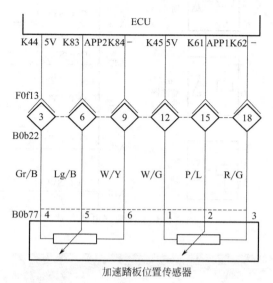

图 4-2-34　加速踏板位置传感器电路

加速踏板位置传感器检测内容如下。

1 号传感器信号电压：怠速 0.57～0.95V（均值 0.75V）；踩到底 3.84V。

2 号传感器信号电压：怠速 0.16～0.6V（均值 0.38V）；踩到底 1.92V。

2 号传感器信号电压为 1 号传感器信号电压的 1/2。传感器出现故障时，发动机将会运转在 1000r/min（只要一个传感器损坏就加不上速）。

4.2.2.3　油量计量单元

油量计量单元（图 4-2-35）检测内容如下。

① 油量计量阀的电阻为 2.6～3.15Ω。

② A05 端子正常波形为矩形方波（占空比信号）。

③ 打开点火开关，断开插接器，检测 A05 电压为 2.91～3.91V，检测 A04 电压为 24V。

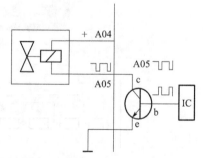

图 4-2-35　油量计量单元电路

4.2.2.4　喷油器

喷油器电路如图 4-2-36 所示。

线圈阻值 230mΩ（20℃时误差±5%）；提升电压 48V；工作电压 24V；提升电流 24～26A；保持电流 11～13A。

发动机怠速运转条件下实际测得的喷油器驱动波形如图 4-2-37 所示。

4.2.2.5　多功率开关

多态开关电路如图 4-2-38 所示。在整车装载不同时，可以使用发动机的多态开关达到节油 1%～2% 的目的，同时还可以提高发动机的使用寿命。多态开关分为三挡，即中载功率挡（M）、轻载功率挡（L）、重载功率挡（H）（表 4-2-4）。

多态开关检测：H 位置 1.5kΩ+15Ω；M 位置 4.2kΩ+42Ω；L 位置 9.8kΩ+98Ω。

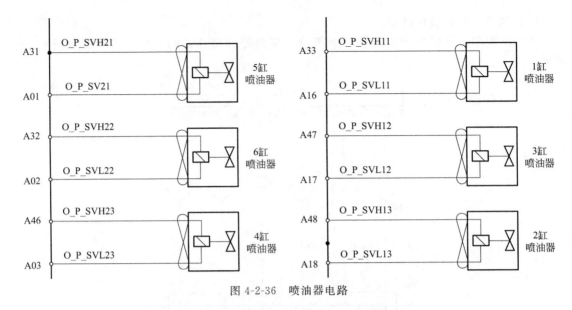

图 4-2-36 喷油器电路

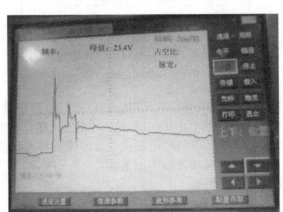

图 4-2-37 喷油器驱动波形

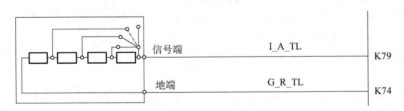

图 4-2-38 多态开关电路

表 4-2-4 功率挡位划分

功率/马力	挡位	轻载	中载	重载
290	2	270		290
336	3	270	290	336
375	3	270	290	375
400	3	270	330	400

注：1 马力 ≈ 0.735kW。

多态开关失效后，ECU 会显示故障代码，要检查线束和开关本身、电源供给情况。断开插接器后信号线对地应有 5V 电压。

4.3 启动电路

发动机启动受控于 ECU。ECU 接收各开关的位置信号，当启动条件满足时，ECU 会为启动继电器线圈通电，使起动机运转。与启动控制相关的开关有点火开关、空挡开关、车下启动开关和熄火开关等（图 4-3-1）。

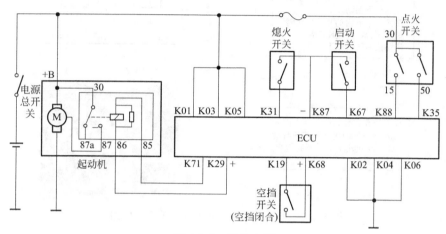

图 4-3-1 启动电路

（1）点火开关

点火开关及其电路如图 4-3-2 所示。

① 点火开关 15 电源：当点火开关处于 ON 或 ST 挡时有电，此电源信号进入 ECU，是 ECU 进入工作状态的前提条件。

② 点火开关 50 电源：当点火开关处于 ST 挡时有电，此电源信号进入 ECU，为启动请求信号。正常情况下 ECU 是否接通启动控制回路，要看空挡信号是否送入 ECU。

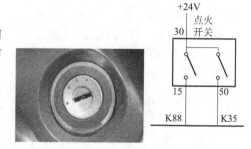

图 4-3-2 点火开关及其电路

（2）空挡开关

空挡开关及其电路如图 4-3-3 所示。

图 4-3-3 空挡开关及其电路

① 空挡开关在变速器处于空挡时闭合。
② ECU 通过对 K19 针脚电位检测来判定挡位。空挡时 K19 为高电位，有挡时 K19 为低电位。
③ 空挡开关损坏后，保持点火开关处于 ST 位置超过 5s，ECU 将强行启动发动机。

(3) 车下启动开关和熄火开关

车下启动开关和熄火开关及其电路如图 4-3-4 所示。

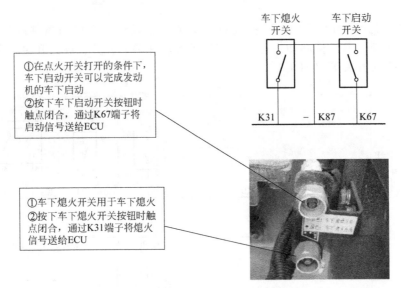

图 4-3-4　车下启动开关和熄火开关及其电路

(4) 启动电路接通的条件
① 点火开关打开，K88 得电则通过（图 4-3-1）。
② 有启动请求，K35 得电则通过（K67 接地与之等效）。
③ 处于空挡，K19 高电位则通过。
④ ECU 电源供给和接地正常。

启动电路的接通如图 4-3-5 所示。

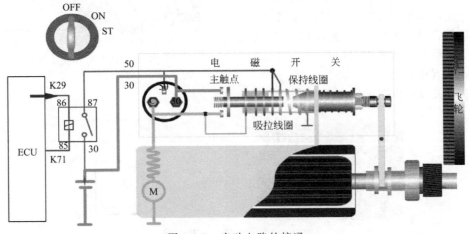

图 4-3-5　启动电路的接通

4.4 SCR 后处理系统

柴油机尾气包含一氧化碳、碳氢化合物、氮氧化合物和 PM 颗粒物。SCR 后处理系统主要处理氮氧化物和 PM 颗粒物。

4.4.1 SCR 后处理系统组成

SCR 后处理系统组成如图 4-4-1 所示,包括尿素供给控制单元；尿素喷射单元；尿素存储单元；SCR 箱等。

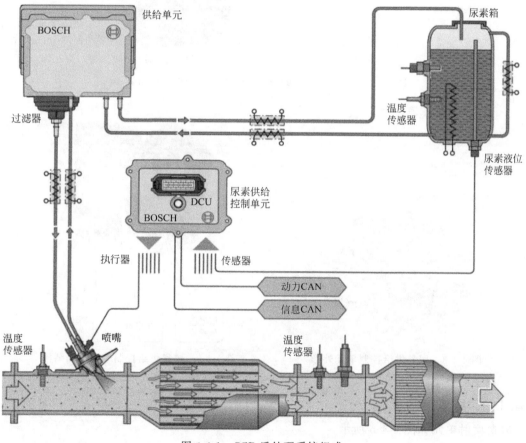

图 4-4-1　SCR 后处理系统组成

WP12.480 国Ⅳ柴油机 SCR 后处理系统布置如图 4-4-2 所示。

4.4.1.1 尿素供给控制单元

尿素供给控制单元外形如图 4-4-3 所示,总重约 4kg,尺寸为 235mm×203mm×190mm,通过 CAN 线与 ECU 通信,控制尿素的喷射时间和喷射量,具有自动倒吸功能。尿素供给控制单元内部结构如图 4-4-4 所示。

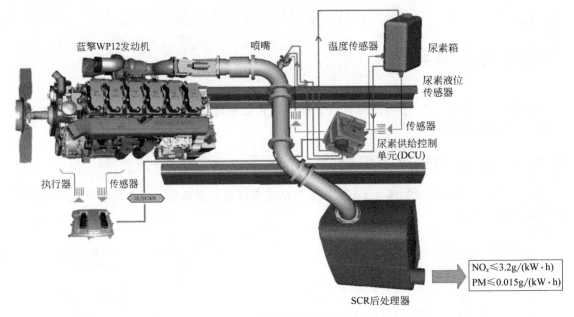

图 4-4-2　WP12.480 国Ⅳ柴油机 SCR 后处理系统布置

图 4-4-3　尿素供给控制单元外形

图 4-4-4　尿素供给控制单元内部结构

4.4.1.2　尿素喷射单元

尿素喷射单元如图 4-4-5 所示。

4.4.1.3　尿素存储单元

尿素存储单元如图 4-4-6 所示。

型号：KRN-35。

规格：200mm×560mm×588mm。

容积：35L。

组成：尿素箱、温度传感器、液位传感器、加热装置、尿素管路及其加热管路等。

尿素：32.5%尿素水溶液，DIN 70070 标准。

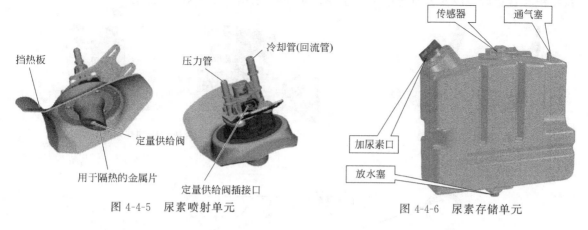

图 4-4-5 尿素喷射单元　　　　　图 4-4-6 尿素存储单元

(1) 传感器

传感器（图 4-4-7）能够监测尿素溶液温度；能够实现通过发动机热水对尿素溶液加热；能够监测液位高度，空罐时向 DCU 发出报警信号。

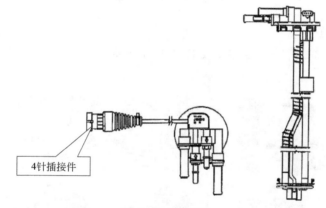

图 4-4-7 传感器

(2) 尿素管路

尿素管路是连接尿素箱、计量喷射泵、喷嘴以供尿素在系统内部流动的管路（图 4-4-8）。要求其材质耐尿素腐蚀。管路越短越好，最长不超过 5m。要有一定的强度，避免因为抽吸产生的真空而被吸扁。

系统有三条尿素管：尿素进液管，从尿素箱到计量喷射泵；尿素压力管，从计量喷射泵到喷嘴；尿素冷却管，从喷嘴回到尿素箱。

(3) 尿素加热管路

加热管路是用发动机的冷却液来加热尿素箱和尿素管路，从而解决冬天尿素冻结以及寒冷条件下尿素温度低的问题。加热管推荐使用纤维加强的三元乙丙橡胶管，内径为 14mm。采用电加热方式。

(4) 加热电磁阀

SCR 系统尿素箱加热电磁阀如图 4-4-9 所示。

4.4.1.4 排气管路

排气管路（图 4-4-10）可分为两段：前一段连接增压器的排气口，带有波纹管、膨胀节或编织软管；后一段安装喷射单元，连接SCR箱，采用0Cr18Ni9不锈钢。

图 4-4-8　尿素管路　　　　　图 4-4-9　SCR系统尿素箱加热电磁阀

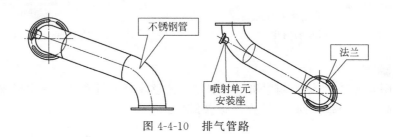

图 4-4-10　排气管路

4.4.1.5　SCR箱

SCR箱包括催化剂、载体、封装，如图4-4-11所示。

图 4-4-11　SCR箱

4.4.2　SCR喷射系统安装要求

SCR喷射系统安装要求如图4-4-12所示。

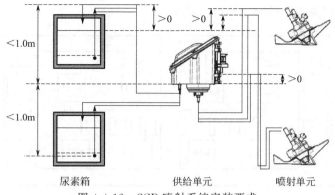

图 4-4-12　SCR 喷射系统安装要求

4.4.3　SCR 后处理系统控制

（1）继电器（基本模块）相关信息见图 4-4-13、表 4-4-1。

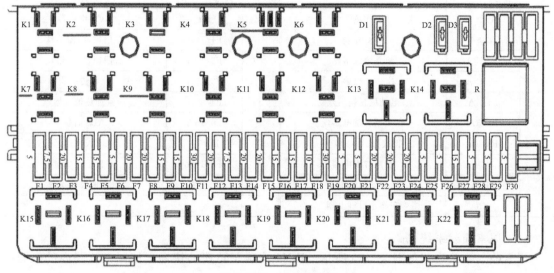

图 4-4-13　继电器位置

表 4-4-1　继电器代号及功用

代号	功用	代号	功用
K1	压缩机继电器	K12	电喇叭继电器
K2	尿素加热开关继电器	K13	备用
K3	备用	K14	备用
K4	空调 ST 切断继电器	K15	雨刷低速继电器
K5	尿素泵-箱加热继电器	K16	鼓风机继电器
K6	洗涤电机继电器	K17	12V 电源插座继电器
K7	尿素泵加热继电器	K18	空调 IG 电源继电器
K8	尿素泵-嘴加热继电器	K19	备用
K9	尿素箱-泵加热继电器	K20	雨刷高速继电器
K10	点烟器继电器	K21	IG 电源继电器 2
K11	气喇叭继电器	K22	IG 电源继电器 1

(2) 外挂模块相关信息见图 4-4-14、表 4-4-2。

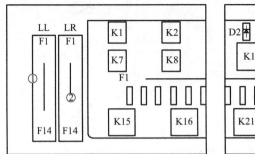
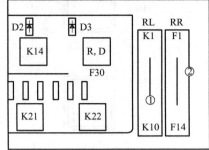

(a) LL、LR模块　　　　　　　　　　　(b) RL、RR模块
1—熔丝F1~F14(LL)；2—熔丝F1~F14(LR)　　1—继电器K1~K10(RL)；2—熔丝F1~F14(RR)

图 4-4-14　外挂模块布置

表 4-4-2　外挂模块代号及功用

	代号	功用		代号	功用
LR	F1/20A	尿素加热熔丝	RL	K4	ACC继电器
	F2/5A	ACC熔丝		F1/10A	左门锁、门窗熔丝
	F3/15A	独立热源熔丝		F2/10A	右门锁、门窗熔丝
	F4/15A	座椅加热熔丝		F3/10A	氮氧化物传感器熔丝
LL	F1/5A	电动后视镜熔丝	RR	F4/20A	尿素加热地线熔丝
	F2/5A	音响系统常电熔丝		F5/15A	ABS熔丝
	F3/5A	收放机ACC熔丝		F6/5A	电动天窗熔丝
RL	K1	后照灯继电器		F7/10A	车架小灯熔丝
	K2	独立热源继电器		F8/5A	电压调节器熔丝
	K3	车架小灯继电器			

(3) 尿素喷射系统电路

尿素喷射系统电路如图 4-4-15 所示。ECU 控制泵转速的快慢，使尿素管路内的压力一直保持在 900kPa。

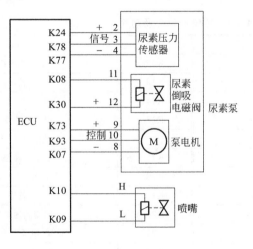
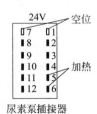

图 4-4-15　尿素喷射系统电路

① 实测倒吸阀电阻：20.7Ω（20℃）。
② 实测喷嘴电阻：11.9Ω（20℃）。
③ 泵加热电阻：6.1Ω。
（4）传感器电路
传感器电路如图 4-4-16 所示。

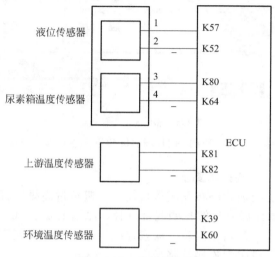

图 4-4-16　传感器电路

① 实测液位传感器电阻：2.65kΩ（20℃）。
② 实测尿素箱温度传感器电阻：2.20kΩ（20℃）；
③ 实测上游温度传感器电阻：209Ω（20℃）。

4.4.4　SCR 系统安装

（1）SCR 系统组成安装示意图如图 4-4-17 所示。

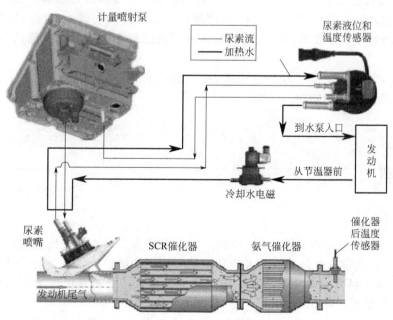

图 4-4-17　SCR 系统安装示意图

WP12 国Ⅳ柴油机 SCR 系统配车示意图如图 4-4-18 所示。

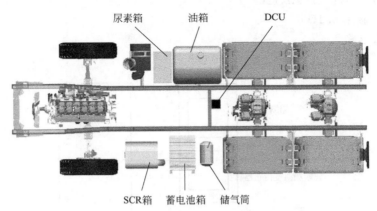

图 4-4-18　WP12 国Ⅳ柴油机 SCR 系统配车示意图

（2）SCR 后处理系统安装技术要求

排气后处理管路：后处理管路布置应尽量简单，避免过高排气背压，原则上排气背压不高于 20kPa；尿素喷射单元后有足够长的混合直管，原则上要求 500mm 以上。

尿素存储和供给系统：包括尿素箱、尿素连接管路，要求保证不泄漏，不堵塞，管路连接可靠，不出现死弯，每段尿素连接管路长度不大于 3m。

在正常情况下，尿素箱会保有一定的溶液对喷射单元进行冷却，如果因泄漏导致尿素用尽，应迅速停车添加或从排气管卸下喷射单元，并将 DCU 断电。

（3）加入尿素的条件

① 尿素温度限值：70℃，超过此值有故障出现。

② 尿素液位限值：小于 10% 时仪表应报警；小于 1%，ECU 报出故障。

③ 排气温度限值：上游排气温度大于 180℃，尿素泵开始工作。

④ 尿素箱温度传感器、压力传感器、液位传感器、上游温度传感器一定没有现行故障。环境温度传感器故障有替代信号；NO_x 通信故障也还会继续喷射；电加热系统故障后是否喷射取决于环境温度，需要加热刚好加热系统出了故障就不会喷射，当确认不需要加热时，会继续喷射。

⑤ 尿素压力限值：工作压力 $6\sim13kgf/cm^2$ （$1kgf/cm^2\approx0.1MPa$），压力低于 $6kgf/cm^2$ 或高于 $13kgf/cm^2$ 都将停止喷射。

4.5 安装要点

（1）共轨泵安装

共轨泵安装及位置检查如图 4-5-1 所示。先将中间法兰和齿轮安装在共轨泵上，然后在 1 缸处于供油上止点位置时将共轨泵及齿轮组件安装到柴油机上。在安装共轨泵组件时，通过一个 $\phi4mm$ 销子插入中间法兰与齿轮上对应的孔中，将共轨泵组件紧固后拔出销子，并用涂有密封胶的螺塞（M5）封堵。

为检查共轨泵的正确位置，在中间法兰的上面加工了一个槽，与此槽相对应，在飞轮壳连接板上设置了一个沉孔。中间法兰上的槽与飞轮壳连接板上的沉孔在同一位置时，共轨泵处于正确安装位置。

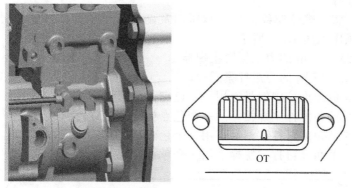

图 4-5-1　共轨泵安装及位置检查

（2）喷油器安装

① 将喷油器（图 4-5-2）放进缸盖，确保各喷油器定位正确，并与密封圈正确接触，并用 3N·m 的力矩拧紧喷油器的夹紧螺栓。

② 松开喷油器夹紧螺栓，使其对喷油器的轴向力为 0kN，并确保喷油器在缸盖内正确定位，然后预安装进油接头（间隙配合）。

③ 将高压接头装入缸盖并用 15～20N·m 的力矩预紧高压接头螺母。

④ 用 8N·m+90°拧紧喷油器夹紧螺栓。注意当压紧喷油器时，必须要注意压块的最大倾斜位置。

⑤ 用 50～55N·m 的力矩拧紧高压接头螺母。

（3）主轴承螺栓拧紧

主轴承螺栓拧紧顺序如图 4-5-3 所示。

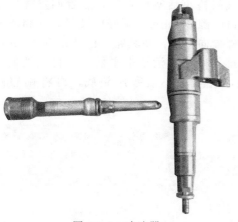

图 4-5-2　喷油器

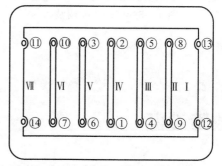

图 4-5-3　主轴承螺栓拧紧顺序

① 第 1 次用低扭矩风动扳手拧紧。

② 第 2 次达到 80N·m。

③ 第 3 次达到 140N·m。

④ 第 4 次按顺序旋扭 70°。

⑤ 第 5 次按顺序再旋扭 70°。

⑥ 第 6 次按顺序再旋扭 70°。

主轴承螺栓可重复使用两次。

(4) 缸盖螺栓拧紧

将缸盖对中，将主螺栓螺纹部位、承压面及副螺母承压面、螺纹加润滑油。缸盖主螺栓、副螺母拧紧顺序如图 4-5-4 所示。

① 以 (60±6) N·m 的力矩拧紧主螺栓。
② 以 (25±3) N·m 的力矩拧紧副螺母。
③ 以 120°±5° 的角度拧副螺母，用一个色点标记其位置。
④ 以 120°±5° 的角度拧主螺栓，用一个色点标记其位置。
⑤ 以 120°±5° 的角度再拧副螺母，用一个色点标记其位置。
⑥ 以 120°±5° 的角度再拧主螺栓，用一个色点标记其位置。

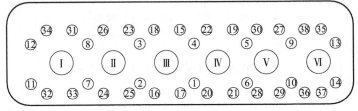

图 4-5-4 缸盖主螺栓、副螺母拧紧顺序

图 4-5-5 气门间隙调整

(5) 气门间隙调整

按曲轴旋转方向盘动飞轮使 1 缸处于压缩上止点位置（图 4-5-5）。依次调整 1、2、4 缸的进气门和 6、3、5 缸的排气门间隙。WP12 排气门间隙为 0.60mm，进气门间隙为 0.40mm。先将支架上的调整螺栓向下旋压到排气门的气门桥上平面，直至将气门桥小活塞压到底，然后调整摇臂上的调整螺钉间隙 0.6mm，调好后锁紧，再将支架上的调整螺栓向上旋，使其完全松开，将 0.4mm 塞尺放到排气门桥小活塞上平面，再将支架调整螺栓下旋，直至将小活塞压到底，再将调整螺栓锁紧。

4.6 故障诊断

4.6.1 发动机运转无力或无法启动

4.6.1.1 故障分析

(1) 发动机运转无力

① 检查蓄电池电量（图 4-6-1）。
② 检查电源线、蓄电池搭铁线连接（图 4-6-1）。
③ 检查起动机：是否扫膛，电刷，导线连接，转子，定子。

④ 发动机机械故障。
⑤ 环境温度过低。
（2）喷油器无驱动电压
① 检查曲轴位置传感器。
② 检查凸轮轴位置传感器。
③ 检查 ECU 电源供给。
（3）轨压无法建立
① 检查油箱液位是否过低。
② 检查手压泵是否工作正常。
③ 检查低压油路是否有气，如有则排除。

 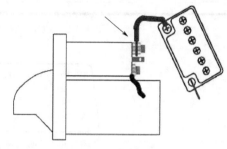

(a) 检查蓄电池极柱有无松动和腐蚀　　(b) 检查电源线和搭铁线连接是否松动

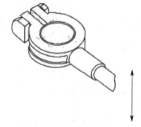 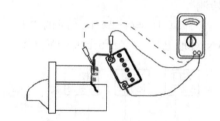

(c) 松动和腐蚀要处理　　(d) 启动条件下测量蓄电池电压和起动机
　　　　　　　　　　　　电源接柱电压是否明显低于24V

图 4-6-1　检查项目

（4）电磁开关不吸合
检查启动继电器触点回路、电磁开关回路。
（5）继电器不吸合（点火开关打开，仪表供电正常）
① 检查启动条件是否均满足：K88 得电则通过；K35 得电则通过；K19 高电位；K31 高电位；ECU 电源供给。
② 检查启动继电器线圈回路是否正常。

4.6.1.2　针脚分布、定义与检测

（1）ECU 插接件针脚分布
ECU 插接件针脚分布如图 4-6-2 所示。发动机区（A 区）包括传感器和喷油器；整车区（K 区）包括整车功能和后处理。
（2）诊断座针脚定义
诊断座针脚分布如图 4-6-3：针脚 1、9，刷写 CAN 线；针脚 3、11，车身总线（ICAN）；针脚 6、14，动力总线（PCAN）；针脚 4、5，接地线；针脚 7，K 线；针脚 16，24V 电源。

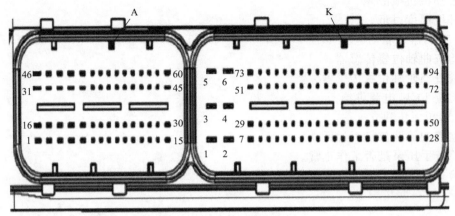

图 4-6-2　ECU 插接件针脚分布

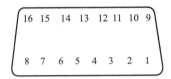

图 4-6-3　诊断座针脚分布

（3）诊断座检测

打开点火开关，针脚 16 与针脚 4 之间的电压为 24V，高速 CAN 对地电压为 (3.5 ± 0.5)V，低速 CAN 对地电压为 (1.5 ± 0.5)V（图 4-6-4）。

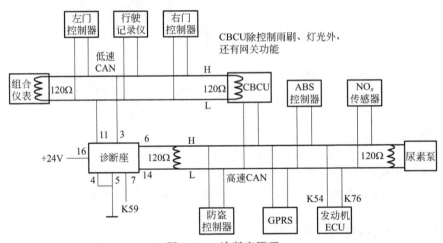

图 4-6-4　诊断座原理

4.6.2　SCR 系统故障

（1）电加热管与尿素泵加热失效

故障原因

① 近地端熔丝失效。

② 近电源端熔丝失效。

③ 加热电路其他故障。

故障影响

① 系统加热功能无法保证。
② 喷射停止。
③ NO_x 排放量过高，超出 OBD 法规要求，ECU 诊断报错。
④ 转矩降低。
⑤ MIL 灯亮。

故障诊断与排除

① 高端控制开关（继电器）吸和，低端控制开关（继电器）断开，反馈点此时获取低电平，则诊断为反馈点上端发生开路错误，系统报错。
② 高端控制开关吸和，低端控制开关吸和，若反馈点此时获取高电平，则诊断为反馈点下端发生开路错误，系统报错。

（2）环境温度传感器信号值超出上限

故障原因

① 传感器（图 4-6-5）回路端或信号端开路。
② 传感器信号线与电源间短路。

故障影响

① 暂时实际尿素喷射量大于要求值。
② 氮氧传感器的加热请求滞后。
③ 氮氧化合物闭环控制策略不能实现。

（3）环境温度传感器信号值超出下限

故障原因

传感器信号线端对地短路。

故障影响

① 暂时实际尿素喷射量大于要求值。
② 氮氧传感器的加热请求滞后。
③ 氮氧化合物闭环控制策略不能实现。
④ 氨气泄漏。

图 4-6-5　环境温度传感器

（4）尿素喷射量过高（图 4-6-6）

故障原因

① 氮氧传感器信号不可信（在闭环控制中有效）。
② 微粒或结晶堵塞了尿素喷射单元，使喷孔一直处于打开位置。

故障影响

① MIL 灯亮不会直接反映出此失效模式。
② 氮氧化合物排放超标，氨气泄漏量超标。

故障诊断与排除

① 检查、更换氮氧传感器。
② 检查、清洗或更换喷嘴。
③ 使用符合 ISO 22241（DIN 70070）要求的尿素溶液。

（5）尿素喷射量过低（图 4-6-7）

故障原因

① 尿素喷嘴排干不充分。

② 尿素质量不合格（包括加注过程）。
③ 氮氧化合物的信号失准（比实际值低，在闭环控制中有效）。

故障影响

MIL 灯亮不会直接反映出此失效模式。

故障诊断与排除

① 检查系统是否有效解冻。
② 保证尿素质量符合 ISO 22241（DIN 70070）的要求。
③ 保证氮氧传感器信号的可靠性。

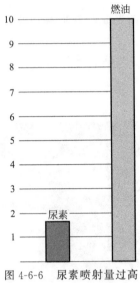

图 4-6-6　尿素喷射量过高

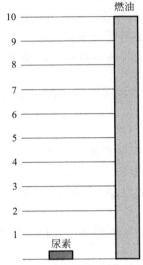

图 4-6-7　尿素喷射量过低

4.7 典型维修案例

4.7.1　尿素压力建立失败

（1）检修方案

① 根据闪码灯读取闪码，确定故障点，重点关注建压相关功能故障和建压相关部件。
② 若是在寒冷地区，根据故障代码，首先检查尿素加热部件，保证尿素加热功能正常。
③ 从第①步中得到相关的故障信息，若没有建压相关功能故障，只有相关部件故障，则检查喷嘴、反向阀、尿素泵、加热继电器、加热电阻丝、排气温度传感器、尿素箱温度传感器等部件及其线束，可能是部件故障引起的系统始终没有尝试建压，加压放行的上游排气温度为180℃。
④ 断电重启，若系统还是没有尝试建压，则考虑部件之间的线束接反了，进一步检查线束。
⑤ 从第①步中得到相关的故障信息，若有建压相关功能故障，而没有相关部件故障，表示部件没有故障，则检查尿素管的安装，看有无泄漏和堵塞，可能是系统尝试建压，但失败了。
⑥ 断电重启，若系统还是尝试建压，但失败了，则考虑部件之间的线束接反了，进一步检查线束。

⑦ 信号质量也可导致系统不建压，这样的信号有尿素液位、尿素泵尿素温度。
⑧ 必要的话，检查标定数据。

(2) 典型案例

尿素压力建立失败典型案例见表 4-7-1。

表 4-7-1 尿素压力建立失败典型案例

案例描述	案例分析	案例处理
①尿素溶液不减少，尿素泵工作但不喷尿素 ②尿素泵建压，但是一直处于 DETECTION MODE，一段时间后建压失败，SCR 系统处于 waiting for shut off，ECU 断电，重启，系统一直处于 Waiting for shut off，不建立压力 ③检查有 DFC_SCRMonDetModePresChk 故障 ④观察尿素各个管路有喷尿素的痕迹，检查管路时发现尿素喷管弯折厉害	SCR 系统在整车上的布局不是很合理，导致管子容易弯折，报故障后不喷尿素	理顺喷射压力管及其他各个尿素管后正常建压
①WP6 试验机型，尿素泵建压，但是一直处于 DETECTION MODE，一段时间后建压失败，SCR 系统处于 waiting for shut off，ECU 断电，重启，系统一直处于 Waiting for shut off，不建立压力 ②报出 DFC_SCRMonDetModeBLPlaus 故障 ③观察尿素回流管路有结晶	尿素喷射环境温度低特别是在寒区时尿素容易结晶，堵住管路或者插接件，导致故障，SCR 系统不工作	拔插各尿素管并且用热水将结晶清除后正常建压
①试验机型，尿素泵有建压迹象，但是一直处于 DETECTION MODE，一段时间后建压失败，SCR 系统处于 waiting for shut off，ECU 断电，重启，系统一直处于 Waiting for shut off，不建立压力 ②检查发现压力喷管是从喷尿素的台架上拆下来的	这种故障主要是由于尿素管经常拔插导致尿素管插接件处有漏气但不漏液的情况，甚至插接件匹配漏气的情况	更换了新的尿素喷管插接件
①WP12 试验机型，后处理系统不工作，系统传感器正常 ②检查发现压力不建立，不报故障 ③检查管路发现尿素喷管和回流管接反	不报故障但不喷尿素的现象不多，一般情况是尿素管接反造成的	调换尿素喷管和回流管，故障消失
①SCR 系统不工作，尿素泵压力不建立 ②观察尿素泵是全新的，没有喷尿素的迹象，分析可能是尿素泵的控制出现断路或短路的情况 ③检查发现泵的控制线是通的，说明 ECU 内部线路有断路	出现这种现象可能是 ECU 的泵的输出针脚焊锡松动导致输出控制电压为零	更换 ECU 后，正常建立压力
①尿素泵不工作 ②观察尿素泵全新，没有喷尿素的迹象，说明泵从来都没有工作过 ③检查尿素泵的控制线，发现插接件退针和线束接反的情况	线路接反，插接件的针脚不标准，出现退针	重新接线并更换针脚后尿素泵正常工作
①SCR 系统不工作，也不建立压力 ②INCA 软件也没发现什么错误，不报错，尿素泵的各线束连接正常，尿素管也正常，后来发现尿素箱温度不对，经查线发现是尿素箱温度传感器与尿素泵压力传感器线束接反	由于两个传感器都有硬件连接，不报错，故障很隐蔽	重新接线后尿素泵正常工作
①SCR 系统不工作，也不建立压力 ②观察尿素泵没有工作过的迹象，排查发现尿素泵插接件线束存在断路	尿素泵插接件线束存在断路	更换尿素泵插接件后故障消失

4.7.2 尿素消耗少

(1) 检修方案

① 根据闪码灯读取闪码，确定故障点，重点关注建压相关功能故障和建压相关部件如喷嘴、反向阀、尿素泵、加热继电器、加热电阻丝、排气温度传感器、尿素箱温度传感器等故障。
② 若是在寒冷地区，根据故障代码，首先检查尿素加热部件，保证尿素加热功能正常。
③ 检查尿素压力建立是否正常，若建压失败，则参考第一类故障进行检查。
④ 若建压成功，进一步检查喷嘴，将其拆下，观察喷射是否正常，喷嘴的机械卡死是

诊断不出来的。

⑤ 询问车辆的运行工况，若车辆大部分时间在低负荷区运行，会导致排气温度偏低，则尿素喷射不放行（最低 200℃）。

⑥ 进一步检查线束，看看部件之间的线束有没有接反。

⑦ 必要的话，检查标定数据。

（2）典型案例

尿素消耗少典型案例见表 4-7-2。

表 4-7-2 尿素消耗少典型案例

案例描述	案例分析	案例处理
①WP6 试验机型，尿素溶液消耗少，ECU 上电时泵压正常建立，尿素正常喷射，T15 断电后立即上电，系统一直处于 Waiting for shut off，尿素泵不建压 ②报出 DFC_UrevVlvOL 故障。检查发现反向阀插接件出现退针现象	反向阀的故障，特别是插接件比较容易导致反向阀开路故障，而反向阀故障比较容易造成以上现象	重新接好插接件针脚后故障消失

4.7.3 OBD 转矩限制与不可清除代码

检修方案如下。

① 根据闪码灯读取闪码，确定故障点，重点关注引起 OBD 转矩限制与不可清除代码的功能故障和部件故障。

② 根据第①步故障代码的结果，对照表 4-7-3，锁定是哪个故障引起了 OBD 转矩限制与不可清除代码。

③ 必要的话，检查标定数据。

④ 参考故障诊断手册对故障进行逐一排查。

OBD 转矩限制与不可清除代码见表 4-7-3。

表 4-7-3 OBD 转矩限制与不可清除代码

序号	DFC 名称	故障描述（中文）	可否删除	转矩限制器作用时刻	故障代码
1	DFC_ComAT10GlT0	CAN 接收帧 AT101 超时错误	可删除	50h 后	U0113
2	DFC_SCRPODPlausUCatUsTMax	SCR 上游温度传感器温度信号超过最大值不可信	不可删除	50h 后	P0426
3	DFC_SCRPODPlausUCatUsTMin	SCR 上游温度传感器温度信号低于最小值不可信	不可删除	50h 后	P0426
4	DFC_SCRPODPlausUCatUsTStat	SCR 上游温度传感器温度信号不可信	不可删除	50h 后	P0426
5	DFC_UDCRdcAgRmn	尿素液位低	不可删除	立即	P203F
6	DFC_UPmpMotSCG	尿素泵电机驱动对地短路	不可删除	立即	P3005
7	DFC_SMHtrTDycFail	SCR 尿素泵加热器温度占空比在错误范围	不可删除	50h 后	P3029
8	DFC_SMTDycFail	SCR 尿素泵温度占空比在错误范围	不可删除	立即	P3029
9	DFC_SMTDycInvld	SCR 尿素泵温度占空比在无效范围	不可删除	立即	P3029
10	DFC_NoCat2DsBattSt	下游 NO_x 传感器供电错误	可删除	50h 后	P2200

续表

序号	DFC 名称	故障描述(中文)	可否删除	转矩限制器作用时刻	故障代码
11	DFC_NoCat2DsCmpChk	下游 NO_x 传感器信号补偿不可信	可删除	50h 后	P2201
12	DFC_NoCat2DsNOxSRCMax	下游 NO_x 传感器 NO_x 信号高于上限	可删除	50h 后	P2201
13	DFC_NoCat2DsN0xSRCMin	下游 NO_x 传感器 NO_x 信号低于下限	可删除	50h 后	P2201
14	DFC_NoCat2Ds0pCir	下游 NO_x 传感器 NO_x 信号开路	可删除	50h 后	P2200
15	DFC_NoCat2DsShCir	下游 NO_x 传感器 NO_x 信号短路	可删除	50h 后	P2200
16	DFC_UDosVlvScBLS	SCR 尿素喷嘴驱动对电源短路	不可删除	立即	P2049
17	DFC_UDosVlvSCHS	SCR 尿素喷嘴驱动高端短路	不可删除	立即	P2047
18	DFC_UPmpMotOL	尿素泵电机驱动开路	不可删除	立即	P3006
19	DFC_UPmpMotOvrTemp	尿素泵电机驱动过热	不可删除	立即	P3003
20	DFC_UPmpMotSCB	尿素泵电机驱动对电源短路	不可删除	立即	P3004
21	DFC_UPmpPPlausMax	尿素泵压力高于上限	不可删除	立即	P3007
22	DFC_UPmpPPlausMin	尿素泵压力低于下限	不可删除	立即	P3007
24	DFC_SCRMonPresBuildUpErr	SCR 尿素压力建立错误	不可删除	立即	P3040
26	DFC_UDosVlvEPHi	SCR 尿素喷嘴电流超过最大限	不可删除	立即	P2049
27	DFC_UDosVlvSCGOLLS	SCR 尿素喷嘴驱动对地短路	不可删除	立即	P2048
28	DFC_SRCMaxUTnkLvl	尿素液位传感器电压高于上限	可删除	50h 后	P203D
29	DFC_SRCMinUTnkLvl	尿素液位传感器电压低于下限	可删除	50h 后	P203C
30	DFC_UCatUsTSRCMax	SCR 催化剂上游温度传感器电压高于上限	可删除	50h 后	P042D
31	DFC_UCatUsTSRCMin	SCR 催化剂上游温度传感器电压低于下限	可删除	50h 后	P042C
32	DFC_UDosVlvSCBOLHS	SCR 尿素喷嘴驱动高端对电源短路	不可删除	立即	P2049
33	DFC_UPmpPSRCMax	尿素泵压力传感器电压信号高于上限	不可删除	立即	P204D
34	DFC_UPmpPSRCMin	尿素泵压力传感器电压信号低于下限	不可删除	立即	P204C
35	DFC_NoCat2DsFdbkFault	下游 NO_x 传感器信号不可信	可删除	50h 后	P2204
36	DFC_NoCat2DsNOxOfsCorrMaxLim	下游 NO_x 传感器 NO_x 信号最大偏移高于上限	可删除	50h 后	P2201

序号	DFC 名称	故障描述（中文）	可否删除	转矩限制器作用时刻	故障代码
37	DFC_NoCat2DsNOxOfsCorrMinLim	下游 NO_x 传感器 NO_x 信号最小偏移低于下限	可删除	50h 后	P2201
38	DFC_NoCat2DsNOxOfsMax	下游 NO_x 传感器 NO_x 信号平均偏移高于上限	可删除	50h 后	P2201
39	DFC_NoCat2DsNOxOfsMin	下游 NO_x 传感器 NO_x 信号平均偏移低于下限	可删除	50h 后	P2201
40	DFC_NoCat2DsNOxPlausMin	下游 NO_x 传感器 NO_x 信号不可信	可删除	50h 后	P2201
41	DFC_NoCat2DsNOxRdyTO	下游 NO_x 传感器 NO_x 信号状态不可信	可删除	50h 后	P2200
44	DFC_SCRChkEta1	SCR 实际平均转换效率低于阈值1，排放超5	不可删除	无转矩限制	P0420
45	DFC_SCRChkEta2	SCR 实际平均转换效率低于阈值2，排放超7	不可删除	立即	P0420
46	DFC_SCRChkNOxDsPeakErr	SCR 下游 NO_x 传感器信号峰值检测不可信	不可删除	50h 后	P2214
47	DFC_SCRChkNOxDsPlausMax	SCR 上下游 NO_x 信号差值高于上限	不可删除	50h 后	P2214
48	DFC_SCRChkNOxDsPlausMin	SCR 上下游 NO_x 信号差值低于下限	不可删除	50h 后	P2214
49	DFC_SCRChkNOxDsStkErr	SCR 下游 NO_x 传感器信号偏差检测不可信	不可删除	50h 后	P2214
51	DFC_SCRPODPlausUDosVlv	SCR 尿素喷嘴堵塞	不可删除	立即	P2047
52	DFC_SCRPODPlausUTnkLvlHi	SCR 尿素溶液消耗太多	不可删除	50h 后	P3066
53	DFC_SCRPODPlausUTnkLvlLo	SCR 尿素溶液消耗太少	不可删除	立即	P3067
55	DFC_SCRChkTTCL	尿素喷射不放行	可删除	50h 后	P3042
56	DFC_SCRMonDetModePresChk	SCR 尿素喷射压力压降错误	可删除	50h 后	P3053
57	DFC_SCRMonDetModePresStab	SCR 尿素喷射压力错误	不可删除	立即	P3054
58	DFC_SCRMonMetCtlOvrPresErr	SCR 尿素计量控制的尿素喷射压力过高	可删除	50h 后	P3039
	DFC_SCRMonPresBuildUpErr	SCR 尿素压力建立错误	可删除	立即	
59	DFC_SCRMonMetCtlUndrPresErr	SCR 尿素计量控制的尿素喷射压力过低	不可删除	立即	P3056
60	DFC_SCRMonPresDropChk	SCR 尿素压力降压错误	可删除	50h 后	P3049
61	DFC_SMNoAvl	SCR 尿素泵温度测量模块失效	不可删除	立即	P3038
62	DFC_UPmpMotNDvt	尿素泵电机转速偏差错误	不可删除	50h 后	P3001
63	DFC_UPmpMotNDvtPerm	尿素泵电机长时间转速偏差错误	不可删除	50h 后	P3086
64	DFC_UPmpMotNoAvl	尿素泵电机失效	不可删除	立即	P3002

4.7.4 OBD 灯点亮

检修方案如下。

① 根据闪码灯读取闪码,确定故障点,重点关注引起 OBD 灯亮的功能故障和部件故障,后处理的故障基本都能引起 OBD 灯亮。
② 根据第①步故障代码的结果,锁定是哪个故障引起了 OBD 灯。
③ 检查 OBD 灯及其线束,确定 OBD 灯工作正常。
④ 必要的话,检查标定数据。
⑤ 参考故障诊断手册对故障进行逐一排查。

4.7.5 尿素加热不放行

(1) 检修方案

① 根据闪码灯读取闪码,确定故障点,重点关注尿素加热和环境温度传感器相关故障。
② 根据第①步的结果,必要时,检查环境温度传感器及其线束,确认传感器工作正常。
③ 根据第①步的结果,必要时,检查尿素加热继电器、电磁阀及其线束。
④ 根据第①步的结果,必要时,检查尿素加热电阻及其线束,尿素箱加热水路。
⑤ 若尿素泵加热报故障,且断电重启后,故障仍然存在,必要时,更滑尿素泵。
⑥ 必要时,检查标定数据。
⑦ 参考故障诊断手册对故障进行逐一排查。

(2) 典型案例

尿素加热不放行典型案例见表 4-7-4。

表 4-7-4 尿素加热不放行典型案例

案例描述	案例分析	案例处理
① DFC_UHtrBLLdFdBkPlaus 尿素回流管加热电阻丝反馈电压不可信 ② 经测量尿素回流管的反馈电压 UHC_uBLFd-Bk 为 800mV,而设定的低电压为 500mV	反馈电压是低电压,值因车而异,主要由于各种干扰和电阻阻值不同导致	经查各方面接线正常,将标定值改为 1500mV
① DFC_UHtrBLLdOL 尿素回流管加热电阻丝开路 ② 经查发现尿素回流管回继电器的反馈线出现断路,导致故障	遇到过几种情况:①尿素回流管回继电器的反馈线出现断路;②尿素回流管的电阻出现断路;③回流管熔丝烧毁;④主继电器被控低端插接件退针	重新接线后故障消失
①DFC_UHtrBLLdSCGOL,尿素管(泵到箱)加热电阻丝对地短路或者开路 ②经查发现回流管加热继电器的熔丝烧坏	遇到过几种情况:①尿素回流管回继电器的反馈线出现断路;②尿素回流管的电阻出现断路;③回流管熔丝烧毁;④主继电器被控低端插接件退针	更换熔丝
①DFC_UHtrBLSCB 回流管加热继电器对电源短路 ②出现 SCB 的故障可能原因有两种:加热继电器内部短路,这种情况更换继电器可以解决问题;回流管加热继电器被控端两根线上有短路的地方,找出短路处重新接线	线束或继电器有问题	重新接线,更换加热继电器
①所有的加热管路全部报错 ②经查是主继电器线束与副继电器线束出现混接现象	接线错误	重新接线

4.7.6 NO$_x$转化效率低

(1) 检修方案

① 根据闪码灯读取闪码,确定故障点,重点关注与 NO$_x$ 转化效率相关的故障。

② 依次进行如下检查。

a. 检查 NO$_x$ 传感器和排气管,若 NO$_x$ 传感器的测量信号偏大,会导致转化效率故障。

b. 检查尿素喷射,若尿素喷射量偏小,会导致 NO$_x$ 传感器的测量信号偏大,继而导致转化效率故障。

c. 检查喷嘴,若喷嘴故障(如机械卡死或卡死一部分,系统无法检测这种机械故障),则尿素喷射量偏小,会导致 NO$_x$ 传感器的测量信号偏大,继而导致转化效率故障。

d. 检查尿素压力,尿素管路有泄漏,则尿素压力控制会偏低,实际尿素喷射量偏小,会导致 NO$_x$ 传感器的测量信号偏大,继而导致转化效率故障。

e. 检查尿素溶液,若尿素溶液质量不合格(浓度低、杂质多等),会导致 NO$_x$ 传感器的测量信号偏大,继而导致转化效率故障。

f. 检查尿素是否结晶,若结晶在 SCR 箱内部,则转化效率会下降。

g. 检查发动机和 SCR 箱,若发动机或 SCR 箱老化严重,会导致 NO$_x$ 原始排放偏大或 NO$_x$ 传感器的测量信号偏大,继而导致转化效率故障。

h. 检查环境相关的因素,若环境温度传感器、压力传感器损坏,车辆在不良环境中运行,则可能会报转化效率故障,尤其在海拔较高的地方。

③ 必要的话,检查标定数据,若放行发动机工况的具体条件不合理,可能误报错。

(2) 典型案例

NO$_x$ 转化效率低典型案例见表 4-7-5。

表 4-7-5 NO$_x$ 转化效率低典型案例

案例描述	案例分析	案例处理
① 试验车时发现 OBD 限转矩,在路试中上角度较大的坡时会出现 SCR 转换效率低的问题,有 DFC_SCRChkEtal,DFC_SCRChkEta2 故障 ② 经排查,发现实际的转化效率很低,低于设置的限制	SCR 箱老化引起	更换 SCR 箱,因为是试验车,以试验为主,所以通过修改标定,将故障屏蔽
① 高原试车途中,出现 OBD 灯亮,有 DFC_SCRChkEtal,DFC_SCRChkEta2 故障 ② 经检查发现系统尿素喷射、温度及 NO$_x$ 传感器都正常,实际的转化效率却很低,怀疑 SCR 箱老化	SCR 箱是新的,不存在老化问题,判定为效率监测的发动机工况不合理,属于误报错	重新匹配了发动机的放行工况,故障再报出
① 认证中出现 OBD 限转矩,有 DFC_SCRChkNOxDsPeakErr,DFC_SCRChkNO$_x$DsStkErr ② 经过检查,发现 NO$_x$ 传感器安装处存在漏气,且比较大,实际测得的 NO$_x$ 信号值较小,且基本不变化	安装错误	将 NO$_x$ 传感器重新安装,并清除错误内存后,系统恢复正常

4.7.7 NO$_x$转化效率监测不放行

(1) 检修方案

① 根据闪码灯读取闪码,确定故障点,重点关注与 NO$_x$ 转化效率相关的故障。

② 检查 NO$_x$ 传感器,确认 NO$_x$ 传感器工作正常,ECU 能够读到 NO$_x$ 测量值,且 NO$_x$ 传感器状态为 1。

③ 检查尿素喷射的放行条件,包括 SCR 状态在剂量控制模式下,尿素压力 9bar

（900kPa）左右，排气温度在 200℃ 以上，确认尿素喷射放行。

④ 检查尿素喷射状态，确认尿素确实在喷射。

⑤ 检查环境温度、环境压力两传感器及其线束，确认这两个传感器工作正常，且环境压力高于 900hPa（90kPa），环境温度高于 2℃。

⑥ 确认发动机工况在合适的范围内，如排气温度高于 300℃，废气流量大于 500kg/h。

⑦ 必要的话，检查标定数据，若放行发动机工况的具体标定不合理，则 NO_x 转化效率监测不放行。

（2）典型案例

NO_x 转化效率监测不放行典型案例见表 4-7-6。

表 4-7-6 NO_x 转化效率监测不放行典型案例

案例描述	案例分析	案例处理
①OBD 试验 NO_x 转化效率监测不放行 ②通过查各个放行条件，发现此处环境压力比较高，按照法规要求环境压力低于 900hPa(90kPa)	车速传感器信号不稳定造成发动机怠速不稳	更换合格的车速传感器或将车速信号屏蔽
①路试车 NO_x 转化效率监测不放行 ②通过查各个放行条件，发现由于标定的放行废气流量范围太宽导致不监测	各个机型的 NO_x 效率的监测放行工况不同，MAP 都要标定	MAP 重新标定后，监测放行

4.7.8 NO_x 值测量不准确

① 根据闪码灯读取闪码，确定故障点，重点关注与 NO_x 信号相关的故障。

② 检查 NO_x 传感器和排气管，确认排气管没有太大的漏气，并且 NO_x 传感器安装正确。

③ 检查 NO_x 传感器线束，确认通信正常，供电正常。

④ 检查排气背压，排气背压影响到进入 NO_x 传感器的 NO_x 分子数，继而影响到 NO_x 的测量。

⑤ 检查废气中 NO 与 NO_2 的比例，若 NO_2 比例偏高，则测量的 NO_x 值偏高。

⑥ 必要的话，检查标定数据，确认 NO_x 传感器相关报文的发送和接收放行正确。

4.7.9 闻到一股氨气味

① 根据闪码灯读取闪码，确定故障点，重点关注与尿素喷射量相关的部件故障，包括转速传感器、喷油器、进气温度压力传感器、排气温度传感器、尿素压力传感器、喷嘴等部件故障。

② 检查转速传感器及其线束，转速信号是计算尿素喷射量的依据之一。

③ 检查喷油器，若实际喷油量比设定喷油量少，则引起尿素喷射量的相对偏大。

④ 检查进气温度压力传感器及其线束，进气量是计算尿素喷射量的依据之一。

⑤ 检查排气温度传感器及其线束，排气温度信号是计算尿素喷射量的依据之一。

⑥ 检查尿素压力传感器及其线束，若尿素压力信号测量偏差太大，会导致基于尿素压力的尿素喷射量修正偏大，从而引起尿素喷射过量。

⑦ 检查喷嘴，若喷嘴卡死在常开位置，则尿素喷射量超过设定量太多。

⑧ 必要的话，检查标定数据，确认发动机原始排放、进气量标定足够精确。

4.7.10 尿素结晶

① 根据闪码灯读取闪码，确定故障点，重点关注与 NO_x 转化效率、NO_x 信号相关的故障。

② 尿素喷射量大是尿素结晶的原因之一，具体可参考 4.7.9 小节中所列故障的检查方

法和步骤。

③ 检查排气管设计及其材料。
④ 检查喷嘴底座设计及其材料。
⑤ 检查喷嘴的喷射方位是否符合技术要求。
⑥ 必要的话，检查标定数据，确认发动机原始排放、进气量标定足够精确。

4.7.11 其他故障

其他故障见表4-7-7。

表 4-7-7 其他故障

故障类型	原因分析	处理方法	备注
尿素管及其插接件：易造成建压困难甚至建不起压力、SCR系统不工作、OBD灯亮、限矩等故障			
尿素管漏气	安装不牢靠	更换相应尿素管或紧固处理	安装时注意不要弯折
尿素管插接件漏气	插接件拔插次数多，导致磨损漏气；插接件制作不合格，导致匹配漏气	及时更换插接件	
尿素管漏液	由于剧烈振动导致密封松动；尿素泵安装不合理；尿素管路弯折或结晶堵住；插接件密封破裂	及时整固、安装到位和更换	
尿素泵：易造成不能正常建压和喷射、OBD灯亮、限矩等故障			
尿素泵信号（温度、PWM）不正确	泵内控制和输出信号受干扰或尿素泵损坏	更换尿素泵	
尿素泵电机开路或短路	线束插接件断路、短路或者尿素泵内部接线出现断路、短路	重新接线或更换尿素泵	
尿素泵漏液或者建不起压力	尿素泵安装不正确或者损坏	重新安装或者更换尿素泵	尿素泵安装时不能平放
尿素泵反向阀开路	线束断掉或者反向阀损坏	更换尿素泵	
NO$_x$传感器：易造成OBD灯亮、限矩等故障			
NO$_x$传感器读数异常	NO$_x$传感器失效	更换NO$_x$传感器	
NO$_x$传感器针脚损坏或者NO$_x$传感器读数为32765	线束连接有问题，NO$_x$传感器损坏	检查线束或者更换NO$_x$传感器	NO$_x$传感器的安装要考虑防振、防水和防高温，且不宜经常拔插传感器接头
尿素各个加热继电器：易造成尿素加热不放行、SCR系统不工作等故障			
加热继电器开路、对地断路、对电源短路等	熔丝断、线束或者加热继电器出现故障	更换熔丝或者线束或者加热继电器	
各个后处理的线束及接插件：各种故障			
各种断路、短路和混接等现象	硬件故障	根据针脚图认真检查有否异常，并进行维修或者更换	

4.7.12 部件检测

部件检测见表4-7-8。

表 4-7-8　部件检测

检测项目		标准值
尿素泵驱动	两针脚之间电阻	770~950Ω
	K93-K07 波形（24V 供电，转速 1500r/min，负荷 500N·m，UPump_rps 为 12%，UDosVIV_rps 为 7.23%）	
反向阀驱动	2.09 与地线之间电压（怠速）	3.2~4.9V
	两针脚之间电阻	770~950Ω
	K30-K08 波形	
喷嘴驱动	流量计量单元的电阻	2.60~3.15Ω（环境温度 20℃）
	数据流（怠速时电流）	1380~1420mA
	K10-K09 波形（24V 供电，转速 1500r/min，负荷 500N·m，UPump_rps 为 12%，UDosVIV_rps 为 9.7%）	

第5章 潍柴燃气电控发动机维修

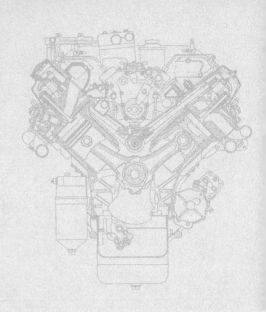

5.1 概述

（1）术语

LPG：液化石油气。

CNG：压缩天然气。

LNG：液化天然气。

辛烷值：指与汽油抗爆性相同的标准，燃料所含异辛烷的体积分数。

低热值：指立方米燃气完全燃烧后其烟气被冷却至原始温度，但烟气中的水蒸气仍为蒸汽状态时所放出的热量。

（2）燃气性质

燃气性质见表5-1-1。

表 5-1-1　燃气性质

燃料种类	天然气(CH_4)	液化石油气	柴油($C_{16}H_{34}$ 为代表)	汽油(C_8H_{18} 为代表)
理论空燃比/(kg/kg)	17.2∶1		14.3∶1	14.8∶1
低热值/(MJ/kg)	49.81	45.9	42.50	43.90
辛烷值(RON)	130	100～110	23～30	80～99
十六烷值			40～60	27
燃烧极限(体积)/%	5～15	1.5～9.5	1.58～8.2	1.3～7.6
自燃温度(常压下)/℃	537	450	250	390～420

（3）压缩天然气技术指标

压缩天然气技术指标见表5-1-2。

表 5-1-2　压缩天然气技术指标

项目	技术指标
高位发热量/(MJ/m^3)	>31.4
总硫(以硫计)/(mg/m^3)	≤200
硫化氢/(mg/m^3)	≤15
二氧化碳/%	≤3.0
氧气/%	≤0.5
水露点/℃	在汽车驾驶的特定地理区域内,在最高操作压力下,水露点不应高于-13℃;当最低气温低于-8℃,水露点应比最低气温低5℃

注:本标准中气体体积的标准参比条件是101.325kPa、20℃。

(4) 天然气发动机专用机油

天然气发动机燃烧特性对机油性能的要求如下。

① 发动机排气温度比柴油机高100~150℃,要求机油有更高的抗氧化性和抗硝化性;热负荷高,要求机油运动黏度不宜过高,以保证良好的冷却性能。

② 天然气的硫含量比柴油中的硫含量低,要求机油采用低碱值。

③ 采用氧传感器,要求锌、磷含量低,防止氧传感器和催化器中毒。

④ 综合气门润滑和活塞积炭问题,天然气发动机需要使用中等灰分的机油。

天然气发动机机油与柴油机机油对比见表5-1-3。

表 5-1-3　天然气发动机机油与柴油机机油对比

项目	天然气发动机机油	柴油机机油
黏度指数	130	136
硫酸盐灰分/%	0.5	1.2
总碱值/mgKOH/g	5.0	9.0
磷含量/10^{-6}	<300	>800

(5) 燃气发动机与柴油机的区别

① 取消了柴油机的燃油系统(高压油泵、喷油器、高压油管等),增加了燃气供给系统(气瓶、高压切断阀、减压器、燃气热交换器和节温器、喷射阀等)。

② 采用点燃式燃烧方式(汽缸盖上的喷油器安装孔改为火花塞安装孔),增加了点火控制系统(点火ICM控制器、点火线圈、高压线、火花塞)。

③ 压缩比比柴油机的小,燃烧室形式(活塞)与柴油机不同。

④ 增加了信号发生器,用于判缸和测量发动机转速。

⑤ 增加了混合器和节气门,使燃气和空气在混合器中充分混合。

⑥ 排气温度高,增压器采用水冷中间壳。

⑦ 进、排气门座采用耐磨、耐高温材料。

⑧ 与柴油机相比空燃比小,同等功率下需要的空气量少。

燃气发动机与柴油机的区别见表5-1-4。

表 5-1-4　燃气发动机与柴油机的区别

项目	燃气发动机	柴油机
燃料供给系统	燃气供给系统 (电磁切断阀、稳压器、燃料计量阀等)	燃油供给 (高压油泵、高压油管、喷油器等)

续表

项目	燃气发动机	柴油机
点火方式	点燃（点火模块、点火线圈、高压线、火花塞等）	压燃
压缩比	12	17
相位转速信号采集	信号发生器（相位传感器）	油泵及飞轮
燃料空气混合	混合器、节气门	无
排气温度	高（增压器、排气管及进、排气门座等优化）	低
国Ⅳ后处理装置	三元催化器	SCR后处理系统
电控系统	目前为美国伍德沃德系统	国Ⅲ以上发动机采用博世产品

（6）燃气发动机的技术指标

① 更多进气＝更大功率（意味着不能一味加大油门来提升功率）。

② 进气压力增加＝进气流量增加＝转矩增加。

③ 发动机对进气调节控制能力决定发动机性能，增压低则功率小。如果增压低，系统中不能通过增加燃料来提升动力；发生爆震问题；过多燃料导致排放急剧恶化；燃料经济性变差。

（7）稀燃

稀燃：过量空气系数大于1（图5-1-1）。

图 5-1-1 稀燃

稀燃使传至发动机冷却液的热量降低。

（8）爆震

爆震是汽缸中正常火焰燃烧产生的压力、温度上升，导致未燃燃料同空气的自燃现象，爆震是不正常的。长时间的爆震会导致发动机系统损坏（活塞环、火花塞、活塞、气阀）。爆震在低速高负荷下最严重。

下述情况可导致爆震：过多的积炭（过高的机油灰分）；机油消耗过大，发动机过浓燃烧；中冷器污染（过高进气温度）；增压不能控制或过高；点火正时不准；燃料品质差（低辛烷值）。

（9）失火

天然气发动机的失火极限：（过浓）$0.7<\lambda<1.6$（过稀）。过稀的混合汽导致高的碳氢排放并降低发动机功率和高的燃气消耗。过浓的混合气导致高的碳氢排放和高的排气温度。

5.2 维护保养与使用规范

5.2.1 发动机维护保养

5.2.1.1 主要部件说明

天然气发动机主要部件说明见表5-2-1。

表 5-2-1　天然气发动机主要部件说明

部件	功能	图示	部件	功能	图示
ECU	电控模块，综合分析控制发动机运行		氧传感器	测量排气中氧含量	
滤清器（LNG）	过滤燃气中杂质		燃料计量阀(FMV)	向混合器中喷射燃料，控制燃料的喷射量	
稳压器	控制进入喷射阀的燃气压力(LNG)		混合器	使空气和燃气充分混合	
减压器	控制进入喷射阀的燃气压力(CNG)		废气控制阀	调节增压器增压压力	
ICM	控制各缸点火时刻		节气门	控制进入各缸可燃气量	
火花塞	产生电火花，点燃缸内可燃气		电磁阀	控制燃气管路通断	
高压线	传递高压电给火花塞		点火线圈	产生高压电	

5.2.1.2　维护保养要求

天然气发动机是高性能电控发动机，精细的电控部件多，需要精心地维护保养，以使发动机动力性、经济性得到充分发挥，延长其使用寿命。潍柴燃气发动机日常保养与例行保养周期及相关项目参见 Q/WCQTG0017《潍柴燃气发动机保养规范》。

（1）冷却系统

正确选用冷却液可有效保护发动机部件，延长发动机使用寿命，具体见表 5-2-2。

表 5-2-2　冷却液的选用

冷却液牌号		－25 号	－35 号	－45 号	－50 号
适用最低气温/℃	CNG 发动机	－15	－25	－35	－40
	LNG 发动机	－5	－15	－25	－30

注：CNG 车辆选用防冻液的冰点一般应低于当地最低气温 10℃以上，以备天气突变。LNG 车辆因冷却液要为汽化器提供换热，故要求选用防冻液低于当地最低气温 20℃。

① 启动前查看冷却液液面，检查发动机冷却系统有无泄漏。

② 运行中注意观察发动机水温是否在合适的范围内。海拔 3000m 以下正常水温为 80～95℃。

③ LNG 发动机添加或更换防冻液时，注意汽化器出水口处放气，防止产生气堵现象，影响液化天然气汽化。

（2）润滑系统

每天开车前检查机油液面高度，检查时车辆停在平坦路面，开车之前或停车 15min 发动机冷却后，拉出机油油尺，查看机油液面高度，当液面低于油尺的下刻线或高于油尺的上刻线时，禁止启动发动机。

更换机油时，首先拧下油底壳底部的放油螺塞，将旧机油放净后旋上放油螺塞；然后打开加油口盖，注入专用机油直至达到要求，最后拧紧机油加注口盖。潍柴燃气发动机推荐使用潍柴燃气发动机专用机油。发动机换油周期等按照 Q/WCQTG5.27—2010《潍柴气体发动机机油用油规范》。

（3）电气系统

潍柴燃气发动机带有电子控制单元（ECU）、传感器、点火模块等电子元件，过高电压、过大电流可对电气系统造成毁灭性损害，因此在进行电焊操作前必须断开电源。关闭蓄电池总开关、断开蓄电池负极，拔掉与 ECU 连接的线束插接件。点火系统部件维护保养按部件保养要求执行。

（4）机械传动系统

发动机运行前应检查发动机外部的机械传动系统，如皮带的张紧度和磨损程度等，皮带通过皮带张紧轮自动张紧，可通过手压皮带检查皮带的松紧度。风扇托架定期加注黄油。

（5）空气系统

保持空气滤清器的良好性能，特别是矿区，建议使用油浴式空气滤清器或沙漠空滤器。绝不允许在不带空气滤清器的情况下启动发动机。进气必须滤清以防止灰尘进入发动机，造成发动机早期磨损。检查进气管是否因老化而有裂缝或穿孔，夹箍是否松动，如有应予以更换或拧紧，确保进气管的密封性，防止漏气。

（6）发动机水路

天然气发动机相比柴油机而言，增加了三套水路。定期检查各水路连接情况，确保良好，检查各橡胶水管是否有老化、裂纹、压瘪现象，若有则及时处理。

（7）气门间隙

首次运行 20000 公里必须检查调整气门间隙。20000 公里后，一级保养时需检查气门间隙。

5.2.1.3 维护保养规范

为确保天然气发动机的正确使用，发挥其良好的性能，需按以下要求维护发动机部件。

（1）燃气滤清器（LNG）

① 例行检查时排污。注意燃气滤清器排污需在系统压力释放后进行。

② 在一级保养时检查并酌情更换滤芯。开始保养前，关闭开关阀并缓慢释放管路压力。更换滤芯时按 Q/WCQTG0011《潍柴燃气发动机燃气滤清器滤芯更换规范》操作。

（2）燃气滤清器（CNG）

在一级保养时检查并酌情更换滤芯。

（3）LNG 稳压器

① 例行检查时，检查接头漏气情况。

② 二级保养时，更换稳压器修理包，具体按 Q/WCQTG0012《潍柴燃气发动机 REGO 稳压器维修规范》操作。

（4）减压器（CNG）

① 例行检查时，检查减压器漏气情况。

② 四级保养时，检查减压器一级、二级压力调压膜片状态，更换修理包。

（5）混合器部件

二级保养时，检查混合器内部是否有明显的污染，若有，则需将混合器放入汽油中浸泡清洗，清洗后用干燥的压缩空气吹干。

（6）电子节气门

二级保养时，检查节气门内部是否有明显的污染，若有，则需用汽油清洗节气门蝶阀部件，但电子控制部分不得用汽油浸泡，清洗后用干燥的压缩空气吹干。

（7）燃料计量阀

二级保养时清洗燃料计量阀，具体按 Q/WCQTG0013《潍柴燃气发动机喷嘴清洗规范》操作。

（8）高压线

① 例行检查时用干燥的压缩空气将高压线表面及接头内外的灰尘吹净，检查高压线是否有磨损。

② 三级保养时建议更换。

（9）火花塞

火花塞属易损件。二级保养时检查火花塞，清理电极头部杂质，必要时调整间隙：电极间隙为（0.35±0.05）mm。拆卸及安装时参照 Q/WCQTG0007《潍柴燃气发动机火花塞拆装规范》执行。

（10）线束

例行检查时应检查插接件接触是否良好，固定是否牢固。线束应可靠固定，不应与尖锐物发生干涉或摩擦，若无法避免应增加防护。线束不应有相互缠绕和交叉布置，应分开布置和固定。线束不应固定在空压机管路上，与铜管距离大于 50mm。线束距离排气管和增压器涡轮端大于 150mm。

5.2.1.4 日常操作要求

① 启动前检查。

a. 常规检查：机油、冷却液等。

b. 检查气瓶与支架、燃气管路与支架固定是否牢固，天然气气管接头是否漏气。

c. 检查传感器接头是否松动，线束是否有脱落靠近排气管，是否有磨蹭、拉拽。

d. 检查燃气管路是否有磨损、裂纹。

e. 检查各橡胶水管是否有老化、裂纹、压瘪。

f. 检查燃气表压力是否正常，CNG 车辆燃气压力需高于 3MPa，LNG 车辆燃气压力需高于 0.7MPa。

g. LNG 车辆需观察液位显示，判断瓶内的存液量。

② 启动发动机。

a. 启动发动机时先接通点火开关，停顿 3～5s 后再启动发动机，保证燃气管路内能够充满燃气，ECU 供电（WOODWARD2.0 系统，需等听到"哒"的一声响后再启动）。

b. 启动时不要踩脚踏板，节气门开度和喷气量由 ECU 控制。

c. 发动机启动后怠速运行 30s，检查机油压力和水温，不要启动后就空踩踏板。若三次启动不成功，应重新仔细检查燃气部分和电路部分。

d. 为保护启动机每次启动时间不超过 15s，每次启动间隔应大于 30s。

e. LNG 车辆启动后，必须怠速运行 3min 以上。同时检查燃气管路有无结霜现象。

③ 行驶过程中缓踩加速踏板。过积水路面时，应减速慢行，防止水溅到电气元件上。发现发动机故障时，应停车检查，防止故障扩大化。故障灯亮时，若发动机机械部分无异常，可继续行驶，到合适区域报修。

④ 车辆运行后，发动机温度很高，此时不要立即停熄发动机，需怠速运转 3～5min，待各部分冷却后，再停熄发动机。

⑤ 天然气发动机车辆在减速过程中建议根据路况带挡滑行，有利于降低气耗。

5.2.1.5　Q/WCQTG0017《潍柴燃气发动机保养规范》

（1）车辆分类

车辆分类见表5-2-3。

表 5-2-3　车辆分类

WG I 类	WG II 类	WG III 类
使用条件恶劣（气候严寒或酷热，含尘量高，短距离运输，工地，煤矿，开山用汽车，工程机械）或汽车年行驶里程不到20000公里或年工作不到600h	年行驶里程不到60000公里的汽车，短中距离运输（用于送货）	年行驶里程超过60000公里的汽车，远距离运输

（2）例行检查和保养周期

例行检查和保养周期见表5-2-4。

表 5-2-4　例行检查和保养周期

项目	WG I	WG II	WG III
首次保养	行驶1000～1500公里或行驶30～50h	行驶1500～2000公里时	行驶1500～2000公里时
例行检查	每隔5000公里或每隔150h	每隔10000公里	每隔15000公里
一级保养	每隔10000公里或每隔300h	每隔20000公里	每隔30000公里
二级保养	每隔20000公里或每隔600h	每隔40000公里	每隔60000公里
三级保养	每隔40000公里或每隔1200h	每隔80000公里	每隔120000公里
四级保养	每隔80000公里或每隔2400h	每隔160000公里	每隔240000公里

（3）保养内容

保养内容见表5-2-5。

表 5-2-5　保养内容

保养项目	保养内容	保养里程
日常检查	检查机油液面是否正常；冷却液液面是否正常；传动皮带是否磨损；冷却风扇是否松动或损坏；天然气供气系统有无泄漏，供气系统加热水是否正常循环；电气控制系统线路连接是否可靠，空气滤清器有无松动漏气现象	按照例行检查和保养周期规定执行。在进行二、三、四级保养时，需参考一级保养内容同时操作 机油及机油滤芯更换周期参照 Q/WCQTG5.27—2010《潍柴气体发动机机油用油规范》执行
首次保养	更换机油、机油滤芯；检查调整皮带松紧度；检查各管路卡箍紧固情况；检查螺栓紧固情况；复紧缸盖螺栓	
例行检查	燃气滤清器排污；检查各管路（含水路、空气管路、燃气管路、油路）卡箍紧固情况；检查燃气系统是否漏气；检查燃气系统供气压力	
一级保养	检查调整气门间隙；检查空气滤清器，检查调整皮带松紧度，检查各管路（含水路、空气管路、燃气管路、油路）卡箍紧固情况；检查火花塞；检查高压线；检查点火提前角；检查并酌情更换燃气滤清器滤芯；检查冷却液容量	
二级保养	更换稳压器维修包；清洗混合器、电子节气门；清洗喷射阀	
三级保养	检查火花塞高压线，建议更换高压线	
四级保养	检查增压器、空压机；清洗冷却系统；更换冷却液；更换减压器修理包	

(4）维护说明
① 首次强保：更换燃气发动机专用机油及机油滤芯。
② 例行保养与车辆维护根据车辆工况按照表 5-2-3～表 5-2-5 进行例行保养与车辆维护。

5.2.1.6　Q/WCQTG0012《潍柴燃气发动机 REGO 稳压器维修规范》

（1）拆卸
① 关掉气源总阀门，然后松开稳压器的防松螺母，并尽可能地将调节螺钉向顺时针方向旋转。等到调压阀内的气体都排空后，就可以将稳压器从发动机或车辆上移出。
② 将调压阀固定在台虎钳上，且阀盖朝上。
③ 逆时针方向旋转调节螺钉，直至弹簧不再承受任何压力。
④ 移出阀盖螺钉并保存好以备重新组装。
⑤ 将阀盖与阀体分离，并依次移出弹簧钮、大弹簧和膜片，保存好以备重新组装。
⑥ 更换新的膜片和膜片衬垫。
⑦ 移出阀杆钮，保存好以备重新组装。当阀杆钮损坏时，必须更换新的。
⑧ 重新将调压阀固定在台虎钳上，且底座朝上。
⑨ 选择合适的扳手，将底座按逆时针方向松开并移除，保存好以供重新组装。
⑩ 更换阀座组件和小弹簧。
⑪ 更换阀体处的密封件。
注意在重新组装调压阀前，必须检查所有的部件以确保其表面清洁且无任何磨损，尤其是阀体部分。

（2）安装
① 用机油对阀座组件的 O 形圈进行润滑。
② 在阀座组件套管中安装新的阀座组件和新的小弹簧。
③ 在阀体的扩孔中安装新的密封件。
④ 安装阀体的底座（底座和阀体之间无缝隙）。
⑤ 将阀体固定在台虎钳上以安装阀盖。
⑥ 在阀座组件杆的尾部安装阀杆钮。
⑦ 将膜片衬垫和膜片对齐排列，将膜片在阀体法兰处定位，在阀体处使用膜片衬垫。
⑧ 在大弹簧和弹簧钮定位后，将膜片盘置于膜片的中心位置。
⑨ 将阀盖边缘的孔与阀体边缘的孔对齐。
⑩ 将 6 个螺钉插入阀体，并将螺钉拧紧。

（3）安装后调试
① 测漏。将稳压器装回原车，打开气瓶总阀门，启动发动机，在急速情况下，检测稳压器各连接部件和进出气接口是否有漏气。可用肥皂液检测。
② 调压。用 WOODWARD 检测软件进行通信、检测，在发动机急速的情况下，将天然气压力调为（0.82±0.02）MPa。

5.2.1.7　Q/WCQTG0013《潍柴燃气发动机喷嘴清洗规范》

（1）喷嘴清洗设备
喷射阀（燃料计量阀）清洗工装如图 5-2-1 所示。安装 WOODWARD 诊断软件的笔记本电脑。

（2）OH2.0 系统喷嘴清洗流程
① 油路连接。停止发动机，关闭气瓶总阀门。拆开 FMV 进、出气口管路，将 FMV 的

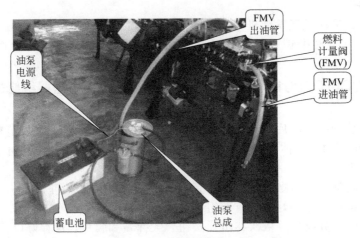

图 5-2-1　喷射阀清洗工装

图 5-2-2　油路连接

进气口与清洗工装的柴油滤清器出油口相连，FMV 的出气口用管路直接通到桶中（图 5-2-2）。

② 电路连接。FMV 清洗工装需要 12V 电源。将油泵的正、负极接线柱分别连接到蓄电池的正、负极，并在电路中安装一开关，以控制油泵的启动与停止。

注意油泵共有四个接线柱，如图 5-2-3 所示方向，最左边的一个为正极，最右边的一个为负极，中间两个空着不用。

③ 加注柴油。倒入油泵桶中约 6L 柴油，以柴油没过油泵顶部为准（图 5-2-4）。

④ 清洗。首先要使发动机进入清洗模式。发动机系统与诊断软件建立连接，进入 Diagnostic Modes-Injector Cleaning 界面（图 5-2-5）。

把 injector Cleaning Mode 由"0"改为"7"，按回车键"Enter"（图 5-2-6）。

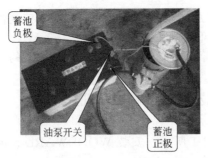
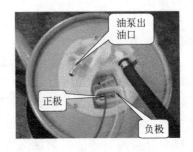

图 5-2-3　电路连接

关掉点火开关，断电，约 20s，直至诊断界面变为灰色（图 5-2-7）。

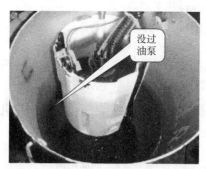

图 5-2-4 加注柴油

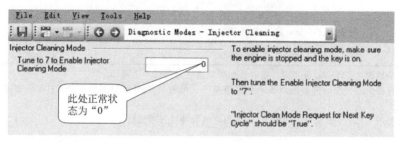

图 5-2-5 清洗界面

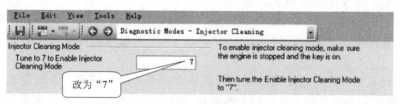

图 5-2-6 将"0"改为"7"

图 5-2-7 诊断界面变为灰色

打开点火开关（不要启动起动机），给系统供电，此时就能听见 FMV 喷嘴"啪啪"动作的声音。接着迅速打开油泵开关，这样油泵会将柴油泵到 FMV 内，然后再回流至清洗桶内。直至FMV不动作,关闭油泵开关。

如需重复清洗,重复以上清洗过程即可。

⑤ 清洗后的操作。断开FMV进、出气口的油管,先只将FMV的原进气管路接好,打开气瓶总阀门,恢复供气。用起动机带动发动机运转5s,5min后重复本操作一次,使天然气经过FMV,吹净其中的残留柴油。接回原FMV出口的燃气管路,恢复发动机正常状态。

5.2.1.8　Q/WCQTG5.27—2010《潍柴气体发动机机油用油规范》

换油周期见表5-2-6。

表5-2-6　换油周期

项目		WGⅠ类	WGⅡ类	WGⅢ类
首次换油	行驶3000公里或50h	√	√	√
例行换油	每8000~10000公里或200h	√	—	—
	每15000~18000公里或300h	—	√	√

注:1.例行换油周期大于15000公里时,推荐使用潍柴燃气发动机专用机油。

2.强保期内,在潍柴燃气发动机专用机油未到位情况下,可暂时使用潍柴国Ⅲ专用CH-4级或更高级别的柴油机机油。

3.在环境温度低于-15℃时,需使用5W/30耐低温燃气发动机专用机油。

5.2.1.9　Q/WCQTG0007《潍柴燃气发动机火花塞拆装规范》

火花塞的拆装步骤及要求如下。

① 在火花塞拆卸前,先用风枪或高压空气尽量吹净缸盖表面,然后拔下高压线,注意应捏住头部,不要扯高压线的线体部分(图5-2-8)。用风枪或高压空气吹出火花塞套筒内的污物。

② 在拆卸火花塞时,若固定得太紧,无法松动,不要硬性拆卸,否则会造成火花塞螺母及固定部位的损伤,或使火花塞螺纹部分残留在汽缸头内。正确的拆卸方式是将发动机启动后给缸头加热,在火花塞螺纹部位注入渗透液体(CRC渗透松动油等),稍等片刻后再拆卸。拆卸时尽量保证火花塞扳手杆部垂直于套筒横截面。力小者可借助其他工具增长力臂(图5-2-9)。

图5-2-8　拔下高压线

图5-2-9　借助其他工具增长力臂

③ 保持火花塞干燥、清洁。安装前,应用干净的布条或纸巾等清除掉陶瓷体上油污、脏物,对于顽固锈渍,可以用砂纸轻轻打磨掉(图5-2-10)。

④ 安装火花塞时要保证扳手套筒内干燥、清洁。安装前,应用干净的布条或纸巾等清除掉火花塞扳手套筒内油污、脏物(图5-2-11)。

⑤ 保持缸盖火花塞安装孔干燥、清洁。用干净的布清除缸盖火花塞安装孔内的油污、水渍等(图5-2-12)。

(a) 清洁前

(b) 清洁后

图 5-2-10　火花塞的清洁

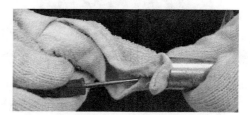

图 5-2-11　火花塞扳手的清洁

⑥ 调整火花塞间隙。

调整方法：如果间隙偏大，先把塞尺塞进间隙，用小扳手轻轻敲击侧电极拐角部位；如果间隙偏小，先用台虎钳把间隙慢慢调大，然后塞入塞尺，再用小扳手轻轻敲击侧电极。

火花塞间隙：(0.35±0.05) mm（图 5-2-13）。

注意要保证侧电极和中心电极面平行。

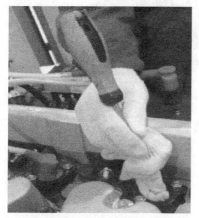

图 5-2-12　火花塞孔的清洁

此处要平行

图 5-2-13　火花塞间隙

⑦ 安装火花塞。清洁后的火花塞，捏住螺纹部分，先放进火花塞扳手或高压线，然后用火花塞扳手安装（图 5-2-14）。严禁手拿火花塞直接扔进或放进火花塞安装孔（图 5-2-15）。安装时不要让缸壁碰到外侧电极，以免改变火花塞间隙（图 5-2-16）。注意不要用手接触火花塞陶瓷体，防止飞弧产生（图 5-2-17）。火花塞的安装力矩为 20~25N·m。

图 5-2-14　火花塞的安装

严格禁止

图 5-2-15　不要用手放入火花塞

第 5 章　潍柴燃气电控发动机维修

图 5-2-16 安装时不要让缸壁碰到外侧电极

图 5-2-17 防止产生飞弧

⑧ 拧紧火花塞后,插入高压线,将高压线防污帽盖紧压套安装孔(图 5-2-18)。

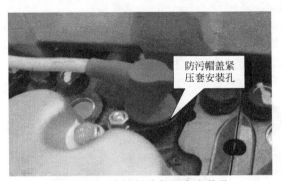
图 5-2-18 防污帽盖紧压套安装孔

5.2.2 整车 LNG 燃气系统使用规范

5.2.2.1 日常检查、保养

(1) 日常维护要求

日常维护要求见表 5-2-7。

表 5-2-7 日常维护要求

保养内容	保养间隔时间	保养方法
气瓶与支架的连接螺母	15 天	拧紧螺母
气瓶管道上连接螺母	每次出车前	目视观察是否有泄漏
汽化器	6 个月	清理盘管上的水垢
阀门	经常	是否关闭不严、泄漏
安全阀	12 个月	送当地技术监督部门校验
压力表	12 个月	送当地技术监督部门校验
气瓶真空度	12 个月	压力测试
检漏	经常	气密试验或探测检漏
自增压器	经常	清理翅片上的泥垢
紧固气瓶箍带	经常	拧紧螺母

注意气瓶使用者应编制详细的检修计划，并按照计划实施，确保气瓶使用安全。

（2）检漏

可用便携式甲烷探测器对车辆的燃气系统天然气泄漏点进行检查（应遵照探测器制造商的说明书正确使用）。为确保车辆正常运行，应定期进行系统检漏，如发现漏点应立即进行维修。在一些特殊条件下用探测器难以准确判断漏点时，可借助肥皂液检查漏点。

（3）零部件更换

任何接头或管子出现燃料泄漏，一经发现必须维修：如果是管螺纹泄漏，应拆开连接，清洁连接面，使用生胶带进行密封；如果是管件泄漏，应对其解体并严格检查，如果螺母和卡套外观没有损伤，则可继续使用，重新安装管线并拧紧螺母，最后进行压力检漏；如果是阀门泄漏，应返回气瓶公司维修或更换。

注意安全阀只能返厂维修，私自不得对其维修或调整，且每年检定一次。

（4）真空失效

通常伴随着真空失效气瓶会出现瓶体结霜或瓶内压力急剧升高等现象，但是对于一个新瓶或者一个久置未用的气瓶而言，由于其内胆温度较高，在充装液体时压力上升也较快，这种现象应属正常。

过度的压力上升可以作为判断气瓶真空失效的依据之一。气瓶的外壳装有一个真空塞，当气瓶真空失效时，真空塞会松动（正常情况下，真空塞被大气压压紧）。平时，真空塞外套着一个塑料护帽。不要打开护帽或真空塞。如果发现气瓶真空失效，应送回厂家维修。

一个已经真空失效的气瓶必须通过专用设备再次抽真空，这种操作可以就车进行，也可将气瓶卸下后进行。

5.2.2.2 验收及存放

（1）验收

务请明确所购买的产品与订购产品相同，仔细核实出厂资料是否齐全、统一、正确、有效。

齐全：指出厂文件（包括产品合格证、质量证明书、使用说明书）是否收齐。

统一：指各份资料所反映的产品内容是否一致。

正确：指产品型号、规格、技术特性、数量是否与合同规定的条款相符。

有效：指产品合格证、质量证明书等资料是否按有关规定有齐全的签字盖章。

检查气瓶是否有 0.02～0.05MPa 的压力。检查安全附件、仪表、阀门的状态是否正确。检查安全阀铅封是否完好。检查各出口是否全部采用防水胶带密封。

若验收中发现有不满足以上规定的情况，应及时与气瓶公司取得联系，并及时填写《低温气瓶保修卡》。

（2）长时间驻车

停放超过 10h，所有部件应远离腐蚀环境，存放地点不能在露天。

需保持原有干燥氮气封存的 0.02～0.05MPa 压力，严禁开启任何阀门泄放内部压力。不得开启气瓶的抽真空接头，否则气瓶的真空将丧失，气瓶将失去保温作用。

不得破坏安全阀铅封，除非气瓶的储存时间超过法规规定的安全阀定检周期（上次校验起 12 个月内），需要送往技术监督部门进行检验，由技术监督部门进行破坏。

所有部件防尘装置（如加液口盖、放空口盖等）不得随意开启，否则可能会因空气的进入在使用过程中产生堵塞，由于粉尘颗粒的进入，在使用过程中引起阀门泄漏、发动机受损。

存放期预计超过 5 天的盛液气瓶，在存放前必须将液体排尽，且将压力放至零，关闭所有阀门，并且应放置在空旷处或者通风的空间，该空间的电器等应为防爆型。

装有液化天然气的气瓶严禁存放在密闭的空间内。若必须存放在密闭空间，应设置可燃气体报警器，报警器的报警下限是当空间内天然气在空气中的含量达到 1%（体积分数）；报警时应能发出声、光，并且驾驶员能够看到报警显示。

注意如果不按照上述规定，可能引起冰堵、真空丧失等。

5.2.2.3 加液

(1) 环境要求

① 车辆周围 50m 范围内不能有任何火源和易燃或能够燃烧的物品。场地应开阔，通风良好。

② 配备两个或两个以上 5kg 装干粉灭火器。

③ 周围应有水源，目的是用来给罐体降温，而非灭火。

④ 在进入天然气区域前，应先对该区域的氧气浓度和天然气浓度进行测量。

(2) 车辆状态

① 车辆应熄火，关闭气瓶所有阀门。气瓶应保持清洁，加液口应用干布擦拭干净，加液口内不可有水残留。

② 在充装前应检查气瓶外表是否有结露或结霜现象，建议有此现象的气瓶不要进行充装，应送回厂家进行修理。

(3) 预防措施

① 在充装液化天然气液体时，应防止液体飞溅或溢出，操作时应有防冻措施。在充装过程中，阀门可能会因结霜而不容易开启、关闭，用户不能强拧，强拧可能会导致阀门损坏，从而造成人身伤害。可用温水解冻后再启闭。

② 工作时需等戴防护服、护目镜、脸罩、绝热手套。防护服应采用棉质材料，需穿长裤，不得穿裙子、短裤进行操作，鞋底不得钉有铁钉，长裤的裤脚不能卷起，必须将长裤盖住鞋帮的开口。手套应为棉质或皮质材料，且应长且宽，易于很快脱掉；手套应完好、干燥，不得有破损和潮湿。

③ 在刚进行完充装天然气的作业后，由于衣服中很可能留有天然气，严禁马上吸烟或靠近有火的地方。在有 LNG 的区域内，不能使用任何未经允许的电气及通信设备，例如手机和无线电广播发射器。

(4) 操作规范

① 常规充装。常规充装是指正常使用的气瓶，在充装时气瓶内胆处于低温状态并有一部分液体。

a. 确认加气站或安装了气瓶的车辆已经良好接地。

b. 打开低温进液口和回气接头的保护帽。

c. 目视检查气瓶的阀门、接头、管道，确认没有泄漏和部件缺失。

d. 用干燥氮气吹扫（或使用干净、干燥的棉纱擦拭）低温进液口和回气接头，确保没有水分、杂质。

e. 如果需要，连接回气枪和回气接头，将回气枪拧转 90°。

f. 确认加气枪和低温进液口相配，连接加气枪和低温进液口。

g. 开启加气泵进行充装。观察气瓶压力表，当车用液化天然气气瓶中的压力升高到一定压力时［比储罐低 0.3~0.5kgf（0.03~0.05MPa）］，可能需要放空才能进行充装，开启气瓶放空阀把压力降到加气机需要的压力以下，并维持压力（放空时需注意放空的气体回到加气站大储槽或排放到安全地点）。

h. 充装直至充满（放空出液），停止充液。

i. 依次关闭放空阀、LNG 储罐或加气机开关、充装枪。

j. 盖上低温进液口和回气接头的保护帽。

② 热瓶充装。通常将首次充装、停止工作两周以上以及经过维修的气瓶称为热瓶。热

瓶的充装必须使气瓶的内胆温度冷却至液化天然气温度。应按以下程序进行充装。

　　a. 确认加气站或安装了气瓶的车辆已经良好接地。
　　b. 打开低温进液口和回气接头的保护帽。
　　c. 目视检查气瓶的阀门、接头、管道，确认没有泄漏和部件缺失。
　　d. 用干燥氮气吹扫（或使用干净、干燥的棉纱擦拭）低温进液口和回气接头，确保没有水分、杂质。
　　e. 如果需要，连接回气枪和回气接头，将回气枪拧 90°。
　　f. 确认加气枪和低温进液口相配，连接加气枪和低温进液口。
　　g. 开启加气泵对气瓶进行充液，当加气机显示 30L 左右，停止加液。
　　h. 开启气瓶放空阀把压力降到 0.3MPa，然后关闭放空阀（放空时需注意，放空的气体回到加气站大储槽或排放到安全地点）。
　　i. 让气瓶冷却 10min 左右，在这期间气瓶的压力会上升。
　　j. 观察气瓶压力表，如果气瓶压力较高，可按步骤 h. 放空以便充装。
　　k. 重新开启加气泵进行充装，直到加气机自动停止。
　　l. 确认放空阀已经关闭，拆卸加气枪和回气枪。
　　m. 盖上低温进液口和回气接头的保护帽。

（5）注意事项
　　① 充装前务必确认气瓶已经良好接地。
　　② 充装前应检查接头，确定无泄漏后再充装。
　　③ 在充装前应检查低温进液口内是否有水分、杂质，应确保充装时水分和杂质完全被清除干净。

　　如果有水分，在充装时，水分会迅速凝结成冰块。冰块有可能堵塞进液单向阀、低温进液口，甚至进入瓶内。堵塞造成低温进液口、进液单向阀关闭不严产生泄漏，甚至造成密封面的损坏。如果冰块进入气瓶内部，可能会在出液过程中堵塞在出液单向阀处，造成供液不畅，使发动机动力不足甚至无法启动。

　　如果有杂质，在充装时，杂质可能造成进液单向阀、低温进液口关闭不严，甚至造成密封面的损坏。同时，如果发动机前端没有装设过滤器，杂质可能造成发动机损坏。

　　④ 向大气放空时，应将放空的气体引到安全的地方，否则将有引起火灾和爆炸的危险。
　　⑤ 在充装前应观看气瓶外表是否有结露或结霜现象，建议有此现象的气瓶不要进行充装，应送回厂家进行修理。
　　⑥ 查看气瓶是否有压力，如果压力为零，应对气瓶进行吹扫、气密性试验，合格后再进行充装。
　　⑦ 当充液座安装在车辆的侧面时，应把充液管弯成 S 形，以防止来自侧面的外力撞击等。
　　⑧ 一只完全充满的气瓶其压力上升十分迅速，可能导致安全阀开启，因此完全充满的气瓶应尽快使用，禁止长时间储存。

5.2.2.4　行车规范

　　① 当汽车需使用时，将出液阀慢慢开启 1/4 圈（开启速度过快会将出液阀堵死，无法出液），听到有液体流过的声音，再查看气路（缓冲罐）上的压力表，待气路压力与气瓶压力相等后，再将出液阀完全打开，然后回拧 1 圈使阀门左右旋转自如。
　　② 当环境温度低于 0℃时，启动后必须让发动机在不高于 1000r/min 的转速下热车，当水温达到 60℃以上才能行车。否则由于水温过低，车载汽化器的汽化能力不足，LNG 液体汽化不完全，导致发动机熄火，甚至会冻坏燃气滤清器，产生泄漏点，从而导致燃气泄漏，严重时燃气喷到高温物体表面会导致火灾。

③ 当发现汽化器表面有结霜现象,应立即停止使用,这很可能是因为水温过低,汽化能力不足。应等待一段时间后重新启动,怠速热车,水温达到60℃以上再行车。

④ 根据当地气候特点合理选择冷却液类型,保证车载汽化器的热交换顺利进行。

⑤ 液位计显示报警时,应及时充液,否则可能造成车辆抛锚。注意液位计的精度和汽车油表一致,不是能通用的液位测量装置,更不是用于计量的液位计。

⑥ 使用过程中瓶内液化天然气应保证有1~5L的残余量,其作用是保持瓶内有一定的正压力,防止放空阀开启时有空气进入。

⑦ 本设备适应的速度范围见表5-2-8。

表 5-2-8　速度范围(货运汽车)　　　　　　　　km/h

高速公路	一级公路	二级公路	三级公路	矿山、工厂、乡村公路
≤90	≤80	≤60	≤40	≤30

⑧ 以下情况需要打开自增压器截止阀对气瓶进行增压:气瓶首次使用且压力低于发动机的需要时;安全阀、压力表校验后的气瓶;经过放空后维修的气瓶;

5.2.2.5　常见故障及处理方法

常见故障及处理方法见表5-2-9。

表 5-2-9　常见故障及处理方法

故障现象	原因分析	解决方案
汽化器表面结霜	汽化器进、出水管压瘪、泄漏	回圆、堵漏
	供气管路泄漏	堵漏
	发动机有不工作的缸	车厂维修
	汽化器不匹配	重新配置
	水温过低	停车预热,用温水加热汽化器表面,重新启动后怠速预热至水温60℃以上
瓶内压力过低	节约阀调节不当	把节约阀调至适当压力
	气相管路及管件泄漏	修复管路、管件,并再次检漏
	液体温度太低或质量问题	检验液体温度和质量
充液前、后,压力表无反应	压力表损坏	更换压力表
安全阀开启,压力表无反应	压力表损坏	更换压力表
气瓶头部结霜	可能在用气	正常现象
	可能有管件泄漏	检查,再按操作规程检修
瓶体冒汗或结霜	环境温度过低、空气湿度大	正常现象
	真空失效	返回气瓶公司维修
安全阀开启	液体存放时间过长	立即用气或放空
	增压快	检查气瓶是否正常
	安全阀设定压力低或故障	按操作规程更换安全阀
安全阀长时间慢放气	安全阀卸压时冻结,无法回位	按操作规程更换安全阀 临时措施:用螺丝刀手柄轻轻敲打安全阀

续表

故障现象	原因分析	解决方案
液位显示零位	气瓶内液体已用完	往气瓶内按规定量充液
	转换器电容值设置不当	重新设置转换器电容值
	显示器或转换器损坏	检查各部件,维修或更换
瓶内液体用完后液位显示满位	转换器电容值设置不当	重新设置转换器电容值
	显示器或转换器损坏	检查各部件,维修或更换
	导线断路或连接口等渗水	检查导线,将水分弄干,重新设置连接
供气温度过高或过低	供热水原因	调准热水供应量
充装时气瓶排空	加气枪软管不是真空管	加气站问题
供气压力过高或过低	节约阀、管路调压阀问题	检查设定压力是否准确,阀门工作是否正常
不供气	气瓶内气、液已用完	往瓶内充液
	供液阀未打开	打开供液阀
	电磁阀未打开或故障	检查供电是否正常,电磁阀是否完好
	汽车启动时,出液阀开启太快,出液阀内钢球冻住	关闭出液阀,用螺丝刀手柄轻轻敲打出液阀,观察车载汽化器压力表,压力上升即可
	气瓶倾斜,出液阀内钢球堵塞气路	松开箍带,将气瓶回正后再打紧箍带
	电器、线束插接件松脱,接触不良	对松脱部位进行紧固

5.2.3　Q/WCQTG0011《潍柴燃气发动机燃气滤清器滤芯更换规范》

例行检查时排污。在一级保养时检查并酌情更换滤芯。注意燃气滤清器排污需在系统压力释放后进行(图 5-2-19)。

燃气滤清器滤芯更换流程如下。

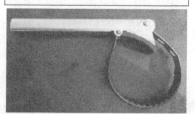

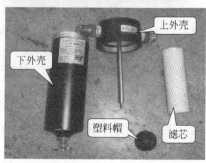

图 5-2-19　更换滤芯

① 首先关闭气瓶气压阀，待系统压力释放后拧开滤清器排污阀进行排污，直到液体流尽，然后关闭排污阀。

② 使用适当的拆卸工具将滤清器外壳拧开。

③ 拧开滤芯下方的塑料帽。

④ 更换滤芯后，将滤清器各部件依次装回，拧紧［滤清器上、下外壳拧紧力矩为（40±7）N·m］，恢复原状。

燃气滤清器在拆装过程中要注意避免灰尘、杂质进入其中。

5.3 工作原理与技术特点

5.3.1 天然气发动机工作原理

LNG 从气瓶通过管路进入汽化器加热汽化，经过稳压罐稳压后由燃气滤清器滤清，然后通过电磁切断阀控制通断进入稳压器稳压，稳压后的燃气进入热交换器（图 5-3-1）。

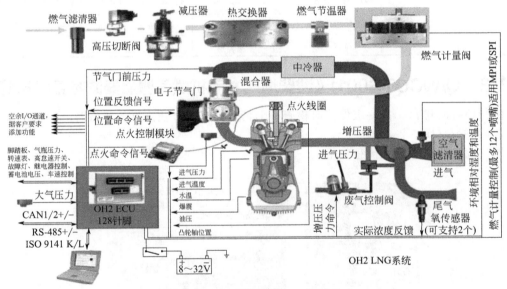

图 5-3-1 天然气发动机工作原理

CNG 从压缩气瓶通过管路进入减压器减压至 0.8MPa 后，经过滤清器进入热交换器；燃气经过热交换器加热后通过节温器进入 FMV（燃气计量阀），由 FMV 控制喷入混合器中与增压后的空气混合，电子节气门控制混合气进入发动机汽缸内燃烧做功。

LPG 从气瓶出来经高压电磁阀到蒸发调压器，变成气态的 LPG，LPG 经 FTV（主燃料控制阀）与空气在混合器内充分混合进入发动机缸内燃烧。

5.3.2 天然气发动机技术特点

潍柴天然气发动机主要采用美国伍德沃德公司 OH2.0 系统，主要技术特点如下。

① 采用电子脚踏板，改善了发动机的驾驶性能。

② 燃气喷射、点火角度、空燃比、发动机负荷全部由电控单元 ECU 控制。ECU 根据

电子脚踏板输出的电压信号,确定电子节气门的开度,再根据发动机负荷、发动机转速、进气压力、燃气压力和温度等参数计算燃气喷射量,确定点火角度。

③ 发动机稳定运行时采用闭环控制,使实际空燃比和理论空燃比一致。

④ 燃气进气方式为电控单点喷射,供气及时、停气干脆。

⑤ 具有加速加浓功能。

⑥ 采用防喘振技术,发动机大负荷急松脚踏板时,ECU 根据减速信号,激活燃料切断功能,在切断燃料供给的同时,电子节气门保持一定的开度,消除了因节气门关闭而引起增压器喘振的可能性。

⑦ 增压器带废气控制阀,采用电控放气。

⑧ 具有超速保护功能。

⑨ 电钥匙打开后,如果没有转速信号,燃气管路的电磁阀会自动关闭。

⑩ 具有故障自诊断功能。

5.4 电控系统

潍柴天然气发动机采用了美国伍德沃德公司的 OH2.0 系统。OH2.0 系统是一套单点喷射、稀燃、全功能、自适应闭环控制系统。

5.4.1 发动机电控模块及线束

(1) ECU

ECU 是一个微缩了的计算机管理中心,它以信号(数据)采集作为输入,经过计算处理、分析判断、决定对策,然后以发出控制指令指挥执行器工作作为输出,同时给传感器提供稳压电源或参考电压。其全部功能是通过各种硬件和软件来完成的。WOODWARD2.0 系统采用 ECU 128-HD 微处理器,可以支持单点或多点喷射,支持 CAN 通信(图 5-4-1)。

ECU 最多有 34 个模拟量输入、5 个数字量输入、5 个 PWM 输入等、最多支持 12 个喷嘴驱动,1 个驱动单独对应一个喷嘴,11 个低端输出、2 个 CAN 通信口、1 个 RS485 通信口。

图 5-4-1 ECU 电控模块

ECU 有 2 个 5V 电源输出,给传感器供电,两电源相互独立,如果 5V 电源短路,电压下降并会导致许多系统错误,有一专门应用于连接传感器和 ECU 的接地,以保证传感器的精确读数。ECU 采用 RS485 用于 Toolkit 软件连接,故障检查和标定。

安装要求如下。

① 发动机电控模块 ECU 及点火控制模块 ICM 一般安装在控制箱中,控制箱由主机厂固定在车架上。发动机控制器有防水、防振、防高温要求,整车厂设计整车时必须考虑发动机控制器的防水、防振以及防高温等要求。

② 工作环境温度为 -40~105℃。

③ 如果使用电气控制箱,建议将电气控制箱安装在车厢内部。当控制器已经安装在车体上并与线束连接时,严禁在车体上进行电焊操作,在车体上进行电焊操作时,必须在断开线束与控制器的连接后进行。

④ ECU 与 ICM 可由整车厂根据自身情况决定是否使用潍柴附带的电气控制箱，在满足防水、防振、防高温要求的前提下可与潍柴协商决定安装位置。

（2）发动机线束

线束起着传输信号的重要作用，线束的质量直接关系到发动机的可靠性。2.0 系统有三条线束，即 ECU 线束、发动机线束和点火线束。ECU 线束是连接 ECU 与发动机的线束，并有诊断接口、CAN 接口等功能性接口。发动机线束是连接各传感器与 ECU 的线束，将传感器测得的信号传递给 ECU，并将 ECU 发出的指令传递给各执行器。点火线束将 ICM 的点火信号传递给点火线圈，以控制点火正时。

安装要求如下。

① 发动机线束及点火线束由潍柴出厂前安装在发动机上，整车厂负责将其与 ECU 线束对应插接件相互连接。ECU 线束一般在随机备件箱中附带，由整车厂负责 ECU 线束与 ECU、点火线束与 ICM 的连接。

② 为避免高温，线束不允许布置在排气管侧，所有线束距离排气管及增压器蜗壳必须大于 30cm。

③ 严格保证点火线束接地线的接地良好。

④ 每个插接件及导线的连接应能承受至少 20N 的拉力而不会松动甚至脱落。线束的温度等级应不低于 125℃，同时应具备良好的抗氧化能力。

⑤ 线束的走向合理，利于日后的维修。

⑥ 潍柴提供发动机 ECM 线束与整车相应线束连接端插接件，由整车厂负责连接。

5.4.2 燃料控制系统

CNG 发动机燃料控制系统由燃气滤清器、减压器、热交换器、节温器、燃料计量阀、混合器等部件组成。LNG 发动机燃料控制系统由电磁阀、稳压器、燃气滤清器、热交换器、节温器、燃料计量阀、混合器等部件组成。对潍柴发动机来讲，CNG 发动机与 LNG 发动机的区别在于燃气变换装置上。CNG 发动机气瓶内储存的最高压力为 20MPa，需要减压至 0.8MPa 左右。LNG 发动机气瓶内的液态天然气汽化变成气态后的压力值在 1MPa 左右，使用稳压器将压力调节至 0.8MPa 即可。

燃料控制系统的作用：压力管理，将气瓶高压转换为混合器前极低压力；温度控制，极低温度的燃气将冻结管路和部件，燃料控制系统将有效加热并控制燃气温度在合理范围内。

燃料计量阀上装有温度和压力传感器，给 ECU 提供稀燃需要的燃气温度和压力信息，精确控制喷嘴喷射量，同时高压燃气需要电磁阀控制燃气的开断。

（1）燃气滤清器

燃气滤清器的作用：过滤燃气中 $0.3\sim0.6\mu m$ 的微粒，过滤效率不低于 95%。

安装要求：放水口朝下，按箭头所指的气流方向安装，切记不能装反。

维护保养事项：每 3000 公里或必要时排污，注意燃气滤清器不能在压力下保养，这样做可能会导致严重的伤害，待系统压力释放后拧开排污阀进行排污，直到液体流尽，然后关闭排污阀；在每次更换机油的同时或每 10000 公里更换滤芯，开始保养前，关闭开关阀并缓慢释放管路压力。

（2）减压器（CNG 发动机）

压缩天然气的压力范围是 $5\sim20MPa$，天然气经过减压器后压力基本稳定在 0.8MPa，并保证提供给喷射阀的燃气的压力始终与进气管压力的压力差基本恒定。减压器工作时，通过压力膜片克服弹簧阻力，带动杠杆，调整节流孔的通流面积，从而控制减压后的天然气压力。天然气从高压变低压时需要吸收大量的热，需要利用发动机的冷却液加热。减压器有一平衡管接头，与发动机进气管连接，可以动态调节出口压力，提高系统的反应速度（图5-4-2）。

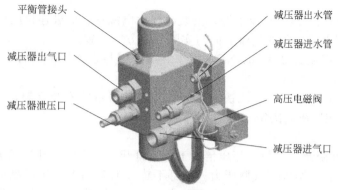

图5-4-2 减压器

安装要求如下。

① 安装在振动较小、尽量靠近发动机的位置，与发动机间应采用柔性连接。

② 安装位置应确保实现对减压器的常规调整、检查和维修，应安装在车架大梁上或牢靠固定在结构件上，严禁利用进、出口接头固定。

③ 尽量远离排气系统，如果离排气系统的距离小于150mm时，应设置固定可靠的隔热装置。

④ 减压器采用发动机冷却水加热，其安装高度应低于散热器顶部，且宜安装在节温器以下，管路接头不得泄漏。

⑤ 平衡管需有足够的长度以防止回火，并且减压器上平衡管接头需固定。

⑥ 泄气口需用管子接到发动机舱外部，以满足相关国家规定。

⑦ 燃气出口方向不能向上，并且减压器底部不能向上，以防燃气中的油污倒流进入减压器。

⑧ 减压器出口管路需能承受−80℃的低温。减压器出口和热交换器之间的管路需有足够的弯曲以承受热膨胀。

⑨ 根据减压器进、出水管标记连接水管，进水管温度要高于出水管温度。

⑩ 保证减压器加热良好，与其连接的水路畅通。特别在寒冷季节，发动机刚启动时，水温较低，此时应怠速运行一段时间后才能加速运行，防止发动机大负荷工作需要的燃料流量大，需要吸收的热量多，供热不及时导致减压器结霜或冻结。

(3) 低压电磁阀（LNG发动机）

低压电磁阀由线圈驱动阀芯，由ECU控制其开合，停机状态下处于常闭状态，可及时切断或恢复燃料供给（图5-4-3）。

(4) 高压切断阀

① 高压切断阀安装于LNG气罐稳压罐与稳压器之间，是发动机管路与气瓶管路的连接节点。

图5-4-3 低压电磁阀

② 切断阀之前的气瓶、汽化器、管路及相应接头等由整车企业向专业设备生产厂家采购，售后服务由相关厂家负责。切断阀及其之后的发动机部件及连接管路由潍柴负责提供，除部分气路、水路连接外，由潍柴负责安装及相应售后服务。

③ 高压切断阀必须可靠固定。连接到高压切断阀的管路应尽可能短，如果太长，则应

加装固定扣，以防止管路抖动甚至共振。连接到高压切断阀的管路必须布置合理，不能有干涉的可能。

④ 高压切断阀使用24V直流电源，安装时注意电源正、负极连接应正确。

⑤ 保证电磁阀上所标明的气流方向与实际气流方向一致。

⑥ 切断阀接头螺纹为3/4-16UNF，整车厂需定制与之连接的管件，并保证连接牢固，无漏气。

⑦ 整车厂可根据车辆自身需求决定是否使用潍柴自带的安装支架，如安装位置及方式有特殊要求，需与潍柴协商决定。

（5）稳压器（LNG发动机）

由于LNG特性限制，一般在超压情况下首先打开主安全阀，开启压力为1.75MPa，副安全阀开启压力为2.41MPa，气瓶压力一般都不超过1.75MPa。根据喷射阀要求理论可工作燃气压力为0.5～1.72MPa，超出该压力范围可能导致喷射阀失效、发动机无法启动等故障，所以潍柴要求在滤清器和热交换器之间安装稳压器。考虑保证喷射阀长时间正常使用的要求，一般潍柴稳压器出口压力调整为以保证进入发动机的天然气压力稳定在设定值之下。

技术参数：最大进口压力2.8MPa；出口压力范围0.7～1.4MPa；工作温度-40～75℃。

安装要求如下：

① 稳压器出口安装一个压力表，以监测稳压器出口压力。表压不应超过1MPa，超过该限值可能引起系统报错。整车厂及用户严禁随意调节稳压器出口压力。

② 整车厂可根据车辆自身需求决定是否使用潍柴自带的安装支架，如安装位置及方式有特殊要求，需与潍柴协商决定。

（6）热交换器

天然气压力从20MPa降至0.8MPa，导致燃气温度大幅降低，出口燃气温度甚至会降到-70℃以下，这样会降低喷射阀的使用寿命，热交换器（图5-4-4）利用发动机的冷却液给天然气加热。热交换器采用叉流结构以避免因燃气过冷和冷却液过热时导致的热冲击及热应力过大。

图5-4-4 热交换器

在冷却水温高于0℃的发动机所有工况，热交换器能保证燃气温度始终高于-40℃，可防止进入燃料计量阀前的燃气结晶，冷却水温高于82℃时，燃气温度高于0℃，避免燃气中的水分结冰而影响燃料计量阀性能。

安装要求：安装热交换器的支架应能防振，热交换器天然气出、入口和冷却水出、入口的方向应交叉布置。

（7）节温器

通过燃气温度控制流经热交换器的冷却液，从而控制燃气温度不会过高。保持出口燃气温度为0～40℃，当出口燃气温度高于60℃时，会导致燃气流量的减少。燃气温度高于40℃，节温器在30s内关闭；燃气温度低于10℃，30s内节温器开启。

节温器工作：燃气压力为1MPa；冷却液压力为0.35MPa。

安装要求：节温器必须安装在合适的位置，安装节温器的支架应能防振；节温器的燃气与冷却水方向必须为水平方向（图5-4-5）。

（8）燃料计量阀

减压后的中压天然气流经热交换器和节温器后被加热到合适的温度范围，然后进入燃料计量阀（FMV）。FMV 配置的喷嘴分成两组平行布置，每个喷嘴对应一个驱动器，在正常喷射模式下，喷嘴依次轮流喷射，在某些变工况下，喷嘴同时喷射以加快系统反应速度。FMV 内部集成了天然气压力传感器（NGP）和天然气温度传感器（NGT）。

减压后的燃气依次流经 NGP 传感器和 NGT 传感器，然后通过喷嘴进行流量控制，最后从出口流出。FMV（图 5-4-6）的线圈、NGP 传感器、NGT 传感器和喷嘴都可在部件一级进行维护。根据发动机运行工况，电控单元调整燃料计量阀喷嘴脉宽占空比，控制燃气喷射量，保证发动机在设定的空燃比下运行。

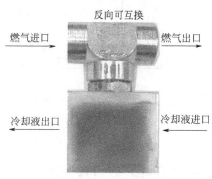 

图 5-4-5　安装方向　　　　　图 5-4-6　燃料计量阀（FMV）

喷嘴的数目随发动机的机型不同而不同。目前，WP6NG 和 WP7NG 系列发动机为 8 喷嘴，WP10NG 系列发动机为 10 喷嘴，WP12NG 系列发动机为 12 喷嘴。FWV 工作电压为 16～32V，峰值电流为 4A，维持电流为 1A，工作环境温度为 -40～125℃，燃气温度为 -40～90℃。

安装要求：FMV 的安装位置要合理可靠，连接到 FMV 的线束和管路应保证没有干涉，在 FMV 上安装有压通式单向阀以用于检测燃气压力，安装 FMV 时应保证便于检测燃气压力，注意 FMV 喷嘴线束一定要插紧。

FMV 使用一段时间后，需要清洗，清洗时使用专门的清洗设备，并且应用诊断软件中专门的清洗功能。

（9）混合器

天然气从喷射阀（FMV）进到混合器，经过喉管与中冷后的空气混合进入汽缸。

（10）氧传感器

氧传感器（图 5-4-7）是实现稀燃闭环空燃比控制的关键传感器，它把排气中氧含量信号传给 ECU，ECU 判断混合气的实际空燃比相对于设定值是稀还是浓，并相应控制喷气量的增减，从而使空燃比保持为设定值。

安装要求如下。

① 氧传感器应安装在离增压器出口或排气弯管下游 3～5 倍排气管直径的地方。氧传感器不能安装在排气管弯管处。

② 为防止在氧传感器烧结在排气管上，便于拆卸，在安装氧传感器时应在螺纹上均匀涂抹防烧结胶。焊接在排气管上的氧传感器螺纹座高度要小于 10mm。（图 5-4-8）

③ 如果车辆安装有排气制动装置，氧传感器必须安装在此装置的后方 15～25cm 的位置。

④ 氧传感器线束及插接件应尽量远离排气管，不小于 20cm，不能有被烧结的可能。

⑤ 氧传感器及线束插接件应确保连接牢固，无松动，必要时整车厂需要设计支架固定。在氧传感器失灵或线束及插接件接触不良时，会造成气耗大、转速不稳等多种问题。

⑥ 氧传感器由潍柴随机附带，由整车厂根据潍柴技术要求安装。

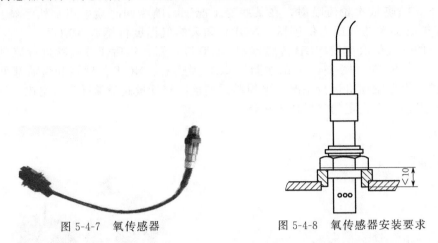

图 5-4-7 氧传感器　　　　图 5-4-8 氧传感器安装要求

5.4.3 空气控制系统

空气控制系统主要作用是控制空气的流量，主要部件有电子节气门、废气控制阀、电子脚踏板、PTP/TMAP 传感器等（图 5-4-9）。

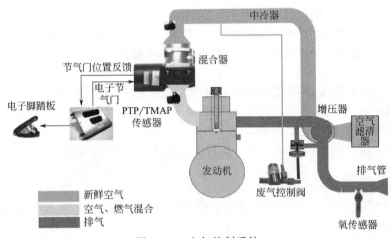

图 5-4-9 空气控制系统

(1) PTP/TMAP 传感器

PTP/TMAP 传感器使用博世传感器，集成了压力和温度功能，用于增压控制燃料计算和故障诊断。测量的压力为绝对压力，测量范围从真空到增压压力。

安装要求如下。

① 传感器应安装在进气歧管直管处，严禁安装在弯管处。

② 由于传感器的位置与发动机性能关系密切，其安装位置必须和台架试验时相同。

③ 测量探头应与气流方向平行并置于气流中。

④ PTP/TMAP 传感器出厂前由潍柴负责安装好，整车厂及用户严禁随意拆换。

(2) 线传电控系统

电子节气门、ECU 电控单元、电子脚踏板组成了线传电控系统。电子脚踏板踩下，ECU 接收油门位置信号并计算转换成节气门开度信号，节气门从 ECU 处接收开度命令信号，并将实际开度反馈给 ECU。对稀燃而言，信号的传递非常关键。

潍柴燃气发动机电子脚踏板采用非接触式传感器，输出电压信号 0～5V，ECU 根据电子脚踏板的信号来控制电子节气门的开度。电子脚踏板有一电位计（FPP）和怠速确认开关（IVS），IVS 一端接地，另一端接 ECU。当电子脚踏板没有踩下去时，IVS 开关是开着的，当电子脚踏板踩到某个点时，IVS 将关闭并发出一个信号通知 ECU，IVS 和电位计两者保持一致。

电子脚踏板反映驾驶员对发动机动力的要求，其可靠性直接影响车辆的正常使用和驾驶安全。建议使用潍柴标配的 WILLIAMS 脚踏板。该脚踏板为潍柴批量使用，可达到脚踏板与发动机的完美结合。如整车厂需使用自配的电子脚踏板，脚踏板的技术参数需要符合潍柴的电子脚踏板技术要求。潍柴提供脚踏板技术参数、线束连接方式，由整车厂根据实际情况确定安装位置。潍柴不提供脚踏板与发动机 ECU 线束之间的连接线，此线由整车厂自己制作并连接。

电子节气门是发动机怠速控制、小负荷、最大调速控制中最主要的空气流量控制部件，通过控制蝶阀的开度控制进入缸内的混合气的量，从而控制发动机的转速和负荷。电子节气门集成有执行器、位置传感器、节气阀门，由 ECU 控制其开度（图 5-4-10）。

电子节气门根据 ECU 指令，一般有以下三种工作状态。

① 当发动机转速低于怠速目标值时，ECU 进行怠速控制，即控制节气门开度位置，保持发动机转速在怠速目标值附近。

② 当发动机转速超过最大额定转速时，ECU 限制节气门开度位置，即速度越高节气门开度越小。

③ 当发动机转速在怠速和最大额定转速之间时，节气门开度直接由电子脚踏板控制，即节气门开度随电子脚踏板位置同步变化。

安装要求：电子节气门应尽量安装在低温环境中，按照节气门体上的方向标记安装。

(3) 进气压力控制系统

增压器、废气控制阀、进气压力传感器构成了一套进气压力控制系统，使实际增压压力趋于设定的增压压力（图 5-4-11）。

图 5-4-10 节气门

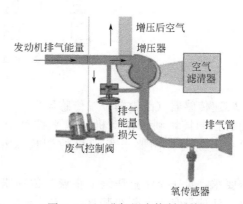

图 5-4-11 进气压力控制系统

① 增压器　燃气发动机使用的增压器（图 5-4-12）不同于普通的柴油机增压器，它是带压力调节器的水冷增压器，通过冷却水冷却机油降低增压器温度，以适应燃气发动机排气温度高的特点。

② 废气控制阀　通过控制废气控制阀的占空比，控制废气控制阀的出口压力，从而控制发动机的增压压力。采用该技术能有效提升发动机低速转矩及动力响应性，满足公交车频繁起步的工作要求，其频率为 30Hz。阀有两个小孔，其中一个小孔控制进气速率，另一个

小孔控制出气速率（图 5-4-13）。

图 5-4-12 增压器

图 5-4-13 废气控制阀

安装要求如下。
① 废气控制阀应安装于垂直方向 10°之内。
② 废气控制阀应安装于发动机温度较低的一侧，其周围的环境温度不能超过 125℃。
③ 连接至废气控制阀的管路正确无误、可靠。
④ 废气控制阀出厂前由潍柴负责安装好，整车厂及用户严禁随意拆换。

5.4.4 点火系统

点火系统包括发动机控制模块、点火控制模块、点火线圈、高压线及火花塞等（图 5-4-14）。

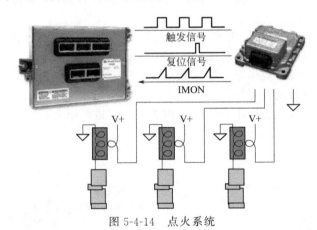

图 5-4-14 点火系统

（1）转速传感器（凸轮轴位置传感器）

发动机控制模块利用发动机转速来控制众多参数，包括进气量、燃料量、点火提前角等。这些参数的控制要求发动机控制模块精确地知道发动机的凸轮轴位置和发动机转速。

安装要求：盘车至 1 缸压缩上止点，传感器信号盘上的 TDC 标志对准凸轮轴位置传感器的中心（使信号盘上的刻线竖直）；信号盘应可靠固定，以保证信号盘和发动机的相位关系不会改变。

（2）点火模块

点火模块（图 5-4-15）里面有专门的整流稳压电路，以保证在任何电池电压下都能达到所需的电流。点火系统的点火模块是单向驱动的。通过将点火模块的输出线路连接到正确的汽缸就可以得到正确的点火顺序。点火模块根据点火顺序对各缸进行点火。

点火模块实际上是个电子分配器，仅仅是个驱动模块，它从电控单元收到指令，控制何时给点火线圈提供 dwell 电流及何时点火，同时也提供点火监控的反馈信号，反馈给电控单元。

点火过程：当触发信号上升沿传递给电控单元时，点火模块打开点火驱动以选择对应点火线圈；初级电流上升，一直达到6.5A；初级电流将保持在6.5A，直到触发信号下降沿出现；当触发信号下降时，点火模块关闭初级线圈电路的电流，从而产生火花点火，重置脉冲信号触发时，电控单元指示点火模块选择第1缸工作。

（3）点火线圈

点火线圈（图5-4-16）产生高压电。感应式点火线圈在初级线圈中通过一定匝数的线圈储存电流，次级线圈中有更多的线圈匝数，利用变压器功能，使电压升高。

图5-4-15　点火模块

图5-4-16　点火线圈

（4）高压线

高压线用以将点火线圈产生的高压电传递给火花塞，从而使之产生电火花，点燃可燃混合气。潍柴燃气发动机高压线寿命长有以下原因：燃气混合均匀、压缩比高、阻抗小、绝缘性能好。

（5）火花塞

火花塞的作用是接受高压线传递来的高压电，产生电火花，点燃可燃气。火花塞安装力矩为25～40N·m；火花塞间隙为（0.35±0.05）mm。调整方法：如果间隙偏大，先把塞尺塞进间隙，用小扳手轻轻敲击侧电极拐角部位；如果间隙偏小，先用小虎台钳把间隙慢慢调大，然后塞入塞尺，再用小扳手轻轻敲击侧电极。注意要保证侧电极和中心电极面平行。

5.4.5　其他传感器

（1）水温传感器

水温传感器的主要作用是测量水温。ECU会根据ECU中存储的数据来修正不同水温下怠速转速、点火提前角、最大增压压力限值及混合气浓度等。安装于发动机出水管。

（2）湿度传感器

测量进气压力、温度、湿度，并根据所测得的值来修正空燃比，以补偿环境所造成的影响，使发动机运行在最佳状态。湿度传感器工作温度为－40～105℃，测量范围为0～100%RH（图5-4-17）。

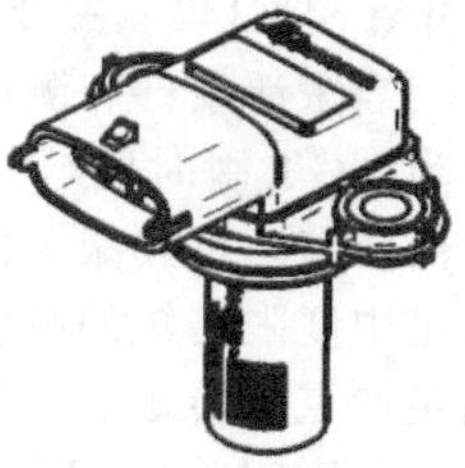

安装要求如下。

① 安装在空气滤清器和增压器之间的空气管路上。

② 尽量远离呼吸器和空压机进气口。

③ 为保证其测量值正确，安装时使其平行于气流方向，并且探头必须置于气流中。

图5-4-17　湿度传感器

5.5 故障诊断

发动机出现故障时，一般情况下，首先读取故障代码，根据故障代码的提示排查故障。可以从诊断软件故障提示中寻找故障的起因。下面介绍 ECU 中所设置的故障代码，并对诊断策略进行介绍。

(1) SFC133——UEGO 加热器电压过低

UEGO（宽域空燃比氧传感器）用来测量尾气中的氧含量，以此判断流入发动机的燃料是过多还是过少。ECU 使用此数据来修正燃料流量、闭环因子和自适应因子。ECU 能精确控制 UEGO 的温度以优化 UEGO 的使用寿命和性能、(UEGO 对温度要求较高)。

若 UEGO 加热器电压小于加热器最低电压限值并同时满足设定的判定条件，会触发系统设置故障代码 SFC133。

故障处理：检查氧传感器加热线路、氧传感器、ECU 本身及其之间的插头连接等情况。

(2) SFC134——UEGO 加热器电压过高

若 UEGO 加热器电压大于加热器最高电压限值并同时满足设定的判定条件，会触发系统设置故障代码 SFC134。

故障处理：检查氧传感器加热线路、氧传感器、ECU 本身及其之间的插头连接等情况。

(3) SFC139——UEGO 大气标定学习超出限值

UEGO 性能会随时间推移慢慢变差。通过大气标定能够采样传感器变差的程度。若变差程度在传感器允许范围内，会自动增加一个补偿值来帮助其发挥更好性能，若超出传感器允许范围，故障代码就会被设置。

若 UEGO 大气标定学习值大于 1±大气标定最大允许值，并同时满足设定判定条件，系统设置故障代码 SFC139。

故障处理：重新标定 UEGO，或检查并酌情更换氧传感器、线束本身及其插接件等。

(4) SFC141——NGT 电压过高

天然气温度传感器（NGT）本质是一个热敏电阻，装在燃料计量阀内。NGT 用来测量喷射前的燃料温度。NGT 的值和 NGP 的值用来计算喷射的燃料密度，燃料密度对 ECU 控制策略来说是非常重要的参考值。

NGT 电压超过 NGT 电压高限值并满足设定判定条件，系统设置故障代码 SFC141。

故障处理：检查 NGT、对应的线束、ECU 本身及其之间的插头连接等情况。

(5) SFC142——NGT 变动率故障-轻度限转矩、SFC143——NGT 变动率故障-中度限转矩、SFC144——变动率故障-严重限转矩

当激活条件和测试限值都满足时激活故障代码 SFC142。NGT 必须处于减免区间，此区间为 NGT 瞬时值与 NGT 变化率的表格。一旦故障代码被设定，此轻度限转矩功能将保持激活状态，直到减免区间退出"轻度限转矩退出时间设定值"。如果故障代码保持激活，并满足中度限转矩的触发时间，SFC143 将在此钥匙开关内被设定。如果故障再保持激活，并满足严重限转矩的触发时间（及已经激活严重限转矩功能），SFC144 将被激活。如果仍处于减免区间并且 SFC144 时的"激活停机"选项为真，发动机将停机。

故障处理：检查热交换器、节温器等燃气加热系统是否正常。

(6) SFC151——NGT 电压过低

天然气温度传感器（NGT）本质是一个热敏电阻，装在燃料计量阀内。NGT 用来测量

喷射前的燃料温度。NGT 的值和 NGP 的值用来计算喷射的燃料密度，燃料密度对 ECU 控制策略来说是非常重要的参考值。

NGT 电压低于 NGT 电压低限值并满足设定判定条件，系统设置故障代码 SFC151。

故障处理：检查 NGT、对应的线束、ECU 本身及其之间的插头连接等情况。

（7）SFC161——XDRP_A（+5V）电压高

5V 外部供电电压是系统中许多传感器和零部件的电源。此电压是否稳定严重影响传感器的精度，因此常由 ECU 进行监控。ECU 能够确定它们是否过载、短路或超出规范。当激活条件和检测限值在一定延迟时间内都为真，该诊断功能被设置。在钥匙开关开启和满足 SFC161 延迟时间的条件下，XDRP_A 电源供给电压高于 XDRP_A 高限值，该故障代码将被设置。

故障处理：根据电路图检查相应的线束、ECU 及其插接件。

（8）SFC162——XDRP_A（+5V）电压低

当激活条件和检测限值在一定延迟时间内都为真，该诊断功能被设置。在钥匙开关开启和满足 SFC162 延迟时间的条件下，XDRP_A 电源供给电压低于 XDRP_A 低限值，该故障代码将被设置。

故障处理：根据电路图检查相应的线束、ECU、传感器及其插接件。

（9）SFC163——XDRP_B（+5V）电压高

当激活条件和检测限值在一定延迟时间内都为真，该诊断功能被设置。在钥匙开关开启和满足 SFC163 延迟时间的条件下，XDRP_B 电源供给电压高于 XDRP_B 高限值，该故障代码将被设置。

故障处理：根据电路图检查相应的线束、ECU 及其插接件。

（10）SFC164——XDRP_B（+5V）电压低

当激活条件和检测限值在一定延迟时间内都为真，该诊断功能被设置。在钥匙开关开启和满足 SFC164 延迟时间的条件下，XDRP_B 电源供给电压低于 XDRP_B 低限值，该故障代码将被设置。

故障处理：根据电路图检查相应的线束、ECU、传感器及其插接件。

（11）SFC165——ECU 供电电压（+14V）高

内部 14V 电压为模拟电路供电。此电压稳定与否严重影响传感器的精度和许多控制模块的功能，因此常由 ECU 进行监控。ECU 能够确定它们是否过载、短路或超出规范。当激活条件和检测限值在一定延迟时间内都为真，该诊断功能被设置。在钥匙开关开启和满足 SFC165 延迟时间的条件下，+14V ECU 电源供给电压高于其高限值，该故障代码将被设置。

故障处理：根据电路图检查相应的线束、ECU、传感器及其插接件。

（12）SFC166——ECU 供电电压（+14V）低

当激活条件和检测限值在一定延迟时间内都为真，该诊断功能被设置。在钥匙开关开启和满足 SFC166 延迟时间的条件下，+14V 电源供给电压低于其低限值，该故障代码将被设置。

（13）SFC181——大气压力传感器电压低

大气压力传感器实际用来测量绝对进气歧管压力，Baro 压力值用来进行操控性加强、增压器超速保护和尾气背压估算。在 OH2.0/2.1 中该传感器为可选器件。可通过 ToolKit 软件中的布尔变量来使能或解除大气压力传感器故障。如果不使用大气压力传感器，ECU 将使用 MAP 值来估算大气压力值。当激活条件和检测限值都被触发，并满足 SFC181 延迟时间要求，该故障代码被设置。

故障处理：检查线束、大气压力传感器、ECU 本身及其之间的插头连接等情况。

（14）SFC182——大气压力传感器电压高

当激活条件和检测限值都被触发，并满足 SFC182 延迟时间要求，该故障代码被设置。

故障处理：检查线束、大气压力传感器、ECU 本身及其之间的插头连接等情况。

（15）SFC191——机油压力传感器电压低

在 ECU 上的模拟量输入（J1-A06）必须配有一个机油压力传感器，并不是一个机油压力切换开关。发动机运行时间大于发动机运行时间限值，并且大于机油压力电压信号低延迟时间的情况下，机油压力传感器电压低于机油压力传感器电压低限值，设置此故障代码。

故障处理：检查机油压力传感器、线束、ECU 本身及其之间的插头连接等情况。

（16）SFC192——机油压力传感器电压高

在 ECU 上的模拟量输入（J1-A06）必须配有一个机油压力传感器，并不是一个机油压力切换开关。发动机运行时间大于发动机运行时间限值，并且大于机油压力电压信号高延迟时间的情况下，机油压力传感器电压高于机油压力传感器电压高限值，设置此故障代码。

故障处理：检查机油压力传感器、线束、ECU 本身及其之间的插头连接等情况。

（17）SFC193——机油温度传感器电压低

在 ECU 上的模拟量输入必须配有一个机油温度传感器（J1-A07）和一个机油压力传感器（J1-A06），并不是一个油压切换开关。发动机运行时间必须大于发动机运行时间限值，并且在大于机油温度电压信号低延迟时间的情况下，机油温度传感器电压低于机油温度传感器电压低限值，设置此故障代码。

故障处理：检查机油温度传感器、线束、ECU 及其之间的插头连接等情况。

（18）SFC194——机油温度传感器电压高

在 ECU 上的模拟量输入必须配有一个机油温度传感器（J1-A07）和一个机油压力传感器（J1-A06），并不是一个油压切换开关。发动机运行时间必须大于发动机运行时间限值，并且在大于机油温度电压信号高延迟时间的情况下，机油温度传感器电压高于机油温度传感器电压高限值，设置此故障代码。

故障处理：检查机油温度传感器、线束、ECU 及其之间的插头连接等情况。

（19）SFC195——排气温度传感器（ETS）电压低

当激活条件和测试限值为真，并且满足 SFC195 延迟时间，设置此故障代码。

故障处理：检查排气温度传感器、线束、ECU 及其之间的插头连接等情况。

（20）SFC196——排气温度传感器（ETS）电压高

当激活条件和测试限值为真，并且满足 SFC196 延迟时间，设置此故障代码。

故障处理：检查排气温度传感器、线束、ECU 及其之间的插头连接等情况。

（21）SFC197——排气温度高于期望值

ETS 测量的温度高于排气温度高限值，并且满足 SFC197 延迟时间，设置此故障代码。

故障处理：对燃气、空气和点火系统进行详细诊断，酌情更换 ETS 排气温度传感器。

（22）SFC201——驾驶员转矩需求过高

系统检测到驾驶员转矩需求与制动踏板间发生冲突，设置此故障代码。如果条件满足，系统将进入严重限转矩模式。

故障处理：检验加速踏板、制动踏板、制动开关及其线束的插头连接等情况。

（23）SFC202——TSC1 转矩需求过高

TSC1 转矩需求与制动踏板间发生冲突时进行限转矩。系统检测到 TSC1 转矩需求与制动踏板间发生冲突，设置此故障代码并进行相关动作。如果条件满足，系统将进入严重限转矩模式。

故障处理：检验加速踏板、制动踏板、制动开关及其线束的插头连接等情况。

（24）SFC211——加速踏板位置传感器电压高

OH2.0/2.1系统是完全线控系统。ECU控制节气门开度和尾气控制阀需要各种各样的输入信号，主燃气流量/功率命令信号由加速踏板电路给出。加速踏板位置传感器使用变阻器来得到基于踏板位置的电压信号，轻踩加速踏板输出低电压，重踩输出高电压。当激活条件和检测限值都被触发，并满足SFC211延迟时间，该故障代码被设置。

故障处理：检查加速踏板、ECU、线束及其插头连接等情况，一般情况下是由线束针脚接错造成。

（25）SFC221——加速踏板位置传感器电压低

当激活条件和检测限值都被触发，并满足SFC221延迟时间，该故障代码被设置。

故障处理：检查加速踏板、ECU、线束及其插头连接等情况，一般情况下是由线束针脚接错造成。

（26）SFC231——进气温度传感器（MAT）电压高

进气温度传感器（MAT）本质是一个热敏电阻，装在发动机进气歧管内。MAT用来监测进气温度并配合其他传感器来确定流入发动机的气体量。ECU使用了一个分压电路，气体较冷时，信号为高电压，反之为低电压。在满足SFC231延迟时间和钥匙开关处于ON位置的情况下，进气温度传感器电压值高于进气温度传感器电压的高限值，该故障代码被设置。

故障处理：检查MAT传感器、ECU、线束及其插头连接等情况。

（27）SFC241——进气温度传感器（MAT）测量温度高于设定值

在满足SFC241延迟时间，钥匙开关处于ON位置以及进气压力和发动机转速均大于各自限值的情况下，进气温度值高于进气温度高限值，该故障代码被设置。

故障处理：检查中冷器、风扇是否良好以及传感器本身及线束连接情况。

（28）SFC242——进气温度传感器（MAT）测量温度低于设定值

在满足SFC242延迟时间，钥匙开关处于ON位置以及进气压力和发动机转速均大于各自限值的情况下，进气温度值低于歧管温度低限值，该故障代码被设置。

故障处理：检查中冷器、风扇是否良好以及传感器本身及线束连接情况。

（29）SFC251——进气温度传感器（MAT）电压低

进气温度传感器（MAT）本质是一个热敏电阻，装在发动机进气歧管内。MAT用来监测进气温度并配合其他传感器来确定流入发动机的气体量。ECU使用了一个分压电路，气体较冷时，信号为高电压，反之为低电压。在满足SFC231延迟时间和钥匙开关处于ON位置的情况下，进气温度传感器电压值低于进气温度传感器电压的低限值，该故障代码被设置。

故障处理：检查MAT传感器、ECU、线束及其插头连接等情况。

（30）SFC261——发动机水温传感器（ECT）电压高

发动机水温传感器是一个安装于发动机制冷设备上的热敏电阻（温度感应电阻），用于发动机空气流量计算和特定性能的使能。ECU提供一个分压器电路，冷却液温度低时信号电压高，冷却液温度高时信号电压低。在满足SFC261延迟时间和钥匙开关处于ON位置的情况下，发动机水温传感器电压值高于发动机水温传感器电压高限值，该故障代码被设置。

故障处理：检查水温传感器、线束、ECU本身及连接情况。

（31）SFC271——发动机水温传感器（ECT）电压低

在满足SFC271延迟时间和钥匙开关处于ON位置的情况下，发动机水温传感器电压值低于发动机水温传感器电压低限值，该故障代码被设置。

故障处理：检查水温传感器、线束、ECU 本身及连接情况。

（32）SFC281——发动机冷却水温传感器（ECT）测量温度超过设定值

在满足 SFC281 延迟时间和发动机运行时间大于 60s 的情况下，发动机水温值高于发动机水温高限值。

故障处理：检查制冷系统并且检查操作是否正常；检查水温传感器、线束、ECU 本身及连接情况。

（33）SFC311——UEGOUN 故障

氧传感器通过测量废气中的氧含量来确认提供给发动机的燃气量是否正确。ECU 利用该信息，通过闭环因子和自适应因子来校正燃气量。在满足发动机运行、氧传感器冷为真和氧传感器错误延迟时间的情况下，Diag2 或 Diag3 为假或者氧传感器 UA 电压低于 0.2V，设置此故障代码。

故障处理：检查所有的氧传感器电路（关于短路、开路以及虚接等），检查氧传感器、ECU。

（34）SFC312——氧传感器 VM 故障

在满足氧传感器错误延迟时间和发动机运行的情况下，Diag0 或者 Diag1 为假，设置此故障代码。

故障处理：检查所有的氧传感器电路（关于短路、开路以及虚接等），检查氧传感器、ECU。

（35）SFC314——氧传感器 IA 错误

在满足氧传感器错误延迟时间、闭环使能为真、氧传感器温度在 725～775℃ 之间校正的泵电流大于 SFC314 泵电流限值以及发动机运行的情况下，Diag4 或者 Diag5 为假，或者满足 SFC314 燃气关断延迟时间时，燃气关断-没有燃气（FSO-NoFuel）为真，设置此故障代码。

故障处理：检查所有的氧传感器电路（关于短路、开路以及虚接等），检查氧传感器、ECU。

（36）SFC331——进气压力高于设定值

进气压力传感器是一个安装于进气歧管位置的压力传感器，它用来测量进入发动机之前的气体压力。该压力读数与其他传感器输入读数结合来计算进入发动机的空气流量比率。

在满足 SFC331 延迟时间、发动机运行以及节气门前压力和节气门开度均小于各自限值的情况下，进气压力值高于进气压力高限值，设置此故障代码。

故障处理：检查进气压力传感器、ECU、线束及其连接情况；检查进气系统入口是否有限制并维护。

（37）SFC341——进气压力传感器（MAP）电压低

在满足 SFC341 延迟时间、发动机工作在盘车或者运行状态的情况下，进气压力传感器电压值低于进气压力传感器电压的低限值，设置此故障代码。

故障处理：检查进气压力传感器、ECU、线束及其连接情况。

（38）SFC342——进气压力传感器（MAP）电压高

在满足 SFC342 延迟时间、发动机工作在盘车或者运行状态的情况下，进气压力传感器电压值高于进气压力传感器电压的高限值，设置此故障代码。

故障处理：检查进气压力传感器、ECU、线束及其连接情况。

（39）SFC351——大气压力低于期望值

大气压力传感器用来测量进气歧管压力的绝对值。该压力值被用于驾驶性提高、增压器过速保护和尾气背压估值。对于 OH2.0/2.1 应用来说，该传感器是一个可选传感器。在 ToolKit 软件界面中有一个布尔量，用来使能或是禁止该大气压力传感器的诊断功能。如果该传感器没有被使用，ECU 将会利用 MAP 数值去估计一个大气压力值。在满足 SFC351 延迟时间、发动机钥匙开关处于启动状态的情况下，大气压力值低于大气压力低限值，设置此故障代码。

故障处理：检查大气压力传感器、ECU、线束及其连接情况。

（40）SFC361——大气压力高于期望值

在满足 SFC361 延迟时间、发动机钥匙开关处于启动状态的情况下，大气压力值高于大气压力高限值，设置此故障代码。

故障处理：检查大气压力传感器、ECU、线束及其连接情况。

（41）SFC371——节气门前压力高于设定值

在满足 SFC371 延迟时间、SFC331 值为假、发动机钥匙开关处于 ON 位置、发动机正在运行、进气压力和发动机转速均小于各自限值的情况下，节气门前压力值高于节气门前压力的高限值，设置此故障代码。

故障处理：检查节气门前压力传感器、ECU、线束及其连接情况，检查节气门前入口管路是否有限制。

（42）SFC372——节气门前压力传感器电压低

在满足 SFC372 延迟时间、发动机运行的情况下，节气门前压力传感器电压值低于节气门前压力传感器电压的低限值，设置此故障代码。

故障处理：检查节气门前压力传感器、ECU、线束及其连接情况。

（43）SFC373——节气门前压力传感器电压高

在满足 SFC373 延迟时间、发动机运行的情况下，节气门前压力传感器电压值高于节气门前压力传感器电压的高限值，设置此故障代码。

故障处理：检查节气门前压力传感器、ECU、线束及其连接情况。

（44）SFC381——天然气压力传感器（NGP）电压高

天然气压力传感器是安装于喷嘴前的测量调节气体压力计量阀上的一个压力传感器。天然气压力传感器常与天然气温度传感器结合在一起计算喷嘴部位的燃气密度。对于 ECU 的燃气控制计算来讲，燃气密度是至关重要的。NGP 的电压高于 NGP 的电压限值，同时钥匙开关是打开状态，发动机是运行状态，并且 SFC381 的延时时间是满足的，设置此故障代码。

故障处理：检查天然气压力传感器、ECU、线束及其连接情况。

（45）SFC391——天然气压力传感器（NGP）电压低

NGP 的电压低于 NGP 的电压限值，同时钥匙开关是打开状态，发动机是运行状态，并且 SFC391 的延时时间是满足的，设置此故障代码。

故障处理：检查天然气压力传感器、ECU、线束及其连接情况。

（46）SFC411——NGP 压力高

NGP 压力值高于天然气压力期望值加偏置限值，钥匙开关是打开状态的，并且超过故障延时时间，设置此故障代码。

故障处理：检查气瓶、减压器等供气系统，检查线束、ECU 及其连接情况。

（47）SFC412——供气系统压力高

NGP 的电压原始值高于 SFC412 最低电压限值、低于 SFC412 最高电压限值，同时钥匙开关是打开状态的，发动机是运行状态的（至少 100ms），并且超过故障延时时间，设置此故障代码。

故障处理：检查气瓶、减压器等供气系统，检查线束、ECU 及其连接情况。

(48) SFC413——NGP 压力低

NGP 压力低故障是防止发动机在极低的 NGP 压力下运行而设置的，是为了防止减压器膜片破裂而导致减压器失效和防止燃气泄漏到进气总管内。当这个故障发生时，发动机会熄火，故障灯亮，设置此故障代码。

故障处理：检查气瓶、减压器等供气系统，检查线束、ECU 及其连接情况。

(49) SFC421——凸轮轴位置传感器（CAM）故障

SFC421 的触发条件和检测限值一直都满足，并且超过故障延时时间，这个故障诊断就会发生和记录。

故障处理：检查凸轮轴位置传感器和信号发生器信号盘是否良好，检查火花塞等点火系统是否良好，检查 ECU、点火模块、线束是否良好。

(50) SFC422——曲轴位置传感器（CRANK）故障

SFC422 的触发条件和检测限值一直都满足，并且超过故障延时时间，这个故障诊断就会发生和记录。

故障处理：检查曲轴位置传感器和信号发生器信号盘是否良好，检查火花塞等点火系统是否良好，检查 ECU、点火模块、线束是否良好。

(51) SFC423——发动机正时配置故障

曲轴位置传感器故障值不能是 0，发动机正时配置故障是假，并且 SFC423 的故障延时时间是满足的，这个故障诊断就会发生和记录。

故障处理：检查和确认正确的软件数据。

(52) SFC424——发动机转速超过最大转速

发动机速度高于最高转速设定值，并且 SFC424 的故障延时时间是满足的，这个故障诊断就会发生和记录。

故障处理：检查和确认正确的软件数据，检查凸轮轴位置传感器及其线束以及是否存在干扰等。

(53) SFC425——ECU 故障

ECU 故障状态一直是真，同时模拟 ECU 故障是假，并且 SFC425 的故障延时时间是满足的，设置此故障代码。

故障处理：检查和确认正确的软件数据，检查更换 ECU。

(54) SFC426——ECU 温度高

ECU 温度高报警状态一直是真，同时模拟 ECU 温度高故障是假，并且 SFC426 的故障延时时间是满足的，设置此故障代码。

故障处理：检查和确认正确的软件数据，检查更换 ECU。

(55) SFC427——车速传感器故障

车速信号被用于车速控制、巡航控制和风扇控制。车速信号通过通道 SPD2［J1-A12（＋），J1-A32（－）］进入 PCM-HD。SPD2 既可以在 VR-adaptive 模式又可以在 Hall/Proximity 模式配置。

当车速低于 SFC427 车速传感器限值，SFC427 将被设置。同时接下来的激活条件需要被满足：故障模式有效；在校正区域的车速调速器被使能；在调节区域的车速调速器被使能；不在空挡；离合器啮合（离合器踏板没有踩下）；发动机转速大于 SFC427 发动机转速限值；进气压力大于 SFC427 进气压力限值；没有诊断模式被使能。

SFC427 的触发条件和检测限值一直都满足时，并且超过故障延时时间，这个故障诊断就会发生和记录。

故障处理：检查车速传感器、ECU、线束及其连接，检查空挡设置、离合器设置是否符合要求。

(56) SFC428——离合器开关常闭

离合器开关常被用于确定离合器踏板是否踩下。当离合器踏板踩下但离合器的布尔量是真，同时车速和踏板数据高于各自的限值，并且SFC428的故障延时时间是满足的，设置此故障代码。

故障处理：检查离合器开关、线束、ECU及其连接，检查软件设定是否合适。

(57) SFC429——空挡开关常闭

空挡开关常常被用于确定是否传输空挡信号。空挡的布尔量是真，同时车速和踏板数据高于各自的限值，并且SFC429的故障延时时间是满足的，设置此故障代码。

故障处理：检查空挡开关、线束、ECU及其连接，检查软件设定是否合适。

(58) SFC431——天然气压力低于设定值

SFC431的触发条件和检测限值一直都满足，并且超过故障延时时间，这个故障诊断就会发生和记录。

故障处理：检查气瓶、减压器等供气系统是否正常，检查天然气压力传感器、ECU、线束及其连接。

(59) SFC432——制动开关常闭

制动开关常用于确定制动踏板是否踩下。ECU用该信息来禁止巡航控制功能。制动开关布尔量是假，钥匙开关是打开的，同时要加速超过SFC432车速限值，再减速低于5km/h，并且SFC432的故障延时时间是满足的，设置此故障代码。

故障处理：检查制动开关、线束、ECU及其连接，检查软件设定是否合适。

(60) SFC433——车速传感器信号被干扰

车速传感器被用于车速调速器。当车速变化率超过噪声限值，SFC433将被设置。如果超过噪声限值，一个计数器每5ms增加一次，但是如果该噪声低于限值，计数器将会向下减。当计数器超过一个校正限值，错误被设置。该错误仅当接下来的条件均为真时才会被设置。

故障处理：检查车速传感器是否被干扰，检查线束、ECU及其连接是否正常，检查软件设定是否合适。

(61) SFC441——闭环修正高于限值

通常闭环修正的目的是为了补偿燃料流量，主要是由于燃料成分的变化、发动机的磨损、发动机与发动机个体的差异、组成元件的退化等引起的。如果闭环修正达到限值，会导致很多情况。当闭环修正系数大于35%且持续时间大于1s，设置此故障代码。

故障处理：检查UEGO和线束之间是否间歇性地接线不良并酌情更换氧传感器，检查是否有大的泄漏，曲轴箱是否有泄漏，检查喷嘴喷射是否异常，检查NGP是否有故障，检查靠近氧传感器处的废气排气系统是否有泄漏，检查ECU的接地，确保使用的电池接地良好等。

(62) SFC451——闭环修正低于限值

闭环修正系数小于−35%且持续时间大于1s，设置此故障代码。

故障处理：参照SFC441。

(63) SFC461——自适应学习修正高于限值

通常自适应学习修正的目的是为了补偿燃料流量，主要是由于燃料成分的变化、发动机的磨损、发动机与发动机个体的差异、组成元件的退化等引起的。当自适应学习修正系数大于35%且持续时间大于1s，设置此故障代码。

故障处理：参照 SFC441。

（64）SFC471——自适应学习修正低于限值

自适应学习修正系数小于－35％且持续时间大于1s，设置此故障代码。

故障处理：参照 SFC441。

（65）SFC491——节气门前压力低于设定值

节气门前压力值低于其低限值，同时发动机是运行的，进气压力比进气压力的限值小且SFC491 的故障延时时间是满足的，设置此故障代码。

故障处理：检查节气门前压力传感器安装情况及线束，酌情更换。

（66）SFC521——蓄电池电压低

电池是给 ECU 供电的，为了确保例如喷射驱动等一些类似的许多部件的电压变化是正常的，必须做好电压的测量。蓄电池电压低于低限值（14V），同时钥匙开关在打开状态，发动机转速低于发动机转速限值，并且 SFC521 的故障延时时间是满足的，设置此故障代码。

故障处理：检查蓄电池、线束、ECU 及其连接情况。

（67）SFC531——蓄电池电压高

蓄电池电压高于高限值（31V），同时发动机在盘车或者运行状态，并且 SFC531 的故障延时时间是满足的，设置此故障代码。

故障处理：检查蓄电池、线束、ECU 及其连接情况。

（68）SFC541——节气门位置传感器（TPS）电压高

节气门位置传感器使用一个可变电阻来决定不同节气门位置的信号电压，安装在节气门内，开度小电压低，开度大电压高。输入给 ECU 的 TPS 信号是个模拟电压，TPS 电压高于 TPS 电压最高限值（4.8V），同时钥匙开关在打开状态，发动机是运行的，并且 SFC541 的故障延时时间是满足的，设置此故障代码。

故障处理：检查节气门、线束、ECU 及其连接情况。

（69）SFC551——RAM 存储容量不足

系统故障代码和自适应学习表存放在 RAM，RAM 存储容量低于其最低限值（500Bytes），同时钥匙开关在打开状态，发动机是运行的，并且 SFC551 的故障延时时间是满足的，设置此故障代码。

故障处理：重新刷写数据或更换 ECU。

（70）SFC553——电控单元的 CPU 负载太高

电控单元的 CPU 负载高于 CPU 负载的最高限值，同时钥匙开关在打开状态，发动机是运行的，并且 SFC553 的故障延时时间是满足的，设置此故障代码。

故障处理：重新刷写数据或更换 ECU。

（71）SFC554——Flash 存储容量不足。

Flash 存储容量低于其容量的最低限值，同时钥匙开关在打开状态，发动机是运行的，并且 SFC554 的故障延时时间是满足的，设置此故障代码。

故障处理：重新刷写数据或更换 ECU。

（72）SFC555——EEPROM 存储容量不足

EEPROM 存储容量低于其容量的最低限值，同时钥匙开关在打开状态，发动机是运行的，并且 SFC555 的故障延时时间是满足的，设置此故障代码。

故障处理：重新刷写数据或更换 ECU。

（73）SFC556——标定用存储器容量不足、SFC557——主 EEPROM 存储器故障、SFC558——备用 EEPROM 存储器故障。

故障处理：重新刷写数据或更换 ECU。

(74) SFC561——节气门位置传感器（TPS）电压低

TPS 电压低于 TPS 电压最低限值（0.2V），同时钥匙开关在打开状态，发动机是运行的，并且 SFC561-614 的故障延时时间是满足的，设置此故障代码。

故障处理：检查节气门、线束、ECU 及其连接情况。

(75) SFC571——节气门开度高于限值

节气门开度高于 SFC571 的限值（5%），同时钥匙开关在打开状态，发动机在盘车或者运行状态，并且 SFC571 的故障延时时间是满足的，SFC571 的限值相当于节气门命令值减去节气门预计值故障公差，设置此故障代码。

故障处理：检查节气门、线束、ECU 及其连接情况。

(76) SFC611——相对湿度传感器（RH）电压高

相对湿度传感器是个 0～5V 的传感器，用于计算进气总管进气的湿度和温度。随温度的增高，温度信号电压增高，湿度信号电压也随着湿度的增大而增高。相对湿度传感器原始电压输出高于 RH 故障电压最高设定点，同时钥匙开关在打开状态，发动机在盘车或者运行状态，并且 SFC611 的故障延时时间是满足的，设置此故障代码。

故障处理：检查相对湿度传感器、线束、ECU 及其连接情况，若以上无问题，重新标定刷写 ECU 数据。

(77) SFC612——相对湿度传感器（RH）电压低

相对湿度传感器原始电压输出低于 RH 故障电压最低设定点，同时钥匙开关在打开状态，发动机在点火或者运行状态，并且 SFC612 的故障延时要求是满足的，设置此故障代码。

故障处理：检查相对湿度传感器、线束、ECU 及其连接情况，若以上无问题，重新标定刷写 ECU 数据。

(78) SFC613——相对湿度温度传感器（RHT）电压高

相对湿度温度传感器原始电压输出高于 RHT 故障电压最高设定点，同时钥匙开关在打开状态，发动机在点火或者运行状态，并且 SFC613 的故障延时要求是满足的，设置此故障代码。

故障处理：检查相对湿度温度传感器、线束、ECU 及其连接情况，若以上无问题，重新标定刷写 ECU 数据。

(79) SFC614——相对湿度温度传感器（RHT）电压低

相对湿度温度传感器原始电压输出低于 RHT 故障电压最低设定点，同时钥匙开关在打开状态，发动机在点火或者运行状态，并且 SFC614 的故障延时要求是满足的，设置此故障代码。

故障处理：检查相对湿度温度传感器、线束、ECU 及其连接情况，若以上无问题，重新标定刷写 ECU 数据。

(80) SFC615——相对湿度温度传感器（RHT）活性不足

相对湿度温度的变化低于 RHT 活性不足门限设定点，同时钥匙开关在打开状态，发动机在点火或者运行状态，并且 SFC615 的故障延时要求是满足的，设置此故障代码。

故障处理：检查相对湿度温度传感器、线束、ECU 及其连接情况，若以上无问题，重新标定刷写 ECU 数据。

(81) SFC691——废气控制阀（WGCV）开路或短路

MPRD 主继电器电源开启，增压 PWM 占空比介于 30%～90%，蓄电池电压介于 20～30V，检测到电路短路或开路，计数器超过限值［计数器是可标定的，它每 5ms 变化（增加或减少）一次］，设置此故障代码。

故障处理：检查废气控制阀、线束、ECU 及其连接情况。

（82）SFC693——驱动电源电压值低于期望值

驱动电源负责提供电源给外荷载（例如在燃油计量阀上的燃油喷嘴）使用。它通过一个常通开关从蓄电池得到电源。MPRD 主继电器电源开启，钥匙开关电压和驱动电源电压的差值超过限值并持续诊断代码设置所需延时（延迟时间和电压可由用户标定），设置此故障代码。

故障处理：检查废气控制阀、线束、ECU 及其连接情况。

（83）SFC711——增压压力高于期望值

修正的目标增压值与 MAP 值的差值大于 MAP 死区，发动机正在运行，MAP 值大于大气压力值和大气压力参考值的和，同时符合 SFC711 设置的延时时间要求，设置此故障代码。

故障处理：检查增压器、废气控制阀本身及其之间的气路连接是否正常，检查废气控制阀电路连接是否正常。

（84）SFC721——增压压力低于期望值

修正的目标增压值与 MAP 值的差值小于 MAP 死区，发动机转速大于发动机转速限值，MAP 值大于大气压力值和大气压力参考值的和，同时符合 SFC721 设置的延时时间要求，设置此故障代码。

故障处理：检查增压器、废气控制阀本身及其之间的气路连接是否正常，检查废气控制阀电路连接是否正常。

（85）SFC731——过增压

修正的目标增压值与 MAP 值的差值超过增压门限，发动机正在运行，MAP 值大于大气压力值和大气压力参考值的和，同时符合 SFC731 设置的延时时间要求，设置此故障代码。

故障处理：检查增压器、废气控制阀本身及其之间的气路连接是否正常，检查废气控制阀电路连接是否正常，若均正常，更换增压器或重新刷写数据。

（86）SFC741——机油压力低

钥匙开关在打开状态时机油压力低于机油压力低限值，发动机运行时间大于发动机运行时间门限，同时符合 SFC741 设置的延时时间要求，设置此故障代码。

故障处理：安装一个压力表，人工测量发动机机油压力，确定发动机机油系统是否工作正常；检查机油压力传感器、线束、ECU 及其连接是否正常。

（87）SFC751——喷射阀占空比过高

ECU 通过实时控制喷射阀的占空比，来控制燃料的流量。如果喷射阀在接收到打开命令时还未关闭，这个故障诊断就会发生，此时喷射阀将没有能力喷射出足够的燃料（动力低）。引起的原因可能是压力低、燃气质量差等。PCM 控制 12 个喷嘴输出，有能力驱动高或低电阻的喷嘴。每个喷嘴的都是布尔量输出。喷射阀占空比超过喷射阀占空比高限值，同时发动机正在运行，MAP 同时符合 SFC751 设置的延时时间要求，设置此故障代码。

故障处理：检查燃气供给系统、进气系统、排气系统（排气系统有无漏气，外部空气进入能导致伪稀燃状态，造成燃料流入增多）是否正常；检查 ECU 接地是否良好。

（88）SFC781——怠速确认开关（IVS）电压高

驾驶员对电子踏板的踩压决定了输入 PCM 的发动机负载命令。PCM 实时监控踏板的位置，控制节气门和废气增压来响应命令的动力要求。因为踏板信号的问题将会导致比驾驶员想要的动力高或低，踏板用的系统包括一个传感器，内带一个怠速确认开关。PCM 不停地确认和反复确认，来确定有效信号。怠速确认开关是常开的（怠速时），当踏板受到踩压时超过怠速位置，就会通过 PCM 接地，变成常闭。怠速确认 HTE 累加值大于怠速确认计数值门限，同时符合 SFC781 设置的延时时间要求，设置此故障代码。

故障处理：检查加速踏板接线是否正确、良好；检查加速踏板、ECU、线束及其连接情况。

（89）SFC791——怠速确认开关（IVS）电压低

怠速确认 HTE 累加值小于怠速确认计数值门限，同时符合 SFC791 设置的延时时间要求，设置此故障代码。

故障处理：检查加速踏板接线是否正确、良好；检查加速踏板、ECU、线束及其连接情况。

（90）SFC811——节气门开度低于限值

节气门开度小于 SFC811 限值，发动机处于点火或运行状态，同时符合 SFC811 设置的延时时间要求，设置此故障代码。

故障处理：检查节气门、线束、ECU 及其连接情况。

（91）SFC845——CAN 转速表数据无效

SFC845 的激活条件和检测限值同时满足，并且超过 SFC845 故障延时要求，设置此故障代码。本故障基于 CAN 信息传输。

故障处理：检查 CAN 连接，确认功能是否正常。

（92）SFC846——EBC2 信息超时

SFC846 的激活条件和检测限值同时满足，并且超过 SFC846 故障延时要求，设置此故障代码。本故障基于 CAN 信息传输。

故障处理：检查 CAN 连接，确认功能是否正常。

（93）SFC847——EBC2 轮速数据无效

SFC847 的激活条件和检测限值同时满足，并且超过 SFC847 故障延时要求，设置此故障代码。本故障基于 CAN 信息传输。

故障处理：检查 CAN 连接，确认功能是否正常。

（94）SFC911～SFC916——EDM-HD 点火线圈开路

当这些故障的激活条件和检测限值同时满足，并且超过故障延时要求，设置此故障代码。

故障处理：检查点火线圈插接件或 1 缸点火线圈；检查线束、点火模块。

（95）SFC921～SFC926——EDM-HD 点火线圈短路

当这些故障的激活条件和检测限值同时满足，并且超过故障延时要求，设置此故障代码。

故障处理：检查点火线圈插接件或 1 缸点火线圈；检查线束、点火模块。

（96）SFC951～SFC958——喷射阀开路或对地短路

喷射阀开路状态布尔值为真，DRVP 值大于 DRVP 低门限，同时发动机运行且满足喷射阀故障设置延时要求，设置此故障代码。

故障处理：检查 ECU、线束、燃料计量阀及其连接。

（97）SFC961～SFC968——喷射阀对电压短路

喷射阀短路状态布尔值为真，DRVP 值小于 DRVP 高门限，喷射阀脉宽调制占空比小于喷射阀脉宽调制占空比高门限，同时发动机运行且满足喷射阀故障设置延时要求，设置此故障代码。

故障处理：检查 ECU、线束、燃料计量阀及其连接。

5.6 典型维修案例

5.6.1 发动机无法启动

① 根据故障灯读取故障代码，确定故障点，若无法确定转下一步。
② 检查挡位是否处于空挡位置，空挡开关是否正常，检查副熄火开关是否正常，若还无法启动转下一步。
③ 检查整车启动线路及蓄电池是否正常，若还无法启动转下一步。
④ 判断起动机工作是否正常，若还无法启动转下一步。
⑤ 检查点火系统是否正常，若还无法启动转下一步。
⑥ 检查气瓶压力是否正常，检查 NGP 燃气压力是否正常，并进一步检查 FMV 出气接口是否出气。
⑦ 拆开信号发生器盖，检查点火正时是否正常。
⑧ 测试节气门是否工作正常。
⑨ 检查发动机本体部分，如气门间隙等。
⑩ 若是主机厂内调试，考虑气瓶内的气体成分；若发动机运行时间较长，检查氧传感器插接件是否短路，气路是否堵塞严重，混合器小孔是否堵塞等。

故障案例一

故障描述

一台 CNG 发动机不能启动，仪表盘上的气压表显示值为 10bar（1MPa），进一步检查加气口处操作面板上仪表气压显示为 0。

故障分析

仪表盘上的指数失效，可能是气瓶没气或气路阀门没有打开。

故障处理

打开气瓶上的手动阀，仪表上的气压表指数为 10bar，发动机正常启动。

故障案例二

故障描述

一台 CNG 发动机无法启动，检查气瓶压力仪表显示气瓶压力足够。

故障分析

轻轻松开减压器进气口没有天然气冒出，说明高压天然气没有到达减压器。判断高压气路不通。高压气路上有一过流保护阀（图 5-6-1），其作用是当天然气供气系统出现超量泄漏时，过流保护装置能够自动关断系统气源，以实现安全防护的功能。当开气瓶阀门过急，天然气流速过快时会导致气路过流保护。

故障处理

更换过流保护阀后正常。

故障案例三

故障描述

一台 CNG 发动机无法启动，气瓶压力正常，故障指示灯亮，软件检测 NGP 压力低，轻轻松开减压器，启动电机时出气口中无燃气流出。

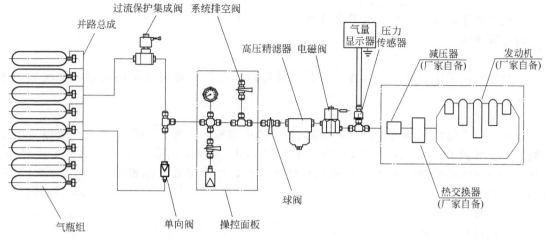

图 5-6-1　CNG 高压供气系统

故障分析

减压器是 CNG 发动机中将高压燃气变为低压燃气的关键部件。减压器工作时加热，以防止结冰。减压器上有一开关电磁阀，电磁阀受发动机钥匙开关控制。电磁阀打开，高压天然气流入减压器内部，当电磁阀打不开时，将造成不过气。同时，减压器工作原理是通过弹簧控制膜片工作的，若膜片出现故障，则不能提供准确的减压压力。另外，天然气在减压过程中，需要吸收热量，必须保持减压器水循环畅通，若水循环堵塞，则造成减压器冻结。

发动机无法启动可能是减压器电磁阀故障、减压器膜片故障、减压器水循环堵塞等原因造成的。

故障处理

更换减压器，并保持减压器水路的良好循环。

故障案例四

故障描述

一台 CNG 发动机无法启动，通过诊断软件查看 NGP 值，远低于启动电机要求值，松动减压器出气管，有天然气流出，松开燃料计量阀，出气口无天然气流出。

故障分析

低压电磁阀集成在燃料计量阀上，是中压气路上的一个开关，受 ECU 控制，线束接触不良会导致电磁阀无法打开，天然气无法流出。

故障处理

修复低压电磁阀线束插头后，发动机正常启动。

故障案例五

故障描述

一台发动机无法启动，检查起动机、点火系统、发动机线路等正常，使用诊断软件清洗模式测得燃料计量阀喷嘴不动作。

故障分析

燃料计量阀喷嘴按照发动机的点火顺序接收 ECU 的指令交替循环以一定的频率喷射燃气，使用诊断软件清洗模式时，ECU 给出一定频率的信号要求燃料计量阀动作，若不动作，说明喷嘴出现故障，若诊断软件显示 NGP 为 0V 或 14.7V 左右，可能为 NGP 传感器故障，此时发动机也无法启动，需更换 NGP 传感器或燃料计量阀。

故障处理

更换燃料计量阀后，发动机正常启动。

故障案例六

故障描述

一台发动机无法启动，打开点火钥匙，故障灯不亮，检查发动机熔丝盒，发现一20A熔丝断。

故障分析

熔丝盒中有继电器和熔丝，分别控制ECU的电源输入及输出。继电器出现故障或熔丝熔断，将会导致ECU断电，或执行器无法执行ECU的相关指令，造成发动机无法启动。另外，若整车供给发动机的24V电源信号接触不良，也会导致发动机无法启动，此时需检查整车线路。

故障处理

更换熔丝后，发动机正常启动。

故障案例七

故障描述

一台发动机无法启动，燃气供给正常，熔丝和继电器正常，24V电压正常。

故障分析

拆下一缸高压线，插一火花塞，使火花塞地电极接地，火花塞不点火，说明是点火系统故障，进一步检查发现点火线束接地不良。发动机点火线束专门有一接地线，若接地不良，点火线圈不动作，则无法点火。当各缸火花塞均不点火时，故障原因可能是点火模块、ECU、线束本身，或者是三者之间连接不良，如插头松动等。检查点火线束接地线时一定要细心，有可能是接地线从中间断掉，不易查找。

故障处理

修复点火线束接地线，发动机正常启动。

故障案例八

故障描述

一台发动机无法启动，点火系统、燃气供给系统正常，打开钥匙时，电子节气门不动作。

故障分析

初步判断为电子节气门问题，进一步使用诊断软件中电子节气门测试模式，测试时发现踩加速踏板时，电子节气门的命令值与反馈值不一致，说明电子节气门出现故障。

故障处理

更换电子节气门后正常。

故障案例九

故障描述

一台发动机无法启动，检查起动机运转正常。拆下火花塞，发现缸内有水，确认是发动机清洗液。启动电机把缸内水吹出，将火花塞擦干，测试火花塞打火正常。拆下FMV至混合器燃气管接头，启动电机发现喷气正常。

故障分析

检查点火正时：将发动机盘车至1缸上止点，检查信号盘，发现点火提前角不正确。WP6、WP10、WP12系列燃气发动机采用6+1齿信号盘获得点火信号源，点火提前角通过信号盘来调整。信号发生器轴转动，导致点火提前角发生变化。调整方法如下：

① 盘车至1缸压缩上止点：从飞轮壳观察窗看飞轮零刻度线0T与飞轮壳刻线对齐；

进、排气门均完全关闭（与进、排气门分别对应，进、排气摇臂的进、排气门间隙均存在，用手能摇动摇臂）。

② 拆下信号发生器结合组上的端盖，松开螺母。

③ 调整传感器信号盘上的 TDC 标记：信号盘上的 TDC 标记对准凸轮轴位置传感器的中心（使信号盘上的刻线垂直）。

④ 信号齿与传感器之间的间隙为 (1±0.5)mm。

⑤ 重新预拧紧螺母并松装端盖。

⑥ 起动发动机，用点火正时灯测量点火提前角，此时点火提前角度数应与软件诊断页面中的提前角度数保持一致。若不一致，则需进一步调整（图 5-6-2）。

图 5-6-2　点火提前角

①信号齿与传感器之间的间隙为(1±0.5)mm
②信号盘上TDC标记与凸轮轴位置传感器中心线对齐

注意若转速传感器出现故障，发动机也无法启动，需更换转速传感器。

故障处理

调整点火提前角。

故障案例十

故障描述

一台发动机无法启动，检查发现启动转速太低（最低启动转速为 100r/min），检查蓄电池电压，当蓄电池电压低于 18V 时，启动瞬间电压低于 8V，小于 ECU 工作电压。

故障分析

蓄电池电压不足，发动机启动转速太低，导致发动机无法启动。在寒冷地区，环境温度在 −20℃ 以下时，发动机长时间停置，低温环境下机油黏度太大，起动机带动发动机转动时的阻力较大，此时发动机的转速太低，达不到发动机点火的最小转速，易导致发动机不能起动。

故障处理

给蓄电池充电，保证 24V 左右的蓄电池电压。在寒冷地区，采取措施给发动机加热，同时使用低温机油。

故障案例十一

故障描述

主机厂内新车调试时，一台 WP10LNG 发动机无法启动。启动线路、起动机、蓄电池正常。

故障分析

用起动机多次带动发动机均无法启动，排除启动系统故障。拆下各缸火花塞，均跳火，排除点火系统故障。

拆下 FMV 到混合器的燃气管，启动时也喷气，NGP 为 8.5bar（850kPa），排除气瓶和发动机燃气供给系统故障；检查信号发生器盘，在 1 缸压缩上止点时，TDC 刻度线对正传感器中心，说明点火正时正常。最后观察 LNG 气瓶出液管到水浴式汽化器的不锈钢管路表面没有上霜，正常情况，在打开 LNG 罐出液阀后，这段管路是上霜的。分析是 LNG 供气量不足，虽然稳压罐表显示压力够，但有可能气体里的甲烷含量不足。

故障处理

重新加液后，顺利启动。

故障案例十二

故障描述

主机厂内新车调试时，一台 CNG 发动机无法启动。检查空挡开关、起动机、蓄电池等正常；检查线束、ECU、点火模块、点火线圈、高压线、火花塞等正常，检查点火正时等正常；检查气瓶压力正常，燃气供气系统正常；测试更换节气门正常；检查发动机进气管路、中冷管路、排气管路、缸压等，发动机仍然无法启动。

故障分析

主机厂装车前对 CNG 气瓶做保压试验，即往气瓶中充氮气，试验完毕后排空氮气，但气瓶中的氮气未排净，导致瓶中天然气纯度太低，造成发动机无法启动。

故障处理

重新充气后，顺利启动。

故障案例十三

故障描述

一台发动机无法启动，发动机燃气电控系统正常。

故障分析

检查发现发动机推杆弯曲，气门完全顶死，无气门间隙。

故障处理

更换发动机推杆，重新调整气门间隙后，发动机正常启动。

故障案例十四

故障描述

一台发动机新车调试时不能启动。检查发现诊断软件与 ECU 之间不能连接，火花塞不点火。

故障分析

检查电路线束发现 ECU 和 ECU 线束连接的一个插头坏了，并且一个插孔被塞实，将 ECU 相对应的针脚顶进去了。

故障处理

更换 ECU 线束，修复 ECU 针脚后正常。

5.6.2 发动机启动困难

① 检查起动机是否正常及蓄电池电量是否充足，若不能顺利启动转下一步。
② 读取故障代码，确定故障点，若无转下一步。
③ 检查点火系统是否正常，若不能顺利启动转下一步。
④ 检查燃气供给系统是否正常，若不能顺利启动转下一步。
⑤ 检查凸轮轴转速传感器及插头是否损坏、牢固、清洁，点火正时是否正确。

故障案例一

故障描述

矿用车配 WP12NG350E40 发动机，在冬季 -30℃ 时启动困难。采集数据发现，发动机启动转速开始时没有，启动几秒后会出现，但偏低（80～90r/min），启动电源电压14V左右，使用潍柴专用CH级15W-40机油，使用潍柴专用冷却液（-35℃），进一步观察发现冷启动困难车的蓄电池容量多数为135A·h或165A·h，配180A·h蓄电池的车冷启动问题较少。

故障分析

与蓄电池容量有关。在处理冷启动问题时，一定要注意蓄电池电压，保证不低于18V，同时要检测两个蓄电池是否有一个蓄电池馈电（测量单个蓄电池电压，如果低于10V为馈电，需更换）。

故障处理

更换180A·h蓄电池后启动正常。

故障案例二

故障描述

发动机冷车时需要启动电机几次才能启动，刚启动时怠速不稳（300～750r/min），严重时有熄火现象，反复2～3次，然后发动机正常。使用FMV清洗模式操作喷嘴动作几分钟，发动机容易启动。

故障分析

FMV喷嘴过脏，在较低环境温度状态下，污物附着在喷嘴表面，产生一定阻力，妨碍喷嘴开启。

故障处理

按喷嘴清洗规范清洗FMV喷嘴。

5.6.3 发动机自动熄火

① 用检测软件进行故障诊断，排除电气故障。
② 检查气瓶压力，检查整车工作过程中NGP变化是否正常。
③ 检查火花塞高压线，用检测软件对点火系统进行故障诊断。
④ 检查空气进气管路和增压器，检查MAP是否正常。
⑤ 检查整车供电。

故障案例一

故障描述

一台发动机在运行过程中自行熄火，重新启动发动机，发动机无法启动，停置半小时左右，发动机又能启动。

故障分析

检查发现燃料计量阀喷嘴漏气，导致混合气太浓，发动机熄火。

故障处理

更换燃料计量阀后正常。

故障案例二

故障描述

一台LNG发动机运行过程中多次熄火，软件诊断NGP压力不稳。

故障分析

LNG发动机的低压燃气压力由稳压器进行调整，此故障由于压力调整不稳造成，属于稳压器故障。

故障处理

更换稳压器后发动机工作正常。

故障案例三

故障描述

一台发动机运行过程中常常自行熄火，熄火后能够重新启动，故障初期，软件诊断无故障代码。发动机持续运行几天后，发动机故障灯亮，软件诊断出现故障代码911。

故障分析

911故障代码反映点火线圈初级端故障，同时6个缸出现911故障，一般情况下不会是6个点火线圈全部失效。发动机大部分时间内均能正常运行，说明点火模块和ECU不会失效。只能是线束接触不良。

对间歇性的熄火故障，一般为线束接触不良造成。此时首先检查线束与发动机执行器、控制器、传感器及各线束之间的连接是否可靠，插接件是否有缩针的情况等。

故障处理

更换点火线束后正常。

故障案例四

故障描述

一台WP12NG350发动机，打开暖气出现发动机无力熄火现象。检查发现，不开暖气时，发动机转速在700r/min，燃气压力在8.7bar（870kPa）；打开暖气时，发动机转速在300r/min，燃气压力在4.5bar（450kPa）。

故障分析

属于整车电路故障，却直接表现在发动机上，检查时可单独给ECU供电试验。

故障处理

给ECU单独从蓄电池上引线，故障消除。

故障案例五

故障描述

一台WP6发动机，启动后不超过10s便自动熄火，检测主界面每次启动都会死屏，无法读取故障代码，用万用表检查蓄电池电压为24.8V；钥匙开关电压为24V。

故障分析

更换ECU后故障依旧，开始从减压阀逐步排除，测得减压阀电磁阀突然断电，更换发动机线束无效，最终发现在启动时钥匙开关电压突降，从蓄电池上引线后，发动机工作正常。确定是整车主电源继电器损坏，启动电压不正常造成该故障，属于整车电路问题。

故障处理

整车厂更换电源继电器后，故障排除。

故障案例六

故障描述

一台WP10发动机，运行中出现突然熄火，熄火后很难启动，启动后原地加速正常，起步运行就会熄火，检测界面上各项参数都正常，没有故障代码。

故障分析

检查发现线束插接件一根线生锈，导致接触不良。

故障处理

清理线束接插件，重新接线，故障排除。

5.6.4 发动机动力不足

① 用检测软件进行故障诊断，排除现有故障。

② 检查气瓶压力，检查整车工作过程中 NGP 变化是否正常。
③ 检查火花塞高压线，用检测软件对点火系统进行故障诊断。
④ 检查空气进气管路和增压器，检查 MAP 是否正常。

故障案例一

故障描述

一台 CNG 发动机动力不足，软件诊断测试 NGP 压力低。

故障分析

NGP 为燃气压力，需检查燃气气路上的相关部件：气瓶手动阀是否完全打开，气瓶压力是否过低；气路过流保护阀是否完全打开；燃气滤清器是否通畅；燃气管路及其连接是否通畅、密封；减压器压力调节是否正常等。检查发现减压器压力无法调节。

故障处理

更换减压器后正常。

故障案例二

故障描述

一台发动机动力不足，诊断软件检测没有故障代码。诊断软件测试发现 1 缸不点火。

故障分析

检查 1 缸点火情况，试验火花塞在缸外不点火，需排除点火系统部件火花塞、高压线、点火线圈、线束、点火模块甚至是发动机 ECU 是否存在故障。检查发现 1 缸火花塞被熏黑，高压线有小孔漏电。

故障处理

更换 1 缸火花塞和高压线。

故障案例三

故障描述

一台发动机动力不足，诊断软件测试无故障代码。断缸测试各缸点火正常。断缸测试燃料计量阀的 1、5 喷嘴不工作。

故障分析

检查燃料计量阀 1、5 组喷嘴线束接触良好。当发动机运转时，用万用表测 1、5 组线束有电流信号输出，排除了 ECU 及线束故障。确认该故障属于低压燃气气路故障。低压燃气气路有以下部件：热交换器、节温器、低压燃气管、燃料计量阀、混合器喉管。任一部件出现故障，必将造成燃气供应不足，影响发动机的动力性。热交换器气水混合、混合器喉管小孔堵塞、燃料计量阀喷嘴过脏等均会造成该故障。

故障处理

更换燃料计量阀后故障排除。

故障案例四

故障描述

一台发动机怠速状态下运转正常，但发动机在加速、中大负荷时动力不足。查看诊断软件扫描图发现，氧传感器反馈信号有细小毛刺，发动机转速也有细小毛刺，说明混合气燃烧不良。此时加速踏板踩到 100%，转速只能上升到 1400r/min。

故障分析

火花塞间隙过大，导致点火不良。火花塞间隙过小，混合气芯旋转，也有相同的故障现象。火花塞处进水、高压线锈蚀严重，点火不良也会造成发动机动力不足。

故障处理

将火花塞间隙从 0.8mm 调整至 0.35mm，故障排除。

故障案例五

故障描述

一台 LNG 发动机，发动机动力不足，检查汽化器结冰严重，循环水不热，软件诊断出现 411、431 等故障代码。

故障分析

检查汽化器水路连接良好，检查水泵皮带，松弛打滑，导致水循环不好。

故障处理

更换水泵皮带，清除故障代码，故障排除。

故障案例六

故障描述

WP10LNG 发动机动力不足，气耗高。

图 5-6-3 用螺栓固定中冷管

故障分析

检查发现客车厂利用发动机进气管盖板上的螺栓固定中冷管（图 5-6-3），由于该螺栓比较短，车辆运行一段时间该螺栓脱落，导致进气管漏气，混合气偏稀，5、6 缸工作不良。

故障处理

紧固进气管盖板上的螺栓后，发动机工作正常。

故障案例七

故障描述

一台发动机运行无力，诊断软件检测发现加速踏板开度为 68% 时，MAP 为 30kPa。

故障分析

检查发现混合器前的中冷管脱落，说明增压器不起作用，造成增压压力不足。空气滤清器过脏堵塞，增压器不起作用或损坏，增压器压气口到混合器之前的管路脱落或松脱，中冷器裂，增压废气控制调节器连接橡胶管脱落，都会造成发动机动力不足。

故障处理

连接好中冷管路，空气供给充分后，故障排除。

故障案例八

故障描述

一台发动机动力不足。诊断软件读取数据：MAP 为 24kPa，PTP 为 36kPa。启动发动机，踩下加速踏板，出现 721 故障代码。

故障分析

检查发现 TMAP 传感器和 PTP 传感器线束插反，TMAP 传感器和 PTP 传感器本身可以互换，但线束不能插反。

故障处理

更换 TMATP 传感器和 PTP 传感器插头后，故障排除。

故障案例九

故障描述

一台发动机动力不足，软件诊断测试 AL 值正值过大，超过 +20%。

故障分析

AL 值是自适应系数，自适应学习是发动机的一种工作模式，通过自适应系数修正燃气喷射量。自适应学习的主要作用是补偿由于燃料成分的不同、发动机磨损、各缸均匀性变差和零部件老化等因素造成的燃气流量变化。AL 值正值过大，说明天然气与空气的混合气偏稀，天然气供应量不足。重点从以下方面查找问题原因：氧传感器及线束；燃料计量阀及各喷嘴连接线束；减压器；混合器喉管；排气管（是否漏气）；气缸密封性（气门座圈、气缸套、活塞环、活塞）；ECU 关于 AL 值参数的标定等。若天然气与空气的混合气偏浓，则还需要检查点火系统零部件（包括火花塞、高压线、点火线圈等）及气门间隙等。

经检查确认为燃料计量阀故障。

故障处理

更换燃料计量阀，故障排除。

故障案例十

故障描述

一台发动机加速无力。软件检测有以下故障代码：711、731 过增压，461 自适应系数高；751 喷嘴工作负荷大。调取增压压力数据，显示过增压。

故障分析

发动机过增压一般为增压器调节器不动作或动作量小，导致旁通阀打不开，废气放不掉，废气旁通阀电磁阀取气管堵塞，导致不能推开增压器调节器（图 5-6-4）。

故障处理

清洗废气旁通电磁阀过滤网，酌情更换废气旁通电磁阀，并紧固废气旁通阀取气管和放气管后，发动机运行正常。

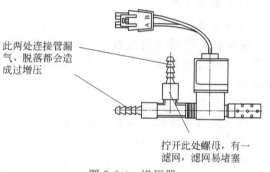

图 5-6-4 增压器

故障案例十一

故障描述

一台配置 LNG 发动机的卡车，上山拉矿石，空车上山，坡较多，满载下山只需上一个 1km 的坡，坡度都很陡。在运行过程中发现与柴油机比较差 4 个挡位。

故障分析

诊断软件检测有燃气方面的故障代码 431、751、4410，若只有 431，有可能是关气停车引起的，若这三个故障或者 431、751 两个故障一起报，一般情况下是 LNG 气瓶压力未调整好。解决动力性差问题要先保证气瓶压力正常。检查气瓶，发现气瓶自增压未打开，一阀门过气不畅。

故障处理

更换阀门并打开自增压，调整气瓶压力到 8.5~9bar（850~900kPa），燃气压力调整正常后刷新 XI 文件。跟车后发动机爬坡正常，上山与柴油机同挡，下山爬坡比柴油机差 1 挡。

故障案例十二

故障描述

一台 WP12NG380 发动机无力，诊断软件抓图发现增压压力明显不足，进一步检查压气机叶轮及压气机口内壁都有损伤痕迹（图 5-6-5）。

故障分析

增压器故障，增压器叶轮轴向窜动，导致增压压力不足。

故障处理

更换增压器后故障排除。

故障案例十三

故障描述

一台新发动机加速无力，检查发现废气旁通阀气源管路弯折（图5-6-6）。

图5-6-5 增压器有损伤

图5-6-6 废气旁通阀气源管路弯折

故障分析

气路布置不合理，导致废弃旁通阀气源管路弯折。

故障处理

对气路重新布局，故障排除。

故障案例十四

故障描述

某矿区部分发动机无力：一台自适应系数太高，喷气量不足；一台发动机无力，自适应系数高，清洗喷射阀无效；一台发动机天然气压力不稳，在4～10bar（400～1000kPa）之间跳动。

故障分析

燃气供气系统部件需要定期维护。

故障处理

清洗燃料计量阀并清除自适应表；清洗混合器；更换稳压器。

故障案例十五

故障描述

一天然气发动机表现无力，诊断检测有721故障代码（增压压力不足）。

故障分析

检查增压器、废气旁通控制阀等正常。最后检查发现排气制动蝶阀销子断了，蝶阀开度一直保持在30%～60%之间，导致排气背压过大，增压压力不足。

排气制动阀保持常开，保持一定开度，导致排气背压过大。

故障处理

更换排气制动阀销子后，发动机运行正常。

故障案例十六

故障描述

一台WP10发动机动力不足，检测发现经常报错，有561、811故障代码，与电子节气门有关。限节气门，进而出现动力不足、转速偏低等问题。

故障分析

更换电子节气门及发动机线束后无效。分析可知561故障触发条件为TPS电压低于0.2V，811故障节气门命令高于63%时TPS电压低于2.5V，初步判定可能是由于发动机全速运行过程中，电子节气门电压出现突然归零所致，存在电磁干扰的可能性较大。

故障处理

对电子节气门进行包锡纸处理，并重新调整了线束走向，故障排除。

故障案例十七

故障描述

客车厂新车调试时，一辆车加不上油，检测发现报天然气压力低，怠速确认电压低，启动后检测主界面进气压力和天然气压力数值都显示0，重新刷新数据，更换ECU、进气压力传感器、加速踏板、发动机线束、ECU线束无效。将加速踏板拆下，检测主界面显示，进气压力和天然气压力显示正常，只报错FPP电压低。

故障分析

加速踏板、进气压力传感器、天然气压力传感器、湿度传感器共用一根电源线，加速踏板线装错后影响到了其他数值，导致加不上油。

故障处理

重新连接加速踏板接线后，故障排除。

故障案例十八

故障描述

一发动机动力不足，诊断软件断缸测试，1缸不工作。

故障分析

取出火花塞测试，点火正常，气门间隙正常，进气管垫片无破裂现象，最终发现，进气管1缸处有砂眼，导致进气管漏气。此处需要耐心查找。

故障处理

修补进气管上的砂眼，故障排除。

故障案例十九

故障描述

一台发动机空载运行正常，负载后加不起速，废气旁通阀在出现故障时不稳定。

故障分析

废气旁通阀的不稳定引发节气门的不稳定，车辆在负载运行时，就会出现"耸车"现象。

故障处理

更换废气旁通阀后，故障排除。

故障案例二十

故障描述

一台LNG发动机无力，检查车辆在行驶过程中NGP下降。

故障分析

观察气瓶出气压力正常，检查喷射阀正常，更换稳压器、电磁阀后不起作用，检查滤清器、稳压器、电磁阀方向正确，燃气管路畅通。抽掉气瓶厂家LNG供气管路上的稳压器阀芯后，发动机工作正常。因气瓶厂家LNG供气管路上的稳压器失效只有在运行后压力表读数下降，当车停下后压力表读数迅速恢复到正常值，不易发现。

故障排除

更换气瓶厂家LNG供路上的稳压器或抽取阀芯。

5.6.5 发动机怠速不稳

① 用检测软件进行故障诊断，排除现有故障。
② 检查气瓶压力，检查整车工作过程中NGP变化是否正常。
③ 检查火花塞高压线，用检测软件对点火系统进行故障诊断。

④ 检查空气进气管路和增压器，检查 MAP 是否正常。
⑤ 使用检测软件对电子节气门进行故障诊断。
⑥ 检查气门间隙、点火提前角。

故障案例一

故障描述

一台 WP6 发动机怠速不稳，检查发现发动机进气管侧面盖板处漏气。

故障分析

发动机的怠速由 ECU 内部设定程序控制。怠速不稳的原因之一是由于进气量异常导致。检查空气滤清器、中冷器、进气管、电子节气门之间是否存在漏气的情况。

故障处理

更换进气管侧面盖板垫片并紧固，故障排除。

故障案例二

故障描述

一台 WP7 发动机怠速不稳、动力差，有时还伴有缺缸的现象，导致车辆气耗偏高。

故障分析

连接诊断软件后发现怠速 MAP 值偏高，拆下进气歧管，检查表面发现有砂眼，进气管垫片破裂。

故障处理

更换进气歧管及进气管垫片后，发动机运行正常。

故障案例三

故障描述：一台 WP10 发动机怠速不稳，测试 2 缸不点火。

故障分析

发动机怠速不稳的一个重要原因是点火异常，经检查发现 2 缸点火线圈失效。

故障处理

更换 2 缸点火线圈后，发动机运行正常。

故障案例四

故障描述

一台发动机怠速不稳，发动机转速在 750～900r/min 之间来回波动。发动机进气管路没有漏气的地方，各缸均点火正常。更换电子节气门后试验，发动机怠速在 650r/min 左右，发动机运行正常。

故障分析

发动机怠速由 ECU 通过电子开气门的开度大小进行控制。采用诊断软件中测试模式对电子节气门进行测试，判定是电子节气门故障。

故障处理

更换电子节气门。

故障案例五

故障描述

一台发动机怠速不稳，诊断软件测试出现故障代码 26。

故障分析

故障代码 26 为 ECT（水温传感器）电压高。水温对发动机的怠速有一定的修正作用。水温传感器为安装在回水管上的一热敏电阻，用于发动机空气流量计算并启动怠速修正等功能。ECU 为此提供了一个电压分配电路，水温高则电压低，水温低则电压高。出现故障代码 26，一般情况下为水温传感器本身或连接线束故障。

故障处理

更换水温传感器,故障排除。

故障案例六

故障描述

一台发动机怠速不稳,诊断软件测试无故障代码,测试电子节气门正常,点火正常,进气管无漏气。

故障分析

发动机怠速调节由软件调节,若怠速 PID 调整不到位,容易导致怠速不稳。

故障处理

重新刷写数据后正常。

故障案例七

故障描述

一台 WP12 发动机怠速不稳,转速在 600~900r/min 之间波动,检查自适应表数值偏低,清零后怠速稳定几秒后继续上下波动。

故障分析

气门间隙过大。

故障处理

调整气门间隙后,怠速稳定,故障排除。

5.6.6 发动机放炮

① 检查火花塞,用检测软件对点火系统进行故障诊断。
② 用检测软件进行故障诊断,检测燃气压力。
③ 检查点火提前角,检查凸轮轴位置传感器间隙。
④ 清洗混合器芯。

故障案例一

故障描述

一台 WP10 发动机排气管放炮,发动机动力不足。

故障分析

放炮主要是没有燃烧的燃气在进气管或排气管内再燃烧。主要原因有发动机一缸或几缸没有正常点火(如点火模块、点火线圈损坏,某几缸点火线圈上的线互换了,火花塞工作不良等)。此时需要检查各缸高压线、点火线圈插接件是否正确可靠连接,检查火花塞工作是否正常。可用诊断软件进行测试。在检查各缸点火线路及部件连接正确的情况下,发动机仍然出现放炮故障,此时一般为发动机线束故障,需要更换发动机线束。经检查发现发动机 3、4 缸线束与点火线圈连接错误。

故障处理

重新连接 3、4 缸线束与点火线圈接线,故障排除。

故障案例二

故障描述

一台 WP6 发动机放炮,诊断软件检查各缸点火正常,拆检火花塞良好。

故障分析

使用正时灯检查点火提前角实际值,此时点火提前角为 10°,与设定值相差太大。

故障处理

重新调整点火提前角后,发动机工作正常。

5.6.7　发动机气耗高

发动机气耗高有很多方面的影响因素,如驾驶员的操作习惯,整车的匹配,发动机是否存在故障,发动机的软件标定等。在日常处理发动机气耗高的问题时,首先判定发动机是否存在动力不足等其他故障现象,若有先排除其他故障。在排除其他因素的前提下,参考以下故障类型。

故障案例一

故障描述

一台 WP6 发动机气耗高,软件测试发动机无法进入闭环。

故障分析

发动机排气管安装氧传感器,测量排气中的氧含量,并将信号反馈至 ECU,ECU 根据反馈信号修订燃料喷射量。若氧传感器失效,发动机只能进入开环工作状态,气耗必然升高。

故障处理

更换氧传感器后,故障排除。

故障案例二

故障描述

发动机气耗高,检查发动机动力性良好。

故障分析

检测发动机无故障,考虑根据发动机运行工况等进行软件修订。

故障处理

修订 ECU 数据,降低气耗。

故障案例三

故障描述

发动机气耗高、动力不足。

故障分析

管路接头处漏气严重。

故障处理

对接头处进行紧固处理。

5.6.8　发动机反水

反水多是由于发动机水路连接错误或管路堵塞致使回水阻力大造成的,对回水进行合理的分流设置是解决问题的关键。

故障案例

故障描述

两台 WP10 发动机,在运行过程中膨胀水箱不停往外喷水,并且伴有减压器严重结冰,暖风不热现象。观察发现,膨胀水箱回发动机水泵的管路和暖风回水管路连接在一起,经三通连接到发动机水泵口,在回水的过程中又加了减压器回水和热交换器回水(图 5-6-7)。

故障分析

由于各股回水管回水压力不同导致回水管路不畅,引起发动机反水。

故障处理

取消第一个三通,在水泵进水管上焊接一个接头,将膨胀水箱回水管直接接到水泵进水管接头,其余不动改进后发动机空车不反水,但暖风不热,带上挂车后,又出现反水现象,

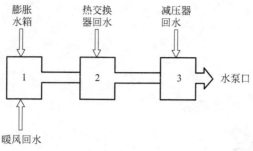

图 5-6-7 回水

减压器结冰。再取消第二个和第三个三通，在水泵进水管再焊两个接头，将热交换器和减压器回水直接回到水泵进水管，膨胀水箱、热交换器、减压器、暖风水路相互独立互不干涉。改进后发动机空车不反水，但暖风不热，带上挂车后，减压器工作正常，发动机未出现反水现象。

5.6.9 排气制动失效

故障案例

故障描述

一WP12发动机，新车排气制动功能失效，检查发现线束连接错误，线束修好后发现离合器信号灯亮，踩离合器踏板时灯却不亮。

故障分析

主机厂离合器开关设置与要求不符。

故障排除

更改离合器开关设置参数后，排气制动功能正常。

第6章 其他潍柴发动机技术

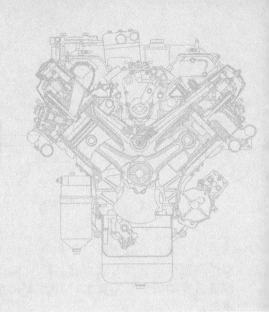

6.1 排气门制动（WEVB）技术

（1）排气门制动（WEVB）技术简介

EVB是英文 Exhaust Valve Brake 的首字母缩写，即排气门制动。该项技术来源于德国MAN公司，潍柴购买了MAN公司的该项专利，并将其应用于WD615发动机（图6-1-1）。

图 6-1-1　排气门制动

随着安全意识的提高，越来越多的载货汽车装备了排气制动装置。这种装置采用蝶阀关闭排气通道的方法，使活塞在排气冲程时受到气体的反压力，阻止发动机运转而产生制动作用，达到控制车速的目的。

（2）应用排气门制动（WEVB）的必要性

由于汽车进一步向重型化方向发展，从而对制动功率提出了更高的要求。重卡及其他大型车辆在长坡道上沿坡道下坡行驶时，在重力的作用下，使车辆沿坡道加速下行。此时如果无外加阻力与此重力相抵消，车辆会失去控制。如果在漫长的坡道上使用制动系统，会使制动系统损坏，造成重大事故。为确保车辆安全行驶，增强产品的市场竞争力，潍柴在所有的汽车发动机上装备排气门制动装置，进一步提高整车的制动功率。

（3）WEVB 辅助制动系统工作原理

该系统的开发建立在传统的蝶阀排气制动装置上，当蝶阀关闭时，柴油机在汽车重力的拖动下类似于压缩机工作。排气管内的排气压力可增加到足以使处在进气冲程中，活塞位于下止点附近那个汽缸的排气门被相邻汽缸的活塞所推出的废气产生的压力波打开。经试验验证这种现象在目前所有蝶阀制动结构中均会发生，WEVB 辅助制动系统就是利用排气门在制动过程中被压力波自动打开的现象，通过使排气门在发动机制动过程中保持打开一个空隙来提高发动机的制动效率。

（4）WEVB 辅助制动系统工作过程

当排气门被压力波打开后，排气门制动机构就阻止被打开的排气门关闭（保持 1～2mm 行程）。这样在压缩冲程中，压缩空气的一部分就从汽缸中泄漏出来。甚至在活塞已到达上止点后，排气门仍然开着。这样就使压缩空气通过排气门间隙膨胀到排气管中，使膨胀冲程时向下运动的活塞的速度大大降低，避免压缩功再次驱动发动机做功。在排气冲程开始时，通过摇臂的运动使排气门全开，排气门摇臂上的卸油孔打开，润滑油喷出，滑块组件回位。上述过程循环往复进行，从而增加了柴油机的制动功率（图 6-1-2）。

吸气冲程　　　　压缩冲程　　　　做功冲程　　　　排气冲程

| 蝶阀关闭时排气门被来自排气管的压力波打开一个间隙，润滑油进入摇臂油孔，单向阀打开注入机油，小活塞由于自重和弹簧作用打开并保持 | 间隙一直保持将压缩空气通过节流作用排到排气管，这个缸此冲程就是做负功起到制动力矩产生的作用，同时制造压力波打开相邻排气门 | 活塞下行，气体被产生的真空从排气管抽到汽缸内，此冲程也是做负功产生制动力矩 | 此冲程由于排气门被凸轮轴打开，摇臂顶端的泄油孔也被打开，润滑油泄掉，小活塞在气门的压力下回位，打开的小间隙关闭，一个循环完成 |

图 6-1-2　排气门制动

（5）WEVB 辅助制动系统主要结构特点

① 保留了原 WD615 欧 Ⅱ 柴油机的结构优点。

② WEVB 制动系统的供油采用外接管路与内部供油通道相结合的办法，由机体副油道引出机油，通过外接油管到第 6 缸缸盖，然后缸盖与缸盖之间利用短管相接。

③ 所有的外接管路均布置在进气管一侧，该侧温度相对较低，可以有效防止一旦发生泄漏而造成着火事故。

④ 专用机体、缸盖、气门摇臂座，在其中布置机油的输送通道。

⑤ 排气门摇臂中增加控制排气门运动的一套执行机构。

⑥ 新增支撑臂、封油用调节螺栓总成以及 WEVB 系统供油管路等零件。

⑦ 汽缸盖罩增加高度 32mm。

（6）WEVB 辅助制动系统需要注意的问题

① 柴油机采用 WEVB 系统后，为保证柴油机上各相关零部件的可靠性，需要采用新结

构的排气制动阀。

② 为防止发生主机厂因排气制动阀匹配不当造成的柴油机故障,在小批试投阶段由潍柴带排气制动阀。

③ 采用 WEVB 系统后,柴油机排气门间隙的调整方法与原来有所不同,具体可参见潍柴提供的相关技术文件。

④ 采用 WEVB 制动系统后的潍柴汽车发动机适用范围:重型汽车、各种专用车辆、豪华客车等。

(7) WEVB 辅助制动系统的优越性

① 与传统的排气制动系统相比,采用 WEVB 辅助制动系统后,发动机的制动效率可提高约 50%。

② 采用 WEVB 辅助制动系统后,汽车下长坡时,行车制动的作用次数和作用时间显著减少,可以降低车轮制动器机件的磨损,同时也减轻了驾驶员制动过程中的疲劳。

③ 与其他种类的发动机缓速器相比,WEVB 辅助制动系统成本低,改动零件少,且易保养维护。

6.2 OH2.0 系统

6.2.1 系统功能

(1) OH2.0 系统功能 (1)

① CAN 通信功能,发动机传感器信号和故障代码。

② CAN 线直观显示到仪表台上,速度-密度法计算燃气供给,提高燃气喷射的精度以及系统响应性。

③ 怠速提升。

(2) OH2.0 系统功能 (2)

① 稀燃,自适应闭环控制。

② 电子节气门的线传电控系统,控制发动机最大、最小调速以及所有速度控制过程。

③ 废气旁通控制发动机功率的输出。

④ FSO 功能。

⑤ 巡航。

(3) OH2.0 系统功能 (3)

① 环境影响的修正,包括大气温度和湿度。

② 高能点火系统。

③ 跛行回家功能。

④ 发动机保护功能。

⑤ 强大的整车功能。

6.2.2 新部件介绍

(1) ECM

ECM(图 6-2-1)可以装在发动机上;最高工作温度为 105℃;全部使用 GAP 编程。

ECM 有 128 针脚,有足够多的空闲 I/O 通道,以满足车辆/发动机功能需求;可以使用

Smart coil 点火线圈或 EDM-HD 点火模块；可以使用 Bosch TMAP 和 PTP；使用 Bosch LSU 4.2 氧传感器；支持单点和多点喷射。

（2）I/O

最大有 34 个模拟量输入（电压输入）；最大 5 个数字输入；可以控制 2 个 UEGO；最大支持 12 个喷嘴驱动；Smart Inductive Coil 可控制 16 个点火驱动；2 个 CAN 通信口；1 个 RS485 通信口。

图 6-2-1　ECM

（3）PTP/TMAP 传感器

PTP 传感器及 TMAP 传感器均使用博世公司的传感器，集成了压力和温度。PTP 传感器在 OH2.0 系统中为强制要求的传感器，因为它提供计算进入发动机的空气流量的修正参数，另外 OH2.0 系统中，有许多错误代码的判断需要 PTP 参数作为参考（图 6-2-2）。

（4）Bosch LSU 氧传感器

支持 Bosch LSU 4.2 氧传感器；内部 ASIC LSU 芯片可提供更高级、更多的诊断功能；可进行大气标定以提高传感器精确度，以补偿长时间使用导致的漂移；采用闭环温度控制，保持传感器在 750℃，提高稳定性；安装在离增压器出口或排气弯管下游 3～5 倍排气管直径的地方。

（5）湿度传感器

OH2.0 根据 RH、RHT 和 BARO 来计算比湿度 SH；传感器安装在进气系统，空滤器与增压器压气机之间；湿度对功率的修正是通过对 PHI 加浓来补偿的（图 6-2-3）。

图 6-2-2　PTP/TMAP 传感器

图 6-2-3　湿度传感器

6.2.3　OH2 系统软件 ToolKit

天然气发动机控制系统如图 6-2-4 所示。

Toolkit 故障诊断：点击页面 Diagnostics Main，可以看到是否有故障显示，以及故障的详细信息，主要看 SFC 代码，总共可以储存并显示 20 个故障，达到 20 个后，新故障将自动替换最早的故障。

用软件清除故障代码：选中相应故障，点击 Reset 按钮将其清除，或点击 Reset All 按钮将故障代码全部清除。某些间歇性故障可以清掉，有些故障清掉后如果再次出现，说明确实有问题。

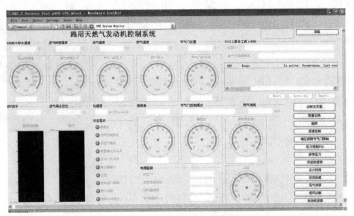

图 6-2-4 天然气发动机控制系统

在钥匙开关不断开/关 30 次后，可以清除现在没有激活的故障代码（即 IsActive 项为 False 的代码可清除）。

所有错误代码也可以用 CAN 通信仪表的 DM3 编码清除。

用 FPP 显示/清除故障代码（条件：key-on，并且发动机没有启动）。

故障灯闪烁：在 20s 内，将加速踏板从全开到全关，连续踩 3 次，故障灯将按顺序闪烁故障。

清除所有故障代码：在 20s 内，将加速踏板从全开到全关，连续踩 8 次，将清除所有故障代码。

清除自适应补偿表：在 20s 内，将加速踏板从全开到全关，连续踩 12 次，将自适应表清零。